Iluminação Cotidiana

Venerável Yeshe Chödron

Iluminação Cotidiana
Como ser um guerreiro espiritual no dia-a-dia

Tradução
Myriam Campello

São Paulo
2007

Editora Gaia

© Netra Free, 2004
First published in English in Sydney, Australia by HarperCollins Publishers Australia Pty Ltd. in 2004. This Portuguese language edition is published by arrangement with HarperCollins Publishers Australia Pty Ltd. The Author have asserted their right to be identified as the Author of this work.

1ª Edição, Editora Gaia, 2007.

Diretor Editorial
JEFFERSON L. ALVES

Diretor de Marketing
RICHARD A. ALVES

Gerente de Produção
FLÁVIO SAMUEL

Coordenadora Editorial
RITA DE CÁSSIA SAM

Assistente Editorial
ANA CRISTINA TEIXEIRA

Revisão Técnica
BEL CESAR

Revisão
EDUARDO ARAIA
CÁSSIO DIAS PELIN

Foto de Capa
ANGELO CAVALLI/GETTY IMAGES

Capa
REVERSON R. DINIZ

Projeto Gráfico e Editoração Eletrônica
CIA. EDITORIAL

Dados Internacionais de Catalogação na Publicação (CIP)
(Câmara Brasileira do Livro, SP, Brasil)

Chodron, Yeshe
  Iluminação cotidiana : como ser um guerreiro espiritual no dia-a-dia / venerável Yeshe Chodron ; tradução Myriam Campello. -- São Paulo : Gaia, 2007. Título original: Everyday enlightenment

  Bibliografia.
  ISBN 978-85-7555-125-7

  1. Auto-conhecimento 2. Budismo 3. Espiritualidade 4. Filosofia oriental 5. Vida espiritual 6. Yeshe Chodron I. Título.

07-6178   CDD–294.3444

Índice para catálogo sistemático:
1. Budismo : Vida espiritual : Religião 294.3444

Direitos Reservados
EDITORA GAIA LTDA.
(pertence ao grupo Global Editora e Distribuidora Ltda.)

Rua Pirapitingüi, 111-A – Liberdade
CEP 01508-020 – São Paulo – SP
Tel.: (11) 3277-7999 – Fax: (11) 3277-8141
e-mail: gaia@editoragaia.com.br
www.editoragaia.com.br

Colabore com a produção científica e cultural.
Proibida a reprodução total ou parcial desta obra sem a autorização do editor.

Nº DE CATÁLOGO: **2851**

Este livro é dedicado a meus mestres, pais, família, amigos e patrocinadores – sem os quais meu caminho espiritual teria sido muito mais difícil. E também à Sangha monástica ocidental. Possam eles florescer e prevalecer.

Sumário

Parte 1 – Encontrando um caminho

    Capítulo 1 – Mergulhando no desconhecido   11

    Capítulo 2 – Descobrindo o caminho   23

    Capítulo 3 – A vida de Buddha   39

Parte 2 – Ensinamentos básicos

    Capítulo 4 – As tradições do Budismo e o papel de um mestre   61

    Capítulo 5 – Nossa verdadeira natureza e seguindo o exemplo de Buddha   75

    Capítulo 6 – A meditação e o caminho para a iluminação   83

    Capítulo 7 – Os primeiros ensinamentos de Buddha – as Quatro Nobres Verdades e o Nobre Caminho Óctuplo   113

    Capítulo 8 – Libertando os prisioneiros do coração – a transformação do sofrimento   123

    Capítulo 9 – O precioso nascimento humano   141

    Capítulo 10 – Dançando com a mudança e a morte – aprendendo com a impermanência, a morte e a reencarnação   159

    Capítulo 11 – As leis de causa e efeito – explicando o karma   173

Parte 3 – O espírito da compaixão – o caminho do Bodhisattva

    Capítulo 12 – Um coração tão vasto quanto o espaço – equanimidade e bondade amorosa   191

    Capítulo 13 – Cultivando o genuíno coração da ternura – compaixão e Bodhichitta   203

    Capítulo 14 – Colocando-nos no lugar dos outros – a prática do Tonglen   219

Parte 4 – O guerreiro espiritual na vida cotidiana
   Capítulo 15 – Guia no caminho do Vajrayana   233
   Capítulo 16 – Trazendo o caminho espiritual
   para a vida cotidiana   245
   Capítulo 17 – Vida monástica – uma carreira do despertar   255

Glossário   273

Agradecimentos e fontes   279

Bibliografia   283

Parte Um

Encontrando um caminho

ENTRANDO NA CORRENTE

Na Escuridão da existência,
Descobri uma luz.
No coração do sofrimento,
Descobri algo que reluz.
Na vida dos seres existe muito desespero e dor.
Na vida dos seres existe aquilo que é justo.
Tropeçando nas coisas, confusão terminada.
Tudo que era gelo
Agora renasce.

Na ascensão da alma à terra prometida,
Não deixo endereços, só a mão estendida.
Que eu possa ajudar
A trazer todos os seres à paz,
A levá-los à libertação eterna, imorredoura.
Inicialmente penosa, abençoada na sua conclusão.
Essa é a dor
Que conduz à vastidão.

Monja Yeshe, 2002

Capítulo 1

Mergulhando no desconhecido

Naquela época, eu costumava percorrer as lojas em busca de armas para me matar. Revistava o comércio local à procura de qualquer coisa que se assemelhasse a uma medonha arma mortífera. Que espécie de arma?, perguntaria o leitor. Chaves de fenda enferrujadas, que eu imaginava enfiar na garganta adentro, machetes, coisas desse tipo.

Tinha mesmo a intenção de fazê-lo? Talvez. Era uma jovem de 15 anos extremamente deprimida e torturada, com uma crise de meia-idade bem antes do tempo normal. O que a provocara? Talvez eu devesse começar do início, o início do caminho espiritual.

Minha vida foi bastante normal até os 14 anos. Cresci numa pequena cidade do interior perto das Snowy Mountains, no sudeste da Austrália. Meus pais eram gente boa e comum. Meu pai trabalhava para a Snowy Mountains Engineering Corporation e minha mãe cuidava da família em casa. Minha vida poderia ter continuado num caminho bastante convencional se determinados acontecimentos não houvessem ocorrido.

Quando eu tinha 8 anos, meu pai teve câncer. Inicialmente, tal diagnóstico não me afetou muito, pois estava acostumada a seu modo calmo, quase passivo. Ele gostava de livros bem grossos de ficção científica, de palavras cruzadas e de outros jogos intelectuais. Nunca praticava esporte, e já estava bem entrado em anos quando nasci. Para mim, tudo bem –

eu vivia em meu próprio mundo imaginativo. Como era uma criança solitária (meu irmão e minha irmã eram muito mais velhos do que eu e haviam saído de casa), entretinha-me criando um mundo fantástico onde podia ser um personagem extraordinário. Geralmente era a princesa com poderes mágicos, mas disfarçada de mendiga.

Apesar de bastante amada e cuidada com desvelo, fui uma criança difícil. Embora externamente autoconfiante, sempre tive uma sensação de não pertencer, de ser algo desajustado – como se esperando o dia em que a minha "verdadeira vida" chegasse e me envolvesse.

Fui criada como o que chamo de "católica de mente aberta." Meus pais me levavam à igreja todo domingo, e acho que não me queixava disso; na verdade, gostava da função semanal. Adorava sua história, a sensação de vínculo com o passado num ritual fora do tempo. Adorava rezar, cantar – unir-me a todos. Sentia-me purificada ao sair da igreja. Na Páscoa e no Natal, adorava assistir aos filmes religiosos na televisão. Tinha muita devoção a Jesus por Seu sacrifício pela humanidade. Certa vez, coloquei um retrato dele diante de mim, acendi velas e chorei num anseio para conectar-me com Sua sabedoria. Também me comovia o fato de Ele ter amado tanto a humanidade a ponto de oferecer Sua própria vida. Ocorreu-me que poderia me tornar uma santa realizando um ato de generosidade daquele tipo, mas tais pensamentos dissolveram-se no meu egoísmo.

Minha professora de segunda série era a Irmã Pat, uma monja brigidina com quem eu me dava muito bem. Para mim, era uma inspiração de fé. Lembro-me dos hinos maravilhosos que cantávamos com ela e de seu grande entusiasmo ao contar-nos histórias da Bíblia. Acho que foi a católica mais entusiasta que já conheci. Adorava Deus, e adorava estar casada com Ele. Depois que a conheci, a vida de uma freira pareceu-me muito atraente. Tudo que girava em torno da vida monástica me inspirava – adorava as vestimentas, a humildade, a confiança e a entrega a Deus. Outra grande influência sobre mim foi o filme *A Noviça Rebelde (The Sound of Music),* que devo ter visto mais de 200 vezes! Dos 8 aos 13 anos, eu quis ser freira e viver exatamente como Maria.

Nos meus 14 anos, porém, a morte de meu pai mudou tudo isso. A partir desse ponto o Cristianismo deixou de responder às perguntas que me atormentavam, o que me fez procurar respostas em outras crenças. Não censuro a Igreja por tal ocorrência; acho que era meu próprio karma impelindo-me para um caminho que se ajustasse melhor à minha constituição particular. Quando meu pai morreu, senti-me sozinha e desconsolada – perdi a fé em tudo que tinha tido até o momento. Não conhecia suficientemente os métodos meditativos do Cristianismo para transformar minha dor, e me perguntava como qualquer criador poderia deixar seus filhos sofrerem tanto. Minha percepção infantil de Deus não resistiu ao teste de sofrimento e de minha experiência da realidade.

Haviamos mudado para a cidade a fim de que meu pai pudesse receber tratamento. Sob os nossos olhos, ele se reduzia lentamente a uma sombra da antiga pessoa que fora. Mesmo assim era o nosso pai, sorrindo suavemente com os olhos azul-safira profundos como um oceano retendo a dor escondida. Apesar de sua doença ter durado sete anos, eu estava totalmente despreparada para a morte dele. Como estivera presa a um mundo infantil de auto-obsessão, o falecimento de meu pai foi um brusco despertar e um ponto crucial em minha vida.

Meu pai morreu tarde da noite. Vimos como parecia afundar e como todos os elementos de seu corpo estancavam. Finalmente, a respiração dele tornou-se o estertor da morte, diferente de tudo que eu já ouvira. Era como se ele se agarrasse à vida por algum motivo, e após cada expiração eu me surpreendia ao vê-lo respirar de novo. Lembro-me de minha mãe lhe dizendo: "Não se preocupe, Bob, tudo vai ficar bem. Vamos tomar conta uma da outra. Pode ir, não se prenda mais a nós".

Logo depois disso meu pai deixou esta vida. Eu podia ver seu corpo oco, agora como uma concha; uma concha à qual nos ligáramos tão ternamente em vida, abraçando-a, vinculando-nos a ela, observando suas expressões. Percebi naquele momento que meu pai era mais do que o corpo, e, sua natureza, mais ilimitada do que eu compreendera anteriormente.

Na manhã em que ele morreu, tive um sonho ou visão, não estou bem certa. Meu pai me apareceu à frente de uma luz dourada, quase um túnel. Não consigo lembrar se ele realmente disse algo, mas os sentimentos que fluíram entre nós foram: "Eu amo você, estou bem, isso não é o fim, nós nos encontraremos de novo". Posteriormente, descartei isso como uma fantasia da mente – como eu desejava que as coisas fossem, não como eram de fato –, mas escrevi o poema a seguir em memória dessa experiência. Afinal de contas, quem pode dizer o que é real?

Pai Eternidade

Sonhando minha morte por entre as nuvens púrpura,
Sob cortinas ilusórias surgiu o meu Cristo.
No olho da noite,
Curvo-me, oscilante e grave.
Observo das sombras
Minha vida fugir.
Cadente pelo céu desliza ela
E tu a ouves morrer
E então eu vôo.

Meu corpo se foi,
Canto agora uma nova canção.
A asfixia findou.
Minha vida rendeu-se
Contudo, estarei morto?
Não, em vez disso
Caminho na luz de meu próprio vôo.

O que se aprende,
As luzes douradas no contorno da alma,
São reais.
A morte é uma canção da qual se pode prosseguir.
Nas fronteiras da noite
Não há temor,
Pois eu sou eternidade,
E gerei a ti.

Depois que ele morreu, as pessoas se instalaram quieta e respeitosamente à volta de seu corpo. Algumas choravam, confortando-se mutuamente, mas eu sabia que o corpo – aquela concha sem vida – não era meu pai. Tive quase a sensação de que uma presença deixava a sala e rumava para a vasta noite estrelada. Saí para o ar livre e senti-me completamente só num universo gélido. Vira o precipício da morte e tivera um vislumbre de compreensão de o que eram de fato os seres humanos, por que existimos e outros mistérios mal compreendidos e inexplicados da vida. Contudo, a fim de entender verdadeiramente tais mistérios, senti que tinha de morrer para a vida que eu conhecia e nascer de novo.

Após a morte de meu pai, deixei de ser criança. Não podia mais considerar o mundo como um jardim de prazeres; o idealismo da juventude foi arrancado de mim e substituído pelos espinhos do sofrimento. A vida parecia uma fornalha de infelicidade, e eu sabia que tinha de encontrar uma saída do sofrimento.

Posteriormente, ao me deparar com os ensinamentos budistas, tal experiência capacitou-me a estabelecer um paralelismo com a desilusão que Buddha sentira com o mundo. Surgiu um momento na vida de Buddha em que ele decidiu abandonar o palácio no qual fora encerrado. Não conseguia mais levar uma vida hedonista porque sabia que os grandes sofrimentos do nascimento, da velhice, da doença e da morte o perseguiam para abatê-lo como os quatro cavaleiros do Apocalipse da Bíblia cristã. A história sobre Buddha conta que ele estava totalmente acordado enquanto o resto das pessoas dormia. Foi assim que me senti quando meu pai morreu. Não que minha epifania fosse comparável à de Buddha – mas em algum nível eu podia fazer a conexão. Senti como se a verdade da vida – o sofrimento – me atingisse e eu não mais pudesse continuar a viver como antes, completamente presa no sonho de intermináveis distrações.

Os *insights* que tive após a morte de meu pai foram o maior presente que ele me deu, fora a própria vida. Após muitos anos de busca e dor, senti-me extremamente grata por sua doação.

A vida era muito mais inacreditável do que eu pensara. Era como se eu tivesse vivido num local pequeno e escuro e subitamente alguém chegasse e o demolisse, deixando-me a flutuar num abismo interminável. Eu sabia, sem sombra de dúvida, que a vida era curta, impermanente e que ignorávamos o momento de nossa morte. Tinha também a sensação de que a vida era um prelúdio para outra coisa, embora não soubesse o quê; mas era como um campo de testes. Como espécie, tínhamos lições espirituais a aprender e sabedoria a adquirir.

Parecia-me que os humanos tinham esquecido o "quadro maior" da vida – os mistérios inexplicados. Estávamos completamente presos no sonho desta vida, esquecendo que ela é um *playground* de aprendizado – embora difícil. Assim, perdíamos a oportunidade de crescimento espiritual que a vida nos proporcionava.

Ficou claro para mim que não poderia continuar com a existência sem sentido e auto-absorta que levara até então. Tinha de experimentar realmente uma vida digna da doação que ela significava – não apenas sobrevivendo ou concretizando as expectativas dos outros. Precisava descobrir por que me encontrava aqui, o que estava fazendo, como deveria aprender. Com uma dor premente no coração buscando alívio, não podia mais levar uma vida de mediocridade. Não tinha escolha. Para mim, era viver plenamente ou não viver.

Agora, via-me de fato em conflito com a vida à minha volta. Eu mudara, mas ela não. Minhas amigas de escola ainda se interessavam por roupas bonitas, arranjar namorados e tirar boas notas. Tudo isso deixara de me interessar. Meus deveres escolares pareciam totalmente banais e inúteis.

Durante esse perturbado período, eu me trancava no quarto e ouvia música dos anos 1960: os Beatles, John Lennon e Joni Mitchell. Eles pareciam compartilhar minha desilusão com o mundo materialista. Sua música referia-se a uma esfera da existência em que a liberdade e a alegria do coração eram os objetivos mais importantes da humanidade. Ninguém na família podia entender minha dor ou minha procura desesperada, da mesma forma que eu não conseguia entender a dor deles ou seu ponto de vista.

Externamente, eu passara de uma adolescente autoconfiante e ativamente envolvida nas coisas para uma criatura retraída, pálida e deprimida, cheia de ansiedade, imprevisível e pronta para explodir a qualquer momento. Minha relação com minha mãe mergulhara na discórdia. Nós nos distanciávamos cada vez mais à medida que a confusão resultante da morte de meu pai dilacerava o mundo que eu conhecera. Estou certa de que todas as mães e filhas passam por essa fase em algum momento. Eu era apenas um pouco mais jovem e mais perturbada do que a maioria das adolescentes naquele período.

À época, uma moça sublime chamada Sunita tornou-se um guia na minha vida. Embora Sunita fosse australiana, sua família vinha de Goa, no sudoeste da Índia. Certo dia, quando estávamos no *playground* de nossa escola católica para moças, ela se aproximou de mim na saída da biblioteca e disse: "Eu conheço você". Seu tom era muito profundo e penetrante, como se ela enxergasse um espírito irmão através do pálido disfarce que eu usava. Disse-me então que apreciara meu retrato de Joana d'Arc, quando da procura de talentos efetuada pela escola. Sunita não estava satisfeita em seguir o *status quo*; queria mergulhar profundamente na vida com paixão. Fiquei surpresa com sua autoconfiança, sua certeza de me conhecer, e apenas concordei com a cabeça com tudo que dizia. Mas Sunita tinha razão; compartilhávamos muitas semelhanças e ambas estávamos à procura, desiludidas com o mundo mostrado por nossos pais. Ficamos mesmerizadas uma pela outra; pelo menos eu fiquei.

Sunita me escrevia belas poesias em papel marrom que ela queimava nas bordas. Às vezes chegava à escola com olheiras escuras, pois ficara acordada a noite inteira escrevendo e contemplando. Tinha uma disciplina que eu não possuía; conseguia manter uma vida da alma e uma vida de sucesso mundano. Suas notas eram sempre boas e ela não perdia totalmente o controle de si. Meu viés dramático exigia que eu mergulhasse de cabeça no abismo de minha confusão; para mim, parecia melhor ser torturada e sentir-me viva do que viver numa espécie de felicidade ignorante. Estarrecia-me diante de primas e colegas por darem a impressão de viver numa bem ajustada aquiescência. Como era possível ser feliz se o mundo estava desmoronando e ninguém conhecia o significado da vida? A "bem-aventurança" suburbana me parecia um destino pior que a morte. Nos anos seguintes, evidentemente, passei a ver que a torturada era eu e não o mundo, e que todos valem a pena e têm uma centelha divina. Entretanto, naquela época eu sentia ser a única a descobrir que estava realmente viva.

Vi muito pouco Sunita após sair da escola; talvez minha queda total no abismo a tivesse deixado um pouco confusa. Sei, porém, que sua chama jamais morreu. Soube que foi para a universidade e formou-se em Comunicação. Certo dia, numa livraria, encontrei um livro escrito por ela e fiquei muito orgulhosa.

Enquanto isso, eu transformava num inferno a vida de minha mãe. Não tinha muita escolha, porém, já que me faltavam capacidade de comunicação e conhecimento espiritual. A atormentada natureza de minha depressão e a noção de urgência me faziam atropelar os sentimentos dos outros. Minha mãe não estava pronta para me soltar, mas eu tinha de partir. Não lastimo a maioria de minhas ações naquela época, mas realmente sinto remorso por ter magoado minha mãe.

A única força me orientando em minha nova vida de liberdade depois que deixei a escola foi Joseph, o amigo "hippie" de minha irmã. Joseph era um retrato da beleza, com sua camiseta roxa, macacão e sandálias Birkenstocks. Ele parecia estar extremamente livre, feliz e confortável consigo mesmo. Ele não se ajustava nem fazia nenhum esforço para isso, e de certo modo era assim que se dava bem. Joseph me ensinou as alegrias de uma vida livre dos constrangimentos do tempo, de andar descalço, subir em árvores, fazer música e viajar. Parecia estar em contato com suas emoções, ao contrário de muitos homens que conheci, e eu de fato apreciava isso. Passei a ter um profundo e reverente respeito por Joseph, além de uma paixonite. Ele foi meu mentor e me ensinou bem. O fato de sentir-se profundamente responsável para com minha mãe fez com que ele não me "corrompesse" demais com sua ideologia hippie, e de fato eu o respeitava por não tirar vantagem da minha vulnerabilidade. Joseph abriu meus olhos para os diversos modos de vida, não apenas para os que me haviam sido ensinados por meus pais.

Assim, com meu guia, abracei o reino dos hippies e todas as coisas da década de 1960. Eu era uma criança deslocada em algumas gerações. Retrospectivamente, foi uma época tumultuada, parecida com um bom romance – engraçada e poética, e ao mesmo tempo deprimente e torturada. Sinto-me contente de continuar evoluindo e não ter ficado presa naquele estágio.

A primeira coisa que fiz para marcar minha transformação interna foi raspar o meu "lindo" cabelo. Naquele dia, sentia-me num estado de espírito muito feliz, apaixonado e exultante, com a adrenalina correndo forte pelas veias. Procurei tornar o acontecimento o mais espiritual e significativo possível. Corri para um parque próximo numa noite enluarada, acendi velas e desfei uma espécie de oração em que dava meu passado aos espíritos das árvores e da água, e esperava que meu futuro fosse cheio de significado. (Lembrem-se de que quando criança eu adorava rituais. Gostava do incenso na igreja, das vestimentas, dos rosários e das cerimônias. Apreciava muito inventar meus próprios ritos e contemplar a Lua.) Inicialmente, tentei raspar o cabelo comprido com uma navalha e nenhum creme, mas fiz muitos cortes depois percebi que precisava de tesoura. Voltei correndo para casa e, no banheiro de minha mãe, raspei totalmente a cabeça. Imaginem seu desalento ao abrir a porta do banheiro para me perguntar o que eu fazia àquela hora profana e me encontrar com um sorriso maluco e sem nenhum cabelo!

Eu estava muito feliz. Sentia que de fato rompera com o passado, com minha velha imagem. De fato, gostava de ter uma cabeça aveludada, livre e aberta, e o simbolismo funcionou – tudo ficou diferente depois daquilo. Senti intuitivamente que precisava raspar a cabeça para cortar os laços com o passado e construir um futuro melhor. Não foi algo feito para instigar minha família, ou por rebelião. As reações à minha volta, porém, foram muito engraçadas. As pessoas que eu conhecia se mostraram muito aborrecidas com meu gesto, como se fossem donas de mim, ou de sua versão de mim, e não quisessem que eu mudasse. Mas o rio da mudança não podia ser detido – as comportas haviam sido abertas e eu era agora uma nova pessoa.

Finalmente chegou o dia em que, a fim de me emancipar legalmente, pedi à minha mãe que assinasse um documento declarando não mais se responsabilizar por mim financeira ou emocionalmente. Tenho certeza de que para ela foi muito difícil assiná-lo, pois queria cuidar de mim; mas eu não podia deixar que o fizesse. Sou muito grata por minha mãe me amar a ponto de ter me deixado ir. Alguns anos depois, quando eu já me organizara um pouco, consegui voltar para casa e amar e apreciar minha mãe de modo melhor.

Após perambular pelos arredores de Sydney por um ou dois meses no lençol azul de designer de minha mãe (que eu arrumara numa espécie de sari), pendurei todas as minhas posses em árvores e plantas do Redfern Park para vê-las lentamente serem doadas como presentes para os que as desejavam. (Depois de um dia, tudo havia desaparecido.) Com um jogo sobressalente de calcinhas, uma tenda, uma camiseta e a minha confiável mochila roxa, mergulhei no admirável mundo novo.

Fui para diversas comunidades, uma delas próxima da cidade em que eu morava. Os membros dessa comunidade, totalmente composta por fumantes inveterados, viviam mergulhados na fumaça de várias substâncias ao longo do dia enquanto faziam jardinagem, consertavam seus velhos carros potentes, tomavam chá e praticavam uma ocasional sessão de yoga. No geral, eram pessoas simpáticas, mas eu não queria viver num enfumaçado esquecimento. Disseram-me que eu devia ir para o norte, onde encontraria gente mais "parecida comigo".

Voltando a Sydney, onde dormia nos sofás de amigos, conheci um gentil hippie no café Badde Manors, em Glebe (um bolsão de vida alternativa na cidade), que me recomendou visitar um local chamado Rainbow Temple, a uma hora de Byron Bay na direção do interior, margeando o parque nacional. Elogiou a Costa Norte de New South Wales como um lugar estimulante espiritualmente, e a seu modo calmo ele parecia um bom exemplo daquilo que falava. Assim, com o endereço de Rainbow Temple na mão, parti no trem noturno para Byron Bay.

De fato, Byron Bay era tudo que eu estava buscando. Conheci outros hippies que me pareceram livres e felizes, especialmente os de uma pequena aldeia chamada Rosebank. Era aparentemente um lugar encantado, fora do alcance pouco imaginativo do mundo comum. Seus habitantes viviam como eu achava que se devia – dedicados à horticultura, construindo bonitas moradias, confeccionando suas belas roupas, reunidos à noite junto à lareira, livres da lavagem cerebral da televisão e da "conveniência" da eletricidade. O uso que faziam da energia solar e de um ecossistema agrícola completo e auto-sustentável me impressionou. Senti que encontrara uma tribo semelhante a mim. Claro que não havia nenhum problema de escassez. O grupo demorou a me aceitar, o que freqüentemente me deixava sem lugar para ficar. Mais tarde, o bom Jevan Upitam abrigou-me sob sua asa e a partir dali eu me considerei "parte da tribo".

Quando imaginava que tipo de lar gostaria de ter, via-me sentada sozinha numa tenda de índio, meditando. Não sabia meditar, mas sentia ser aquilo o que desejava fazer. Felizmente, o lar que eu imaginara manifestou-se, localizado num vale percorrido por um curso d'água. Eu passava muito tempo sozinha em minha tenda, numa vida contemplativa. Lia muitos livros da Nova Era, buscando respostas... e de fato encontrei algumas, embora nunca um caminho inteiro. Deparei-me com certas idéias muito boas, mas nenhum método para implementá-las.

Experimentei diversas filosofias e práticas: nativa americana, Sannyasin (praticada pelos seguidores de Bhagwan Shree Rajneesh), Nova Era, vegetarianismo, frutarianismo (que consiste em comer apenas frutos crus, nozes, amêndoas, avelãs, castanhas e sementes) e ascetismo (por exemplo, perambular de carona sem moradia ou dinheiro, comendo apenas o que me davam, tendo apenas uma muda de roupa e um cobertor). Tentei também a licenciosidade. Embora achasse todos esses extremos temporariamente compensadores, no final completavam-me pouco. Eu notava que, embora pudesse me sentir exultante porque vinha comendo muito pouco e fazendo yoga, a raiz do meu sofrimento continuava intocada. A insatisfação da mente permanecia, mesmo quando eu estava apaixonada ou as coisas desenrolavam-se bem.

Viajei por diversas partes da Austrália de ônibus, trem ou carona, de um festival ou comunidade para outro, sempre em busca de significado e de novas experiências. Muita gente torce o nariz para o fato de uma garota solitária de 16 anos arriscar a vida desse modo, pegando carona entre lugares tão distantes um do outro como Darwin e Sydney. Mas eu não tinha nada a perder: precisava "seguir meu coração". Vira muita gente vivendo com segurança e conforto e, apesar disso, infeliz; assim, concluí que uma vida cercada de segurança material não era um fim em si, nem motivo de felicidade. Eu queria viver realmente, e a estranha e maravilhosa variedade de experiências por que passava fazia com que eu me sentisse viva. Os riscos que corri (embora não os visse como riscos à época, pois considerava melhor viver plena e rapidamente do que de modo lento e sem sentido) abriram meu coração de novo. A confiança, o cuidado e o amor que as pessoas me demonstravam, assim como o egoísmo, a lascívia e a aversão que testemunhei, dissolveram o entorpecimento de minha alma.

Eu começava a viver de novo, a viver verdadeiramente de acordo com minha própria vontade, pela primeira vez em muitos anos. Tinha tempo para ser natural e humana. Ao contrário da crença popular, nem todos os hippies estão constantemente "de barato" ou embriagados – a vida "alternativa" é tão variada quanto a vida "careta". Durante esse tempo passei a me conhecer, a me sentir à vontade com minha mente, meu coração e minha ansiedade. Comecei a levantar na aurora e a fazer yoga, arte, e a aprender a viver apenas no momento presente. Contudo, até certo ponto eu ainda negava os aspectos menos agradáveis da vida... Tinha ainda muitas coisas a aprender.

Encetei várias relações – algumas boas, outras desastrosas. Eu era extremamente inexperiente, o que me levava às vezes a fazer coisas não tanto porque quisesse, mas porque meus parceiros assim o desejavam. Era suavemente dependente – considerando os outros minha única fonte de felicidade. Relações assim nunca funcionam. A paixão evidentemente é uma das coisas mais sublimes que se pode sentir, e parecia haver muito amor no meu coração. Ligar-se a um amor maior era maravilhoso após estar sozinha por tanto tempo, mas perdi de vista a noção de que a felicidade que sentia estava em meu coração. Assim, comecei a apoiar-me nos outros para ser feliz. Quando fui abandonada por alguém, senti-me como se caísse novamente no abismo. Estava sozinha num mundo duro e gelado e tinha de me apoiar em mim mesma. Precisei de certo número de anos para me recuperar. Contudo, as experiências mais difíceis da vida são geralmente as que mais nos ensinam. Aprendi muito com isso.

De algum modo a vida estava me censurando, lembrando-me de que eu não dominara meu próprio sofrimento ou encontrara o sentido da vida. Após vagar de um lado para o outro e tentar me proteger de mais sofrimento inútil, fui para o Nepal e a Índia, onde, segundo meus amigos hippies, eu certamente descobriria o sentido da vida.

Capítulo 2

Descobrindo o caminho

Com a ajuda de meu avô Frank, consegui comprar uma passagem de ida para Kathmandu, Nepal. Só precisava de uma passagem de ida porque, como em todas as verdadeiras jornadas, eu não sabia o que ia acontecer. Eu poderia me tornar uma yogue peregrina (uma praticante realizada do Budismo ou do Hinduísmo) e acabar vivendo o resto de meus dias numa caverna do Himalaia; não queria o constrangimento de uma data de volta.

Antes de empreender minha jornada, comprei um diário. A primeira coisa que coloquei ali foi um recorte sobre alguns monges budistas tailandeses pedindo esmolas – para mim, pareceu muito familiar. Desenhei um retrato de Buddha, embora não conseguisse lembrar de ter visto um. A única imagem budista que eu conhecia era uma estátua que minha avó tinha em seu estúdio da santa budista chinesa Hashang (que os budistas acreditam ser uma emanação do futuro Buddha Maitreya). Perguntei à minha avó quem era e ela respondeu que era Buddha, um príncipe indiano que desistiu de seu reino e perambulou por diversos lugares como mendigo; e que as pessoas podiam esfregar a barriga dele para obter boa sorte. A história era um tanto deturpada, mas mesmo à época me pareceu inacreditável que um príncipe desistisse de seu reino. O que teria provocado nele um ato tão grande de renúncia?

A primeira vez que avistei outro país foi ao descer do avião em Bangcoc a caminho do Nepal. Eu estava tão eufórica que queria beijar o chão. Sentia realmente que começava meu caminho espiritual, que algo grande poderia acontecer. O ar era quase líquido, de tão úmido. Tinha cheiro de ervas e terras exóticas. O lugar inteiro me inspirava. A primeira coisa que vi ao entrar no aeroporto foi um monge vietnamita em pé calmamente com sua mãe camponesa. Ele parecia tão parado e distante do mundo. Vi outro tailandês assistindo a "Aeróbica Tailandesa" na TV. Eu não entendia coisa alguma do que diziam no aeroporto, nem estava acostumada aos pesados sotaques estrangeiros. Perambulei pelo aeroporto tentando encontrar meu vôo de conexão, mas acabei recebendo um visto de trinta dias para a Tailândia. Felizmente, também achei o caminho para o meu vôo de conexão para o Nepal.

Voei para Kathmandu no princípio de uma manhã de agosto de 1995, aos 17 anos. Eu estava atônita com o que via. Senti que entrava nas páginas de uma grande história. Vi um inacreditável nevoeiro sobre as montanhas, campos de algodão espalhando-se pelos flancos de declives surpreendentemente íngremes e as pessoas que trabalhavam lá (como formigas, de meu ponto de vista aéreo). As montanhas do Nepal transformavam as da Austrália em colinas. Desci do avião e passei pelas autoridades da alfândega no aeroporto. Depois disso, de algum modo, terminei não no toalete dos turistas, e sim no dos trabalhadores. Bem, foi uma apresentação chocante! Não havia tábua, apenas um buraco no chão (obviamente, um local popular para vários bichos que sobem e rastejam), e quase desmaiei com o cheiro do local! Havia uma velha minúscula com as tradicionais vestes do Nepal sentada num pequeno banco com uma vassoura. Seu trabalho era obviamente limpar o banheiro. Ela sorriu ante minha visível confusão.

Saí aos tropeços do aeroporto e fui abordada por muitos homens que me gritavam coisas, cutucavam-me e me incentivavam a ir com eles para o seu "hotel". Para alguém com uma mochila pesada, vinda de um fuso horário diferente e a dor no estômago que me dominou assim que desci, era tudo um pouco esmagador. Escolhi cegamente acompanhar dois "representantes". (Claro que hoje em dia sei me desviar totalmente desses intermediários e simplesmente fazer sinal para um riquixá motorizado!) Tudo invadia meus sentidos – os cheiros, as casas e a cultura. Enquanto o mundo passava disparado, eu tinha dificuldade em distinguir lojas, cafés e oficinas de automóveis, todos parecendo um labirinto para mim... As construções davam a impressão de serem feitas com tijolos crus, telhados de zinco e chão de concreto umas em cima das outras, talvez agraciadas com uma lâmpada elétrica pendendo do teto. A única diferença era o que as pessoas faziam dentro delas. Algumas acocoravam-se nas cadeiras e fumavam *bedis* (cigarros indianos em que o potente tabaco é embrulhado em certa folha); outras bebericavam *tchai* (o chá condimentado nepalês). Outros aposentos exibiam especiarias de todas as cores – obviamente lojas; a seguir, mais adiante, veículos de todos os tipos estavam parados dentro e fora de um edifício. De modo diferente do Ocidente, onde a vida é trancada dentro de portas fechadas, no Nepal todos os eventos da vida são visíveis da rua.

Meus novos guias me perguntaram se eu estava sozinha. Quando respondi que sim, isso pareceu alarmá-los. Disseram-me ser muito perigoso para uma mulher viajar sozinha. A resposta deles me fez pensar o que fizera eu ao ir para lá completamente só. Felizmente, após passar a noite num hotel muito escuro e bolorento, recuperei minha autoestima. Perambulei pelo lugar e descobri-me na Praça Kathmandu Durbar (um ponto de reunião). Encontrei alguns jovens guias turísticos nepaleses que conseguiram para mim um lindo quarto com uma vista de 360 graus da cidade por metade do preço que eu estava pagando no outro. Meus amigos guias me mostraram as delícias escondidas do Nepal – templos e pessoas que eu jamais teria visto num mapa turístico. Após cerca de um mês, senti-me bem autoconfiante e feliz no Nepal. Notem, ainda era uma batalha constante negociar o preço de tudo e não ser levada para dar uma volta. Acho que a graça divina estava me guiando, e ajudou-me a sobreviver naquele caos. Sem entender muito bem a cultura nepalesa, de certo modo eu perdera minha argúcia de rua. Era muito idealista sobre os orientais, mas após alguns confrontos com a realidade direta encontrei-me de novo e consegui conectar-me com o que valorizava mais profundamente – não o que os outros queriam de mim.

Como um todo, o povo do Nepal foi gentil, afável e amável. Notei que não gostavam de levar a vida demasiado a sério. Claro, também me conscientizei da extrema pobreza, mas esta não me pareceu repulsiva ou horrenda, e sim muito humana. Mesmo em meio a suas vidas difíceis, os nepaleses tinham tempo para sorrir. Estava claro que muitos jovens nepaleses viviam em confronto com seu mundo, desejando a vida dos turistas ocidentais que encontravam e não a que seu país lhes possibilitava. Minha visão do Nepal, que pode diferir completamente daquela de seus habitantes, era a de um lugar surpreendente, um mosaico de culturas e linguagens, sofrimento e felicidade. O ar parecia diferente, imbuído de espiritualidade. Eu gostava até do cheiro da poluição que os riquixás a motor e os velhos carros emitiam e da mistura de poluição e nevoeiro que se depositava no vale, fazendo-o parecer enevoado e fora do tempo. Claro que teria sido melhor para os habitantes que a poluição não estivesse lá, mas havia uma espécie de aceitação por parte dos nepaleses de que tudo ficaria bem, e que "Deus providenciaria".

Quando parti para uma jornada a pé pela região de Lantang, no Himalaia, obtive um conhecimento maior. Mal equipada, vaguei por ali em áreas sujeitas a avalanches no meio da monção. Encontrei gente de origem tibetana vivendo no que consideraríamos estábulos pobremente construídos, com chãos enlameados. Algumas viviam em choças com um pedaço de zinco por cima como abrigo. Estava frio e úmido, eu sofria de disenteria e aquelas pessoas só tinham batatas para comer. O fascinante era parecerem as pessoas mais felizes que eu já encontrara. Não possuíam nada de material e mesmo assim tinham coragem moral, paciência e compaixão. Imaginei como poderiam ser tão felizes naquelas condições. Então pensei: "Essa gente está sem nada; eu venho de um país rico que fornece todos os confortos possíveis, e mesmo assim poucas pessoas que conheço estão realmente felizes. O que teria aquela gente que eu não tinha?". Descobri que era uma tradição espiritual de vida.

Certo dia, logo depois de minha jornada, eu perambulava pelas ruas de Kathmandu quando um livro pareceu pular de uma vitrine e prender minha atenção. Tive a sensação de que acabara de lê-lo. Era *Reborn in the West*, de Vicki Mackenzie. Contava como os mestres espirituais tibetanos estavam renascendo em países ocidentais e como isso vinha disseminando o Budismo no Ocidente. De repente, minha vida fez sentido para mim. Tive uma fé imediata de ter encontrado meu caminho. Era como voltar para casa. Compreendi a possibilidade de ter nascido no Ocidente para ajudar a espiritualidade a enraizar-se lá. Era a única razão que encontrava para explicar por que eu nascera naquela estranha cultura da qual queria me dissociar. Quanto mais lia sobre Budismo, mais ele fazia sentido. Eu estava apaixonada. O livro seguinte que li foi *Entering the Stream* (editado por Samuel Bercholz e Sherab Chödzin Kohn). Quando li as Quatro Nobres Verdades sobre a vida e o sofrimento que são centrais no Budismo, tive vontade de chorar. Finalmente uma religião que não somente reconhecia a existência do sofrimento, como indicava o modo de sair dele – e eu sabia que estava sofrendo! Após perambular pelo globo tentando tantas coisas diferentes, ansiando incessantemente por paz e completude, mas sempre me desiludindo, encontrara um caminho que oferecia métodos claros para a superação do sofrimento e uma filosofia sensata sobre o significado da vida.

Após ler tanto, percebi que precisava encontrar outros budistas e entrar eu própria na corrente, digamos assim. Encontrei o endereço do Monastério Kopan do livro de Vicki Mackenzie e, sem hesitação, alistei-me num curso de meditação de dez dias sobre Introdução ao Budismo. A mestra era uma monja budista que fora para o Nepal nos anos 1970 na onda hippie e encontrara Lamas (mestres) tibetanos que a inspiraram a devotar a vida ao Budismo. A Venerável Karin era sueca. Ani ("Tiazinha", designação informal de uma monja tibetana) era extremamente humilde e devotada, mas tinha os pés firmemente plantados na realidade. Sou muito grata pelo curso inspirador que deu. Pude de fato me relacionar com as pessoas naquele monastério, que abarcava monges tibetanos, monges e monjas ocidentais e uma população temporária de viajantes ocidentais que assistiam aos cursos de meditação lá oferecidos. Exatamente como os ocidentais que haviam chegado ao Nepal nos anos 1960 e 1970, eu me desiludira com o materialismo no qual minha cultura parecia florescer. Estava em busca de um caminho espiritual, e o encontrara.

O que realmente me impressionava no Budismo eram aqueles que o praticavam. Eles pareciam realmente felizes, compassivos e determinados. O caminho funcionava: eu vira provas dentro de mim mesmo, a partir de minha própria experiência, e externamente na forma de outros praticantes budistas que fulguravam de felicidade e sabedoria e ainda assim pareciam muito humanos. Essas pessoas tinham feito o melhor de circunstâncias terríveis. Muitas delas eram refugiadas do Tibete, outrora um país livre que fora invadido pelos comunistas chineses em 1959, embora estes houvessem se infiltrado nele muito antes. Com tal invasão e os ataques subseqüentes, estima-se que mais de um milhão de tibetanos tenham morrido. As práticas religiosas tibetanas foram violentamente suprimidas, milhares de monastérios destruídos e seus monges e monjas aprisionados, torturados e mortos. Muitos tibetanos fugiram com seu líder espiritual e político, o Dalai Lama, para evitar a aniquilação religiosa e cultural. Eles se estabeleceram no norte da Índia e no Nepal. Chegaram sem nada, mas lentamente reconstruíram seus monastérios e centros de prática para que sua rica tradição espiritual não morresse, continuando a ser transferida de uma geração para outra.

Após alguns meses no Monastério Kopan, parti em peregrinação aos vários lugares santos budistas da Índia e do Nepal – Lumbini, onde Buddha nasceu; Sarnath, o primeiro lugar onde ensinou; Kushinagar, onde morreu; e o mais importante de todos, Bodhigaya, onde ele atingiu a iluminação sob a árvore Bodhi. Em Bodhigaya fiquei no Root Institute, um centro budista onde recebi mais ensinamentos do Venerável René, um monge sueco que achei muito incentivador (ele fora monge por mais de vinte anos e completara muitos anos de retiro). Recebi ensinamentos também do Venerável Tensin Josh, um monge budista tibetano da Inglaterra, muito eloqüente, e do Venerável Stardust, um monge alemão muito inspirador, sobre a tradição Theravada do Budismo. Finalmente me senti em casa. Eu era uma poeira na dança cósmica da iluminação, um fio na rica tapeçaria iniciada por Buddha.

É difícil descrever a experiência de visitar a Índia e o Nepal – o cenário à margem do tempo atual como uma pintura a óleo em minha mente; o poder e a energia que emanavam daqueles locais sagrados; os praticantes que conheci, que corporificavam os ensinamentos de Buddha. Senti-me profundamente inspirada. Pela primeira vez a vida fazia sentido para mim, e eu sabia por que estava aqui, qual era o meu propósito. Pela primeira vez descobria que tinha qualidades, que minha crença de haver muito mais na vida do que segurança material e amor romântico era partilhada por outros. Tinha uma sensação de *déjà vu*, como se tivesse estado lá antes, praticado aquele caminho anteriormente. Na verdade, estar na Índia e no Nepal e contemplar e meditar me pareciam muito mais familiares do que a vida que eu levara na Austrália, onde sempre me sentia em confronto com tudo.

Depois de Bodhigaya fui para Dharamsala, a sede do Dalai Lama no exílio, uma localidade indiana aninhada no flanco de uma grande montanha. Esse local é impregnado pela presença compassiva de Sua Santidade, e o poder de meditação ali é aumentado simplesmente por se estar perto dele. Até hoje Dharamsala continua sendo meu local preferido no mundo. Só estudar e praticar o caminho espiritual que eu descobrira, compartilhá-lo com outros e despir as camadas da ilusão em mim mesma me deixava contente. Sentar, tomar chá, observar as águias pairando lá no alto sobre as montanhas com os cimos cobertos de neve e a vida dos aldeões me fazia sentir completa e em paz. Usufruí esses prazeres simples. Foi a época mais feliz da minha curta vida até então.

Fui meditar também num local chamado Tso Pema ou Lago do Lótus (Rewalsar), no norte da Índia. Esse lugar fora santificado pelo grande mestre indiano Padmasambhava, que levara o Budismo da Índia para o Tibete no século VIII. Meditei por algumas semanas junto às cavernas de outros praticantes budistas e tive algumas experiências profundas. Eu ansiava por ser como os outros monges e monjas que via, devotar minha vida àquele caminho, mas sabia no fundo do coração que ainda não estava totalmente pronta.

Também me aproximei de alguns habitantes da aldeia indiana em que morava. Eram muito protetores em relação a mim e me acolheram sob suas asas. Entre eles, fui uma honrada convidada numa cerimônia de casamento que durou três dias. Quando a porta se fechou e todas as mulheres juntaram-se numa sala, cantaram e dançaram com tremenda liberdade e entusiasmo. Com os homens presentes, as coisas se passavam de um modo um pouco diferente. Era interessante ver como os aldeões interpretavam seu mundo. Seus valores culturais eram muito diferentes dos meus, mas igualmente válidos. Em minha compreensão, a cultura indiana incentiva as mulheres a serem chefes do lar, tomar conta de todas as questões domésticas, produzir herdeiros e ser mães e esposas amorosas, devotadas aos maridos e à família. Na Índia, o papel da mulher é servir ao marido com devoção, e isso é encarado como um caminho para a iluminação. O Guru é Deus, o marido é Deus e o visitante é Deus. Não acho isso difícil de acreditar, já que me mostraram uma hospitalidade inacreditável!

Embora trabalhassem duramente, as mulheres que conheci pareciam razoavelmente felizes. Certa vez, vi uma pilha de madeira de um metro de altura movendo-se na minha direção. Quando ela se aproximou, vi que tinha pernas – era uma aldeã! Não apenas carregava uma enorme carga de lenha sem dificuldade aparente, como tricotava um casaco enquanto andava, carregava um bebê amarrado nela e um cabrito nos ombros! As aldeãs indianas não tinham consciência da opressão masculina porque, no que lhes dizia respeito, elas eram o que haviam sido destinadas a ser. Consideravam necessário ter uma figura masculina na família para protegê-las e sustentá-las, e em troca ficavam felizes de cuidar de suas famílias. Era esse o modo de viver na aldeia em que fiquei. As mulheres nunca saíam sozinhas, somente em grupos. No entanto, mesmo assim tinham muita liberdade dentro da moldura familiar. Tenho certeza de que existem arranjos diferentes entre os indianos ricos e altamente instruídos.

Como sempre ouvira meu pai dizer que eu poderia fazer ou ser qualquer coisa que quisesse, nunca tendo sentido discriminação de gênero e tendo gozado de toda a liberdade e privilégios que os homens usufruem, tais como governar a própria vida, instrução e liberdade de viajar e perambular sem uma desaprovação séria da sociedade, a cultura indiana me parecia muito diferente. Acho que prefiro o modo como fui educada, o que não significa que seja melhor ou pior do que outros.

No final de meu período no Nepal, fui a um oráculo, um Lama que canaliza vários espíritos que protegem o Dharma (os ensinamentos de Buddha).

Esse oráculo me disse que, em minha vida passada, fui a administradora de um monastério Sakya; que eu deveria visitar Sua Santidade Sakya Trizin, o chefe da linhagem Sakya do Budismo Tibetano, e solicitar ensinamentos. O local em que Sua Santidade permanece é no norte da Índia, onde o visitei, mas ele tem discípulos e centros por todo o mundo, para os quais viaja com freqüência. Sua Santidade disse que, embora sem tempo para me ensinar naquele momento, visitaria a Austrália em 1997 e quando eu voltasse a Sydney deveria ir para um centro que ele tinha lá. Era interessante que o primeiro Lama com quem tive uma entrevista – Ontrul Rinpoche – também me recomendara ir para aquele centro.

Após um ano de estudos em viagens pelo norte, sul e leste da Índia e no Nepal, até mesmo parando para visitar o inspirador abrigo de Madre Teresa e ajudar num hospital, meu dinheiro acabou. Contrariada, tive de voltar para casa.

Minha família ficou aliviada por me ver, apesar de eu estar vinte quilos mais magra devido a uma disenteria amebiana. Acho que temiam que eu fizesse parte de um culto. Eu lhes enviara postais de lugares santos e poemas cheios de fervor espiritual, contando-lhes como estava feliz – mas talvez não conseguissem acreditar nisso!

Antes de partir para a Índia, minha relação com minha mãe fora muito tensa – nós simplesmente não nos entendíamos. Enquanto eu estava na Índia, pude examinar nossa relação. Algumas teorias psicológicas nos incentivam a nos vermos como um produto da educação – a remeter todas as nossas partes "ferradas" ao condicionamento feito por nossos pais. O Budismo propõe outra explicação. Afirma que temos reencarnado desde os tempos sem início (os budistas acreditam que o tempo é mais circular que linear), criando ações que naturalmente provocam reações, acumulando condicionamento e ignorância. Portanto, os fracassos de nossa vida estão na verdade em nossas mãos. Seja lá o que for feito a nós, cabe-nos a responsabilidade sobre como reagimos a isso. Seja como for, eu estava tão "ferrada" que tudo aquilo não podia ter sido feito por meus pais num único tempo de vida!

Durante meu período no Monastério Kopan, eu descobrira uma prática que os budistas tibetanos chamam de "relembrar a bondade de sua mãe". Essa prática nos incentiva a meditar sobre todo o cuidado, amor e trabalhos que nossa mãe teve para nos trazer ao mundo e nos ajudar a crescer. O objetivo da meditação é abrir o coração com compaixão e amor, usando nossa mãe como ponto de partida. Quando podemos ver quanto amor, cuidados e bondade nossa mãe nos dedicou, um sentimento de gratidão surge naturalmente. Eu podia ver que, por mais equívocos que minha mãe tivesse cometido (não muitos!), ela fizera o melhor que pudera dentro de suas condições. Pensei como meus pais eram relativamente velhos quando fui concebida e como, apesar disso, aceitaram-me com amor. Minha mãe passou por uma dor terrível no meu nascimento (muitas mulheres dizem que não há grande dor), e depois cuidou de mim – uma trouxinha de problemas que berrava (embora vagamente bonitinha!). Enquanto eu crescia, minha mãe estava constantemente atrás de mim, protegendo-me de minha própria burrice, ensinando-me a falar, instilando-me valores morais que foram de grande utilidade anos depois. Quando olhava para trás, via que minha mãe me servira fielmente, fora uma grande mãe e seu amor era bastante óbvio. Embora fôssemos diferentes, ela me amava com todo o coração. Todas as rugas de seu rosto e suas mãos rachadas eram cicatrizes do amor, de seus cuidados. Ela lavava à mão todas as nossas roupas ("máquinas não lavam muito bem!"), me tirava da cama todas as manhãs, compartilhava meus problemas e cuidava de mim do alvorecer ao escurecer. Era sempre a última a sentar-se para uma refeição e a primeira a levantar-se. Após uma meditação assim, era fulgurantemente óbvio que eu tinha uma grande mãe, e o amor surgiu no meu coração. O egoísmo que sempre eclipsara meu amor por ela cedeu um pouco e começamos a nos dar melhor. Pelo menos podíamos ter um diálogo sem encarar tudo de um modo fortemente pessoal.

Durante um tempo após o meu retorno, eu vagava por ali num choque cultural. Tudo era tão grande, opulento e clínico; as ruas estavam vazias, onde estava toda a vida? Contudo, gradualmente fui me ajustando. Eu voltara sentindo a necessidade de devolver algo à sociedade. Fui ao monastério budista tibetano Guelupa para mulheres, num lugar remoto na região de Brisbane, para ver se me ajustava à vida de monja, já que sentia um forte vínculo com a linhagem Guelupa, na qual fora introduzida inicialmente. Contudo, além de não poder pagar o aluguel, eu sentia no fundo que não estava no lugar correto. Também queria poupar dinheiro para voltar para meu amado lar espiritual. Como não estava pronta para o monastério, voltei para Sydney e arranjei o meu primeiro emprego. Inicialmente fui voluntária para cuidar de crianças gravemente deficientes. Foi um trabalho recompensador, mas exaustivo, e eu voltava para casa à noite sem nenhuma energia para meditar. Pouco depois daquele dia, minha cunhada me arranjou um emprego em seu escritório como faz-tudo em meio expediente. Como não tivesse roupas para trabalhar num escritório, pedi emprestadas as de minha avó, muito matronais e um tanto largas – foi realmente cômico! Lá estava eu, a suposta hippie, agora um pequeno parafuso na grande roda, como meus amigos "alternativos" poderiam ter dito. O trabalho era moleza; eu apenas tirava fotocópias o dia todo, sendo bem paga para isso. Junto à máquina de fotocópia eu repetia mantras mentalmente; não havia praticamente nenhum estresse! No entanto, eu sabia que esse trabalho não era muito significativo nem alinhado aos meus valores. Depois que ele terminou, trabalhei em diversos outros cargos de escritório nos quatro anos que se seguiram. Alguns foram muito estressantes e continuei ansiando por voltar à Índia e praticar e estudar por tempo integral. Mas não havia nada de errado em trabalhar e aprendi muito. Nem uma vez sequer senti o impulso de me estabelecer, comprar minha própria casa ou coisa assim; também não tinha muito interesse no sexo oposto. Meu único interesse era o Dharma; tudo o mais era apenas uma distração.

Em 1997, em Kyogle, norte de Nova Gales do Sul, freqüentei um retiro Lamdre de seis semanas com Sua Santidade Sakya Trizin. Lamdre é o principal ensinamento da linhagem Sakya. É um caminho completo para a iluminação do início ao fim, abarcando instruções filosóficas e Vajrayana (ver Capítulo 4). Agora eu me sentia mais ligada àquela tradição (embora anteriormente tivesse sido exposta principalmente à tradição Guelupa). Após estudar com esse incrível mestre, decidi ir para um dos centros do ramo Sakya e estudar com o mestre de lá, o Khenpo (equivalente a abade) Ngawang Dhamchoe, que fora indicado por Sua Santidade. Khenpo La ("La" é um termo tibetano de estima) era um Lama muito quieto e contido. Após estudar com ele por um tempo, podia-se ver que ele era um diamante em estado bruto. Dele aprendi muito, não só filosofia, mas um modo de ser. Ele me ensinou sobre humildade e compaixão (para mim essas sempre foram as lições mais difíceis!).

Depois de dois anos de trabalho, guardara dinheiro suficiente para voltar à Índia e ao Nepal, mas me envolvera muito na direção do centro e estava servindo como coordenadora do Programa Espiritual. Khenpo La me pediu que ficasse outro ano para ajudar. Fiquei feliz em fazê-lo, porque amava o centro e via como ele beneficiava as pessoas. Eu gostava de saber que era realmente útil. Naqueles dias o centro era a minha paixão, e até mesmo em minhas horas livres eu ficava lá.

Após alguns retiros pessoais, senti novamente o grande desejo de me tornar monja. Embora ainda tivesse dúvidas, manifestei meu desejo a Khenpo La e, para minha surpresa, ele foi muito encorajador. Acho que eu não teria sido capaz de fazê-lo sem o seu incentivo. Eu estava muito preocupada sobre o meu sustento como monja, mas ele disse que encontraríamos um jeito. Isso me aliviou tremendamente; com esse obstáculo removido, eu estava pronta para mergulhar fundo e ser ordenada. Khenpo La recomendou que eu esperasse um ano para tornar-me monja apenas para certificar-me de que minha aspiração era sólida.

Durante aquele ano, ouvi os ensinamentos Lamdre de Sakya Trizin pela segunda vez, em Vancouver. Sua Santidade Sakya Trizin foi, como sempre, um sol fulgurante iluminando-me a mente. Ele também me incentivou a que me tornasse monja. Penso que minha obtenção de mérito (bom karma) servindo o centro fez com que os obstáculos a tal desejo fossem removidos. Nunca pude localizar que obstáculos eram, eu apenas sabia que não estava pronta. Dessa época em diante, minha sensação de não estar pronta lentamente se dissolveu. A orientação de um mestre qualificado e autêntico pode fazer muita diferença. Khenpo La era essa força de benevolência em minha vida naquela época, e eu lhe sou muito grata.

Depois daquele ano, tornei-me uma monja de preceito oito. Devido às minhas próprias dúvidas, Khenpo La sugeriu que eu observasse os oito preceitos e usasse trajes de monja por um tempo antes de ir para a Índia a fim de ser adequadamente ordenada. Os oito preceitos são: evitar matar, roubar, ter atividade sexual, mentir, tomar drogas, comer depois do meio-dia, sentar em camas altas ou tronos, usar jóias, cosméticos e cantar e dançar com apego. Buddha nos deu esses preceitos como um modo de experimentar a vida monástica por um curto período, sem ainda receber a ordenação. A sugestão de Khenpo La foi uma boa idéia, já que alguns envergam os trajes (o que, na tradição tibetana do Budismo, é um compromisso para a vida inteira) e prontamente os despem por diversas razões. Um período probatório me deu a certeza de que eu queria vestir os trajes por toda a vida. Seis meses depois, fui propriamente ordenada por Sua Eminência Chogye Trichen Rinpoche (um luminar da linhagem Sakya, chefe da subseita da escola Sakya e um dos poucos Lamas remanescentes que foi treinado e praticou dentro do Tibete antes da invasão dos chineses). Era um dia lindo e claro de inverno em Canberra, em julho de 2001, e o local era um monastério católico (dominicano) perto do lugar onde eu nascera. Como freiras dominicanas haviam chefiado a escola que eu freqüentara, senti que todos os elementos de minha vida estavam se juntando. Fui ordenada com cerca de seis homens e seis mulheres. Era como casar-se com um caminho espiritual, uma ocasião momentosa. Quando olhei as fotos daquele dia, vi que todos nós tínhamos grandes sorrisos no rosto.

As pessoas são um tanto curiosas sobre monges e monjas, e eu causei várias reações. Algumas ficaram num estado de atemorizada reverência diante de mim, outros me desrespeitaram completamente e outros, por sua vez, me ignoraram. Monges e monjas destacam-se por suas roupas, muito visíveis no caminho reto e estreito que escolheram. Muita gente me pergunta por que desejei me tornar monja budista, por que quis desistir de sexo e dinheiro e assumir uma vida árida e tediosa. Alguns imaginam que eu estaria fugindo, como se não pudesse me expor no mundo comum. Ao fazer compras, às vezes me sentia como uma atração turística; mas tudo bem, estou sendo fiel ao caminho que escolhi. Na verdade, a experiência de ser monge ou monja budista depende muito de você, de seu karma, das condições de sua vida, das lições que precisa aprender e assim por diante. Alguns a acham muito difícil, com pouco apoio; outros parecem brilhar em seus novos papéis. Como alguém que abraçou a carreira monástica, você não pode fugir de seus problemas; na verdade, ser monge parece acentuar suas falhas, tornando-as nitidamente óbvias para todos. O mundo se transforma em seu espelho, já que as expectativas dos outros a seu respeito são muito mais altas. Você tem de trabalhar seriamente em si mesmo ou sofrer as conseqüências.

A transição do estado laico para o monástico foi um tanto traumática para mim em modos que não consigo verbalizar bem – de certa forma toda a minha vibração mudou –, meu modo de estar no mundo (porque as pessoas não me viam mais, viam os trajes) e em mim mesma. Foi como se me despisse até os ossos – todas as camadas irrelevantes, bagagens, ego, simpatias e antipatias, ligações e individualidade foram eliminadas. Simplesmente vieram a mim o que eu precisava abandonar e a iluminação.

No passado, os monges deixavam suas antigas casas, empregos, posses e entravam num monastério para receber treinamento. Num triste afastamento da tradição, os monges ocidentais budistas tibetanos agora raramente recebem apoio para fazer isso e se vêem ordenados sem lugar algum para morar e com pouco treinamento – então precisam se virar por si mesmos. Muitos abandonam as vestes monásticas durante esse período de ajustamento.

Felizmente, aterrissei sobre meus pés depois de um desafio de dois anos. Ergui-me das cinzas de minha velha identidade com uma inspiração renovada para atingir a iluminação e o desejo de ver o monasticismo revivido, os ocidentais apoiados e treinados como são suas contrapartidas orientais. O primeiro ano de minha vida monástica foi muito intenso; eu continuava a trabalhar e a ajudar a dirigir o centro de Dharma, mas sentia que gostaria de levar uma vida mais contemplativa num monastério em algum lugar. Claro que foi muito difícil, porque eu tinha muitas expectativas – e as coisas não saíram como eu esperava!

A distância entre o idealismo e a realidade foi aparentemente muito penosa. Eu podia ver como o desejo e as expectativas podem criar sofrimento. Caí em depressão e pensei em deixar de ser monja (não muito seriamente). Então, perdi meu emprego e tive de me mudar do centro, já que não podia mais pagar o aluguel que cobravam. Tive sorte em receber patrocínio para um retiro de três meses – esse foi outro momento alto em minha vida, um tempo de consolidação, renovação e liberação da bagagem desnecessária.

Depois daquele retiro, soube como desejava viver – na fé. Esta pode parecer uma vida agradável, mas na verdade é muito confrontadora. Eu tinha muita sorte de contar com a ajuda de minha família – caso contrário, acho que isso não teria sido possível. Viver na fé significa sobreviver com seja lá o que for que chegar a mim – eu como qualquer comida oferecida, uso qualquer traje e abrigo que me ofertam, apóio-me nos quatro pilares da vida monástica: comida, abrigo, remédio e roupas. Há liberdade e insegurança nesse tipo de vida: de certo modo, tem-se menos responsabilidade; de outro, porém, desiste-se de muita coisa e não há nenhuma segurança.

Tenzin Palmo, uma eminente monja tibetana, disse que o papel de um monge é mostrar uma vida de Dharma bem vivida. Em suma, monges e monjas deviam mostrar como levar uma vida espiritual da melhor maneira possível, como corporificar as qualidades de benevolência, compaixão e sabedoria na vida diária. Sinto que monges e monjas têm muito a oferecer à sociedade através de suas práticas de meditação, ensinamento e ação social. Imagine se a sociedade estivesse repleta de gente cheia de paz, que tivesse purificado a mente e que partilhasse sua visão com os outros. Que cidadãos melhores do que esses poderia haver? Por milhares de anos, a tradição budista tem sido preservada por inúmeros grandes seres, a maioria monges. A vitalidade de uma tradição espiritual depende de que seus praticantes a corporifiquem e a mantenham geração após geração, e sejam apoiados nesse papel. Os monges ainda têm muita coisa valiosa para compartilhar. Embora os leigos sejam totalmente iguais aos monges quanto a terem a mesma natureza de Buddha e poderem atingir a iluminação, isso leva tempo. Monges e monjas têm tempo e uma vida com menos distrações para buscar a iluminação e preservar as vastas e ricas tradições da filosofia e rituais tibetanos, sem os constrangimentos de tempo dedicado à família, à carreira e às relações. Os monges seguem o estilo de vida que Buddha estabeleceu para a vida espiritual; representam o transcendente, uma alternativa ao materialismo. Abraçar a vida espiritual estabelecida por Buddha, com a motivação de liberar a si mesmo assim como a todos os seres, é o bem mais elevado e torna a pessoa "digna de ser admirada".

Nos próximos capítulos, eu gostaria de introduzir o leitor em alguns princípios espirituais que inúmeros seres de muitas culturas têm valorizado. É um modo de compreensão e amor que pode levar da confusão à clareza, da auto-absorção à verdadeira liberdade e inspiração.

Buddha disse que se devia testar seus ensinamentos como um ourives testa o ouro, constantemente martelando-o, derretendo-o a fim de provar sua pureza. Se você encontrar aqui algo que faça sentido, algo que considere poder incorporar à sua vida cotidiana, adote-o. Caso contrário, não o faça. O Budismo não é um dogma. É um método vivo de se libertar e libertar outros de todos os jugos. Convido agora o leitor a fazer uma jornada através dos ensinamentos do despertar. Possa a viagem por seu coração conduzi-lo a um lugar chamado paz.

Capítulo 3

A vida de Buddha[1]

O Buddha histórico era um príncipe indiano chamado Siddharta Gautama. Siddharta significa "o que realiza o objetivo". Ele nasceu há mais de 2.500 anos no que é agora o Nepal, num lugar denominado Lumbini. Antes de nascer como o Buddha histórico, Siddharta seguira o caminho de um *Bodhisattva* – aquele que deseja atingir a iluminação para libertar todos os seres de seu sofrimento (neste capítulo, Siddharta é mencionado também como "o Bodhisattva"). Agora, após trabalhar diligentemente para seu próprio despertar e o de todos os seres, chegara a hora de ele manifestar uma iluminação total.

À época do nascimento de Siddharta, um sábio astrólogo brâmane profetizou que o príncipe seria um imperador universal ou um grande mestre espiritual que conquistaria plena iluminação e libertaria incontáveis seres do sofrimento e da ignorância. Antes disso, quando ele foi concebido, a rainha Mahamaya, mãe de Siddharta, sonhou que um belo elefante branco de seis presas entrava no lado direito de seu ventre. Ao despertar, sentiu-se tomada por grande felicidade e bem-estar. Ela sabia que estava grávida. Shuddhodana, rei da dinastia Shakya e pai de

---

[1] Deve ser observado que essa história baseia-se na vida de Buddha, mas adotou-se certa licença literária nas conversas entre Buddha e outros personagens.

Siddharta, era um homem ambicioso. Não queria que o filho abandonasse o trono pela vida de sábio sem lar. "Primeiro, ele precisa governar o reino e fazê-lo prosperar. Depois que ficar velho e já tiver tido muitos filhos, poderá devotar-se ao caminho espiritual", declarou o rei.

Num determinado dia de primavera, Siddharta entrou no mundo. A rainha Mahamaya, porém, morreu sete dias depois do nascimento do filho. A irmã dela, Mahaprajapati Gautami (também casada com o rei Shuddhodana), amorosamente assumiu a responsabilidade de criar Siddharta.

Temendo que o filho pudesse comover-se e adotar uma vida de renúncia se visse o sofrimento do mundo, o rei insistiu que Siddharta crescesse cercado por inúmeros prazeres e muita beleza. Siddharta tinha moças jovens e belas para o servirem, assim como palácios luxuosos com pujantes jardins tropicais. Na maturidade, casou-se com a bela princesa Yashodhara, uma mulher muito boa e virtuosa que deu grande felicidade a Siddharta. Durante um tempo, viveram felizes juntos.

Às vezes Siddharta dava passeios pelos campos nas cercanias do palácio, na carruagem conduzida por seu serviçal Channa. Tais jornadas eram cercadas de muitos cuidados para que a rota fosse totalmente limpa e decorada, sendo removida do caminho qualquer coisa que pudesse perturbar o príncipe. Certo dia, Siddharta pediu a Channa que o levasse a um pequeno e belo bosque. Na viagem para lá, viram um velho corcunda arrastando-se apoiado num bastão, os olhos fundos, a pele enrugada e, na cabeça, poucos fios grisalhos. Seu corpo tremia e suas pernas mal conseguiam sustentá-lo. – O que há com aquele homem? – o príncipe perguntou a Channa. – Por que ele se curva tanto? Por que parece tão diferente de todos que vi até agora?

– Meu senhor – respondeu Channa –, o homem tem essa aparência porque é velho. Todo mundo que vive muito tempo passa pelas devastações da velhice. Nela, tudo que era forte se torna fraco. A pele pende e se torna fina, o cabelo fica grisalho e cai, nossos sentidos enfraquecem e as dores nos perturbam. No final, terminamos tão fracos que mal podemos nos mover.

– Quer dizer que você e eu vamos ficar assim? – perguntou o príncipe.

– É muito provável, meu senhor – respondeu Channa.

Depois disso, o príncipe não teve ânimo para continuar o passeio e pediu que Channa os levasse de volta ao palácio.

Em outra ocasião, Siddharta e Channa encontraram um homem que desmoronara ao lado da estrada e estava sendo sustentado por seu companheiro. Muito magro, com ossos protuberantes e coberto de feridas, ele gritava de dor.

– O que há com esse homem? – quis saber Siddharta.

– Está doente, meu senhor – disse Channa.

– Todo o mundo fica doente em algum momento? – perguntou o príncipe.

Channa respondeu que era da natureza do corpo humano adoecer de tempos em tempos, e que ninguém passava pela vida sem ficar doente ao menos uma vez. Siddharta comoveu-se de compaixão e o sofrimento do mundo perturbou-o. Retiraram-se mais uma vez para o palácio.

Em seu terceiro encontro com as verdades do sofrimento, o príncipe passeava no carro quando viu um cortejo fúnebre. Um corpo coberto com um pano era transportado por um grupo de gente que chorava e parecia sofrer muito, rasgando as vestes e arrancando os cabelos. Quando Siddharta peguntou o que era aquilo, Channa respondeu:

– Meu senhor, isso é a morte, o fim da vida humana. Esses são os parentes e amigos do morto, a quem estimavam e amavam muito. Nunca mais o verão. A consciência dele, seus sentidos e emoções desapareceram para sempre. Ele se tornou um pedaço de madeira morta. Ninguém pode escapar da morte, tudo que nasce deve morrer.

Mais uma vez em grande choque e tristeza profunda, o príncipe pediu que voltassem ao palácio.

Em seu quarto passeio, o príncipe Siddharta encontrou um *sadhu* mendicante (celibatário praticante do Hinduísmo que abandona a vida mundana a fim de buscar a iluminação) com uma expressão radiante e serena. Siddharta perguntou a Channa sobre o homem. Channa respondeu que o monge era um homem que desistira da vida mundana para buscar a prática espiritual que o conduzisse ao despertar. Tais mendicantes praticavam meditação e austeridade. Só levavam com eles algo suficiente para dormir. Eles esmolavam sua comida. Siddharta estava intrigado e pensativo.

O rei Shuddhodana mandou o jovem príncipe observar alguns lavradores trabalhando nos campos reais, esperando que isso acabasse estimulando o filho a governar o reino. Contudo, Siddharta deparou-se com homens exaustos, meio nus, transpirando sob o sol quente. Viu os bois presos a cangas pesadas que esfolavam seus flancos, animais constantemente atormentados pelos ferrões das moscas e mosquitos. Seus flancos mostravam-se ensangüentados por serem constantemente cutucados com varas de ferro para fazê-los puxar o arado com mais força. Rasgando a terra, o arado cortava e matava inúmeros insetos, sobre os quais corvos e outros pássaros precipitaram-se para comer. A cena não era de requintada beleza campestre, e sim de mortandade e sofrimento. Sentindo-se repugnado com aquilo, Siddharta libertou os escravos do pai e soltou o boi de seu jugo.

Após perceber a existência do sofrimento, nada foi o mesmo para Siddharta. Todas as riquezas palacianas pareciam excessivas se comparadas ao sofrimento que ele conhecera do lado de fora. Sua vida não era mais um bosque de passeio, mas uma prisão. Siddharta soube que precisava encontrar um modo de superar os sofrimentos do nascimento, da velhice, da doença e da morte para todos os seres.

Certa noite, sabendo como Siddharta se tornara descontente, seu pai preparou uma grande festa para o filho. Entretanto, depois de todas as diversões terminarem, quando todos os cortesãos estavam adormecidos, Siddharta executou sua fuga. Caminhando silenciosamente por entre as dançarinas adormecidas, desgraciosamente derreadas e com as roupas amassadas, sentia o príncipe como se estivesse passando por uma pilha de cadáveres. A beleza aparente das jovens, que o mesmerizara por tanto tempo, havia desaparecido. O único a ser posto a par da fuga de Siddharta fora seu fiel criado Channa.

O príncipe fez uma última visita à esposa, que dormia com o novo filho recém-nascido nos braços. Lançando-lhes um olhar amoroso final, ele prometeu voltar depois de ter alcançado a iluminação.

Assim que deixou o palácio, um nevoeiro pareceu envolver a todos, até mesmo os guardas do palácio, num sono profundo. O Bodhisattva rodou em seu carro para fora do palácio com Channa e, após deixar a cidade, o futuro Buddha desmontou e virou-se para o amigo. Pegando a espada de Channa, cortou o próprio cabelo, que era longo, com um só movimento.

– Leve isso para minha família e diga-lhes que não os abandonei, mas fui em busca do Caminho (o caminho da iluminação) – disse ele.

Channa estava em lágrimas.

– É preciso mesmo fazer isso, meu senhor? Não há outro modo?

– Já me decidi. Este é o caminho que devo seguir – respondeu Siddharta.

Channa implorou para partir com Siddharta, a fim de protegê-lo do que podia lhe acontecer no ermo.

O príncipe lhe disse que ter um criado não era adequado para alguém em sua jornada. "Eu voltarei quando tiver encontrado o Caminho e o partilharei com você."

Então se separaram e Siddharta entrou na floresta, onde sentou-se para meditar. Aos 29 anos de idade, ele entrara na corrente que flui rumo à iluminação.

No dia seguinte, Siddharta trocou seus trajes principescos pelas vestes cor de laranja de um asceta. Então ajustou-se a uma vida de eremita. Esmolava de aldeia em aldeia todos os dias por sua comida e passava a maior parte do tempo em meditação – caminhando ou sentado. Estudou com muitos mestres ascetas e foi um discípulo modelo. Em dois anos, dominava tudo que podiam lhe ensinar e mesmo assim não estava satisfeito por ter ido além do sofrimento. Durante suas meditações, Siddharta sentiu-se abençoado e luminoso, mas quando não estava meditando seu corpo e mente ainda sofriam.

O Bodhisattva perambulou de um lugar para outro acompanhado por alguns companheiros ascetas. Eles consumiam meia ração de comida e meditavam por quase a noite inteira. Viveram desse modo por seis anos, e mesmo assim Siddharta ainda não se libertara da ilusão e do sofrimento.

Certo dia, mal tendo comido por cerca de dois meses, Siddharta foi até o rio lavar-se. O esforço quase o matou. Desabando à margem do curso d'água, percebeu então que as práticas ascéticas não o aproximavam da iluminação (a extinção total do sofrimento e da ilusão) e, na verdade, não eram úteis. Ao vê-lo, Sujata, uma bela moça de uma aldeia próxima, ofereceu-lhe um pouco de arroz doce e leite, que ele comeu. Depois disso, Siddharta sentiu um grande bem-estar e teve instantaneamente muitas percepções.

Vendo-o comer arroz e sentado perto de uma mulher, os amigos ascetas de Siddharta julgaram que ele havia desistido do caminho espiritual. O príncipe insistiu com eles para que comessem um pouco, e lhes contou ter percebido que torturar o corpo não liberava a mente. Eles voltaram as costas a Siddharta e se afastaram, penetrando na floresta.

Depois disso, o futuro Buddha resolveu praticar e encontrar um caminho de iluminação sozinho. Certa noite, decidiu sentar na almofada de meditação, sob uma figueira (agora denominada árvore Bhodi, a árvore da iluminação) até atingir o Caminho – mesmo se isso significasse sua morte.

Mara, a corporificação da ilusão, viu o que estava prestes a acontecer e foi perguntar com que direito Siddharta tomara o lugar que lhe pertencia. Primeiramente, tentou intimidar Siddharta para fazê-lo desistir. Depois, tentou seduzi-lo com belas formas. Quando isso não funcionou, Mara ficou realmente zangado e lançou seu exército – incontáveis monstros e duendes. Estes dispararam flechas ferozes sobre Siddharta, mas, quando elas se aproximavam do príncipe, transformavam-se em flores e caíam no chão. A seguir, Mara desencadeou um dilúvio e relâmpagos ofuscantes. O futuro Buddha continuou impassível. Mais uma vez Mara exigiu que Siddharta lhe dissesse com que direito ele tomara o seu lugar. Siddharta respondeu que conquistara o direito através de inúmeras vidas acumulando mérito (boas ações dirigidas para a iluminação) e a prática das dez perfeições transcendentais: generosidade, virtude, renúncia, sabedoria, energia, paciência, honestidade, determinação, bondade e equanimidade.[2] Conquistara seu direito por esforçar-se compassivamente para libertar todos os seres.

Mara objetou que tinha todos os seus demônios para testemunhar que aquele lugar era dele.

– Que testemunhas você tem para provar que praticou as dez perfeições!? – escarneceu, fazendo todo o seu séquito rir entre uivos.

Siddharta colocou a mão direita na terra e disse:

---

[2] Essas Dez Perfeições são preservadas na tradição Theravada do Budismo. No Budismo Vajrayana – ou Tibetano – elas são subdivididas em Seis Perfeições. Tanto o Theravada quanto o Vajrayana derivam diretamente dos ensinamentos de Buddha – apenas oferecem caminhos diferentes para pessoas diferentes.

– A terra é a minha testemunha.

Então, naquele momento, a terra tremeu. Mara e seu exército foram derrotados e bateram em retirada.

Siddharta voltou-se então para níveis mais profundos de concentração. Na primeira vigília da noite ele viu suas vidas passadas e as vidas de outros. Testemunhou a criação e a destruição de inúmeros mundos. Ele sabia da interligação entre todos os seres uns com os outros e o universo. Pelo bem e pela libertação de todos os seres, buscou desfazer as correntes de sofrimento, nascimento e morte.

Percebeu que o ciclo inteiro do sofrimento começava quando nossa inteligência primordial não conseguia reconhecer sua verdadeira natureza e entender a questão do *self*. Se não há de fato um *self* independente, como este pode nascer ou morrer? Dessa forma, ele não tem início. Siddharta viu também os nascimentos e as mortes imemoriais (que eram uma mera aparência e não a realidade final) de todos os seres; suas vidas passadas estendendo-se na eternidade.

Na segunda vigília da noite, o futuro Buddha obtive um *insight* sobre a destruição de todos os venenos mentais (emoções negativas) e de tudo que obscurecia nossa sabedoria mental, velando-a. Testemunhou a vasta exibição da existência, e como todos os seres eram jogados de um lado para o outro pelas ondas do nascimento, da velhice, da doença e da morte – viajando dos picos mais altos do prazer aos estados mais infernais do sofrimento por causa de seu karma (a lei de causa e efeito). Viu que, se os seres percebessem sua verdadeira natureza – além do nascimento e da morte, surgindo e se dissolvendo –, chegariam a um estado de paz sem morte, superando todo o sofrimento e a ignorância. Percebendo sua verdadeira natureza, os seres poderiam libertar-se da rede do tornar-se (nascer e morrer).

Na terceira vigília da noite, Siddharta viu que os seres sofrem devido à ignorância sobre sua verdadeira natureza – sem compreender que estão interligados com todas as coisas não-*self*. A ignorância de sua verdadeira natureza faz com que se apeguem ao *self* e às suas conseqüentes máculas de ciúme, raiva, orgulho e apego. Devido à falta de compreensão e sabedoria, os seres passam por tantos estados confusos da mente, girando interminavelmente no *samsara* (a roda de ilusão, sofrimento, nascimento e morte). Tendo entendido completamente esse girar no sofrimento devido aos doze vínculos de origem interdependente (a roda do surgimento dependente),[3] Siddharta podia ver como os seres eram impelidos à roda do samsara pela grande força do karma (causa e efeito). Observando com seu olho de sabedoria, ele viu que através da cessação do nascimento, os sofrimentos da velhice e da morte acabariam; através da cessação do tornar-se, não haveria mais nascimento, e assim sucessivamente por todo o caminho de volta pelos doze vínculos com a ignorância.

O coração de Siddharta estava completamente aberto. Ele conheceu a mente de todos os seres, seus sofrimentos e alegrias, alcançando os estados do ver e do ouvir divinos, e a capacidade de se mover por vastas distâncias sem se mexer.

Usara a conscientização para acalmar e domar sua mente, e uma penetrante sabedoria para ganhar *insight* sobre a verdadeira natureza da realidade. Ele percebeu a essência de o que seriam as Quatro Nobres Verdades, que se tornaram os *insights* fundamentais do Budismo (ver Capítulo 7):

1. Há sofrimento;
2. Há uma causa para o sofrimento (desejo/ignorância da verdadeira natureza das coisas);
3. Há um estado livre do sofrimento (a cessação do sofrimento – a iluminação); e
4. Há um caminho levando ao fim do sofrimento (O Nobre Caminho Óctuplo).

Ao se aproximar a manhã, Siddharta libertou-se da ignorância em sua mente. A verdadeira natureza dele fora obscurecida por tantos conceitos e pensamentos que surgiam constantemente. Não compreendendo direito a interdependência de todos os fenômenos (isto é, não reconhecendo que todos os fenômenos são dependentes de

---

[3] Os Doze Elos da Existência Interdependente são: ignorância; condicionamento; consciência relativa; nome e forma; o poder dos seis sentidos; contato; sensação-sentimento; desejo; apego; vir a ser; nascimento; envelhecimento e morte.

causas e condições), a mente fora capturada por dualidades – o *self* e o outro; nascimento e morte; eternalismo (que todas as coisas existem permanentemente) e niilismo (que nada existe). Dessas discriminações duais surgiram as prisões da emoção, do anseio, do apego e do tornar-se, e o conseqüente sofrimento do nascimento, da velhice, da doença e da morte.

Então ele observou que o carcereiro dessa prisão era a própria ignorância quanto à verdadeira natureza de si mesmo. Depois que viu o rosto do carcereiro, a prisão desvaneceu-se.

Siddharta sorriu para si mesmo e disse:

Buscando, mas não encontrando o Construtor [self],
Viajei pelo círculo de incontáveis nascimentos:
Doloroso é o nascimento incessante.
Construtor, agora você foi visto
E não construirá a casa novamente.
Os caibros de seu telhado foram demolidos,
Sua viga mestra também.
Minha mente alcançou agora o nirvana sem forma
E extinguiu dentro de si todos os anseios.

Quando a estrela da manhã surgiu, a luta de Siddharta chegara ao fim. Ele atingira a imperturbável liberdade da iluminação. Rompera a cadeia de nascimento e morte, capturando o carcereiro da ignorância; as prisões não poderiam mais ser construídas em torno dele. Era agora um Buddha, aquele que é completamente desperto, um ser totalmente iluminado que aperfeiçoara todas as qualidades necessárias (especialmente as Dez Perfeições) e abandonara todos os defeitos que precisavam ser abandonados.

Com a percepção da iluminação – liberdade de conceitos, sofrimento, ilusão e a noção de *self* – veio uma profunda compaixão e compreensão por todos os seres, a quem Buddha via debatendo-se incessantemente em nascimento e morte sem jamais perceberem sua verdadeira natureza. Pensou então como poderia ajudar tais seres. Até aquele momento, o que percebera parecia profundo demais para ser apreendido por seres comuns.

Por vários dias Buddha não ensinou; em vez disso, ponderou se alguém no mundo poderia entender a sutileza do que sua experiência revelara. Então, o deus Sahampati, dos reinos celestiais (ainda considerado dentro da existência mundana), apareceu e solicitou-lhe que girasse a roda do Dharma (ensinar o que havia apreendido). Sahampati avisou que, embora as trevas da ilusão obscurecessem muitos seres, havia alguns "com apenas um pouco de poeira nos olhos".

O Plenamente Iluminado olhou em torno com sua visão divina para encontrar quem poderia compreender seus ensinamentos. Viu que seus mestres espirituais anteriores haviam falecido. Finalmente, pensou em seus amigos ascetas e alguns dias depois partiu à sua procura. Quando os descobriu, eles almoçavam. Inicialmente, quando o viram chegando, eles combinaram entre si que ninguém lhe prestaria seus respeitos. No entanto, com a aproximação de Buddha, a radiância de sua presença impressionou tanto os homens que eles naturalmente se descobriram oferecendo-lhe um assento, água e abanando-o.

– Meus amigos – disse Buddha. – Atingi o Caminho e gostaria de compartilhá-lo com vocês.

Os ascetas se entreolharam em dúvida.

– Como pode ter atingido o Caminho se desistiu da austeridade?

– Encontrei um caminho do meio livre dos extremos de apego e aversão – respondeu Buddha.

– Como podemos acreditar em você? – questionaram os ascetas.

– Meus amigos, você me conhecem há muito tempo. Em todo esse período já me viram mentir alguma vez?

– Não, é verdade. Você jamais mentiu, tanto quanto sabemos.

– Por que então eu mentiria sobre a coisa mais séria de todas?

Eles viram a lógica do argumento de Buddha.

Então, um dos ascetas disse:

– Ah, Iluminado, por favor, partilhe conosco esse supremo ensinamento.

Então Buddha girou a roda do Dharma pela primeira vez e lhes ensinou as Quatro Nobres Verdades. Ouvindo esses ensinamentos, um dos ascetas, Kaundinya, atingiu a iluminação imediatamente.⁴ Os outros ascetas atingiram o estado de Arhat nas semanas seguintes.

O estado de Arhat é um nível de iluminação no qual alguém percebe sua própria verdadeira natureza (ausência de *self*) e então está livre de todos os venenos mentais. É também o auge do Budismo Theravada. Os ascetas pediram para ser discípulos de Buddha, tornando-se monges mendicantes e seguindo o exemplo e os ensinamentos de Buddha. Kaundinya foi o primeiro a receber a ordenação, sendo os outros ordenados alguns dias depois.

Muitos outros ascetas começaram a se reunir em torno de Buddha para ouvir seus ensinamentos. Um dos ensinamentos centrais referia-se ao não-*self* ego. Refutando a crença essencial hindu de que um *self* eterno ou alma se move através de muitos nascimentos, Buddha disse não haver nenhum *self* eterno, apenas a ilusão de um. Se houvesse um *self* eterno, ele seria a causa interminável de sofrimentos que jamais poderiam ser removidos, forçados a nascer perpetuamente. Se houvesse um *self* eterno, não haveria uma cessação do sofrimento, o que tornaria a iluminação impossível.

A aparência do *self* ilusório era o principal obstáculo à libertação. Assim que vemos o *self* ilusório como é, ele desaparece. O que normalmente chamamos de *self* é simplesmente a combinação temporária de forma, sensação, discriminação, fatores composicionais e consciência, que são denominados os cinco *skandhas*, ou agregados. Normalmente percebemos um *self* permanente e sólido ao qual nos apegamos. Na realidade, não há nada sólido ao qual se apegar. O que pensamos como *self* é simplesmente a combinação constantemente mutável dos cinco agregados. Depois que o *self* é visto como realmente é, não mais nos apegamos àquilo a que éramos presos no passado. Todo apego e desejo se desvanece, e o coração/mente é libertado. Assim, o ciclo de sofrimento e renascimento é rompido.

---

⁴ O Dharma é vasto devido às muitas e variadas aptidões dos indivíduos a serem ajudados. A iluminação ou o irromper instantâneo para a luz é o que pode acontecer se a concha que encerra a compreensão de alguém é fina – o mestre pode rompê-la rapidamente. Mas mesmo esse irromper instantâneo é o resultado kármico de muitos e diligentes esforços feitos para se ganhar iluminação.

Durante sua vida, Buddha aceitou incontáveis discípulos, tanto monges como leigos. Ele jamais ensinou se não fosse convidado a fazê-lo, e as pessoas se convertiam voluntariamente. Os monastérios budistas foram gradualmente surgindo à medida que patrocinadores os ofereciam. Muitos jovens receberam ordenação como monges a fim de buscar o caminho espiritual o tempo inteiro. Buddha disse que a Sangha, ou a comunidade espiritual, era como um oceano, e que todos os que ali entravam deixavam seus títulos e suas vidas antigas para trás exatamente como um rio abandona seu nome ao encontrar-se com o oceano. Buddha aceitava os muito ricos e os muito pobres na Sangha. Não considerava a casta como um método válido para determinar as boas qualidades e o potencial do ser humano.

Buddha conquistou muitos novos discípulos, entre eles os três irmãos Kashyapa. Eles haviam vivido como ascetas de cabelos emaranhados, cultuando o fogo. Quando os irmãos Kashyapa começaram a seguir Buddha, mil de seus discípulos também se tornaram monges budistas. Certo dia, no pico Gayashirsha, Buddha pronunciou o Sutra do Fogo. Ao ouvirem isso, os mil ascetas foram libertados de suas máculas e atingiram a iluminação do Arhat.

Os principais discípulos de Buddha foram os Veneráveis Shariputra e Maudgalyayana. Shariputra era o mais destacado em sabedoria e *insight*; Maudgalyayana, o mais destacado em poderes sobrenaturais. Antes de adotarem o Budismo, eram ascetas peregrinos brâmanes. Certo dia Shariputra encontrou um radiante *Bhikshu* (monge) e perguntou quem era seu mestre e o que ensinava. O Bhikshu – Venerável Ashavajit – respondeu: "O Buddha". Buddha, acrescentou ele, disse que todos os fenômenos surgem através de causas e condições; Buddha mostrou a causa de seu surgimento e como conseguir o seu cessar. Ouvindo isso, Shariputra percebeu que o *self* (que ele acreditara anteriormente não ter uma causa, ser um *self* eterno) tem uma causa e por isso pode morrer, conduzindo à libertação da ignorância. Ao ter essa pura visão do Dharma, Shariputra compartilhou-a com Maudgalyayana, e ambos entraram para a vida sem teto sob Buddha.

Buddha era um mestre notável, que conseguia alcançar gente de todos os tipos.

Havia um assassino notório, chamado Angulimala, que aterrorizara o reino local procurando vítimas para acrescentar à coleção de polegares que usava pendurados ao pescoço. Era perito em artes marciais e até então escapara de todas as tentativas para matá-lo. Um exército de homens o procurava na floresta, mas acabavam todos mortos. Dizia-se que, se ele matasse mil pessoas, ganharia poderes ainda mais terríveis. Certo dia, Buddha percebeu que Angulimala estava prestes a matar sua milésima vítima – a própria mãe, que entrara na floresta para tentar convencer o filho com a voz da razão. Buddha dirigiu-se ao local onde sabia que se encontrava Angulimala. Este resolveu que Buddha seria uma vítima melhor que sua mãe, e pôs-se a correr atrás de Buddha. Contudo, por mais que corresse, não ia mais rápido do que Buddha caminhando. Então gritou:

– Pare, monge, pare!

– Eu já parei, Angulimala. É você que devia parar.

Angulimala surpreendeu-se com a ausência de medo em Buddha, pois normalmente as pessoas fugiam aterrorizadas ao vê-lo. Finalmente ele barrou o caminho do Iluminado.

– Falou que eu devia parar, mas você ainda está andando. O que quis dizer com aquilo?

– Angulimala, eu parei de fazer mal a outros seres há muito tempo. No entanto, você faz mal a quase todos que encontra. Já não é hora de parar?

Buddha olhou Angulimala com uma expressão de grande compaixão e entendimento. Ninguém jamais olhara o assassino daquele modo. Subitamente, Angulimala viu-se a si mesmo através dos olhos de Buddha. Então prometeu abandonar o mal de seu coração e pediu para ser ordenado. Buddha aceitou-o, convocando-o a viver uma vida santa para o término completo do sofrimento. Depois disso Angulimala foi chamado de Ahimsaka (o inofensivo), atingindo o estado de Arhat rapidamente porque praticava com grande remorso e diligência.

Certa vez, quando Buddha ensinava, chegou ao coração dos ensinamentos em três ou quatro linhas. Então colheu uma flor que estava perto dele e olhou deliberadamente para um jovem discípulo entre os que o ouviam. O jovem era Pippala Kashyapa, e estivera diligentemente procurando a verdade já havia algum tempo. Pippala sorriu, reconhecendo o ensinamento de Buddha, e naquele momento alcançou o estado de Arhat. Depois daquele momento, passou a ser conhecido como Mahakshyapa. Ele se tornaria o mais velho da Sangha depois do falecimento de Buddha. (Buddha não indicou um líder para a Sangha quando morresse; disse que o *Dharma Vinaya* – o código de ética – devia liderar a comunidade.) Esse evento na vida de Buddha é conhecido como a primeira transmissão da tradição Zen do Budismo (Mahakashyapa foi o primeiro detentor desses ensinamentos.)

Posteriormente, Buddha voltou à terra natal e seu pai, o rei Shuddhodana, enviou pessoas com flores para dar boas-vindas ao filho. Buddha percebeu que alguns dos shakyanos mais velhos não o respeitavam por ele ser jovem e o terem conhecido por toda a vida. Para abrir seus corações para o Dharma, Buddha realizou um milagre. Produziu fogo e água de seu corpo ao mesmo tempo, e fez a chuva cair de um céu claro. Tais milagres produziram o efeito desejado, abrindo os corações de todos e enchendo-os de maravilhamento. Muitos jovens nobres shakyanos entraram para a Sangha, inclusive os primos de Buddha, Ananda e Devadatta (o meio-irmão de Buddha, Nanda, também ingressou na vida monástica posteriormente). O fiel amigo de Buddha, Channa, aderiu também à vida sem teto (a Sangha monástica).

O pai do Abençoado o convidou para almoçar. Toda a família de Buddha estava lá, inclusive seu filho Rahula (então com 7 anos). Quando este viu o pai, correu para ele e lhe disse: "Por favor, me dê minha herança". A mãe lhe dissera que fizesse isso.

Yashodhara, agora ex-esposa de Buddha, não participou do almoço com o Abençoado; permaneceu em seus próprios aposentos. Depois da refeição, Buddha e o rei foram aos aposentos de Yashodhara. Esta curvou-se para Buddha, colocando o pé dele sobre sua cabeça. O rei disse ao filho como Yashodhara fora corajosa desde a partida de Buddha. Em vez de voltar para sua própria família, que teria ficado feliz em cuidar dela, Yashodhara permaneceu no palácio. Quando ela soube que Buddha fazia apenas uma refeição por dia, passou a fazer o mesmo. Quando soube que ele usava uma roupa cor de açafrão e abandonara enfeites e guirlandas, assim como camas luxuosas, ela desistiu dessas coisas também.

Ao chegar a hora de ir embora, Rahula partiu com Buddha e foi ordenado monge noviço – essa foi a sua herança. Rahula atingiu o estado de Arhat no mesmo dia em que recebeu a ordenação plena. Tinha 20 anos nessa ocasião.

À medida que os ensinamentos de Buddha se difundiam, muitos monastérios foram doados, alguns em forma de terra, outros equipados com cabanas para meditação e locais para palestras sobre Dharma. Muitos reis foram também inspirados pelos ensinamentos de Buddha, inclusive o rei Bimbisara, de Rajagriha, que ofereceu a Buddha e seus monges um parque espaçoso e agradável para viver chamado Bosque de Bambu. No decorrer de alguns anos havia monastérios em quase todas as cidades na planície do Ganges. Os monges foram instruídos a permanecer fiéis aos preceitos que determinavam que vivessem simplesmente e não exigissem demais do mundo em torno deles. A fim de consolidar sua prática e evitar prejudicar os insetos postos em evidência pelas chuvas e os tenros brotos de arroz dos lavradores, os monges foram também instruídos a permanecer num mosteiro durante os três meses da monção; isso foi chamado de retiro chuvoso.

À medida que mais gente ingressava na vida monástica, em alguns anos surgiu a cerimônia para a ordenação de monges e as regras para viver em harmonia com os ensinamentos. No início havia muito pouca necessidade de regras, já que todos os discípulos de Buddha eram iluminados, mas, à medida que o tempo ia passando, gente um pouco menos iluminada entrava para a Sangha, e mais regras tiveram de ser criadas para reformar o comportamento desses novos membros.

Hoje em dia há diversas linhagens de ordenação, mas todas deságuam numa linhagem contínua de Buddha e são notavelmente similares, considerando-se que foram transmitidas verbalmente por centenas de anos. Existem aproximadamente 227 votos para monges que receberam a ordenação plena, 348 votos para monjas que receberam a ordenação plena, e dez votos para noviços (claro que o número de votos varia ligeiramente segundo a linhagem da ordenação).

Com o rei Shuddhodana já numa idade avançada, o Iluminado foi chamado ao leito de morte do pai. Devido à proximidade deles e seu vínculo kármico, o pai de Buddha pôde atingir o estado de Arhat antes de morrer.

Depois da morte do rei, surgiu na mente de Mahaprajapati (a mãe substituta de Buddha) um desejo de entrar para a vida espiritual.

Reunindo 500 nobres shakyanas que desejavam levar uma vida monástica, Mahaprajapati foi ver Buddha. Quando ela lhe pediu para serem admitidas na Sangha, Buddha respondeu: "Chega, Gautami, não peça isso". Ela repetiu a pergunta duas vezes, mas obteve a mesma resposta. Não havia mais o que pudesse fazer. Então, depois de uma reverência, ela foi embora.

Mahaprajapati decidiu que as mulheres deviam demonstrar serem capazes de viver da mesma forma que os monges. Assim, todas as nobres rasparam as cabeças e envergaram a veste açafrão. Muitas delas estavam acostumadas a uma vida muito confortável, sem caminhar descalças no chão duro e dormir ao ar livre. Quando elas chegaram ao local de residência de Buddha, estavam exaustas, cobertas de poeira, com os pés sangrando. Ananda, o assistente de Buddha, ficou comovido e solidário ao ver a rainha quase chorando de exaustão. Ela explicou a situação a Ananda, que resolveu intervir em favor das mulheres. Entretanto, quando solicitou ao Iluminado que permitisse a entrada das mulheres na Sangha, Buddha o repreendeu. Ananda fez o pedido mais duas vezes, recebendo a mesma resposta. Então ocorreu-lhe tentar outra abordagem.

O Venerável Ananda perguntou a Buddha se as mulheres podiam atingir os quatro níveis de realização que levam ao estado de Arhat (Entrando na Corrente, Voltando Uma Vez, Não-Retornando e Arhat) se entrassem para a vida sem teto. Buddha respondeu afirmativamente. Sim, seria possível às mulheres atingir os quatro níveis de realização espiritual.

– Sendo este o caso, já que Mahaprajapati cuidou do Tathagata [Buddha] e o criou como seu filho quando a mãe dele morreu, sendo uma benfeitora dele de muitas formas, e está agora em pé do lado de fora com os pés inchados e sangrando, o senhor não poderia permitir que as mulheres entrassem sem teto como membros da Sangha?

Buddha concordou em permitir que as mulheres entrassem para a Sangha e se tornassem *Bhikshunis* (monjas plenamente ordenadas), desde que aceitassem as oito condições que as fariam ceder a autoridade e a orientação aos monges. Mahaprajapati aceitou as condições e ficou extremamente alegre. Assim, tornou-se a primeira Bhikshuni. Aproveitou também cada oportunidade de estudar com o Buddha, e praticava assiduamente. Após um curto período, atingiu o estado de Arhat e se tornou uma professora altamente respeitada e líder da Sangha Bhikshuni. Posteriormente, a ex-esposa de Buddha, Yashodhara, ingressou também na vida sem teto e atingiu o estado de Arhat, destacando-se entre as monjas por seus poderes sobrenaturais.

Há muitas histórias inspiradoras de mulheres que se tornaram iluminadas na época de Buddha. Algumas foram para a Bhikshuni Sangha devido a circunstâncias muito trágicas e conseguiram transformar esses sofrimentos e colher os resultados de uma vida espiritual. A Bhikshuni Sangha continuou por várias centenas de anos depois do tempo de Buddha, mas começou a declinar devido a atitudes culturais em relação às mulheres (o ideal para uma mulher era ser esposa e mãe amorosa, servir o marido e produzir herdeiros) e às devastações da guerra. Entretanto, foi surpreendente que Buddha permitisse às mulheres se tornar monjas, considerando-se as atitudes culturais da época. Somos gratas por ele tê-lo feito. Graças a isso, inúmeras mulheres atingiram a iluminação e conseguiram trilhar um caminho para o despertar, exatamente da mesma forma que seus irmãos monges. Para mais informação sobre mulheres e homens budistas que atingiram a iluminação, o leitor pode examinar o Cânone Páli (o texto que é a principal autoridade para o Budismo Theravada). As histórias das mulheres são encontradas numa seção denominada "Canções das Irmãs", ou Therigatha.

A ordenação plena das mulheres foi perdida em muitos países budistas; a tradição, porém, foi para a China, de onde viajou para a Coréia e o Japão. A ordenação plena nunca chegou ao Tibete (naqueles dias era muito difícil para as mulheres viajar sem ser atacadas por bandidos). Mas tem havido muitas grandes mestras no Tibete. Se as budistas tibetanas quisessem viver como monjas, podiam receber a ordenação de noviças dos monges.

À medida que o Iluminado envelhecia, parecia gozar de boa saúde e muita vitalidade, fulgurando fisicamente, com a mente clara. Quando Buddha tinha por volta de 70 anos, seu primo Devadatta (que jamais conseguira qualquer realização na prática, apenas poderes sobrenaturais) tentou dominar a Sangha com sua cobiça pela fama e poder. Primeiro perguntou a Buddha em público se ele entregaria os cuidados da Sangha a ele, Devadatta. Buddha respondeu que não confiaria os cuidados da Sangha a seus discípulos principais, Shariputra e Maudgalyayana. Por que deveria confiá-los a Devadatta?

Devadatta contratou então alguém para matar Buddha. No entanto, quando chegou a hora, o assassino não conseguiu cometer o crime e pediu perdão a Buddha. Então Devadatta tentou matar o Abençoado empurrando uma enorme pedra sobre ele; porém, quando a pedra estava prestes a atingi-lo, ficou presa em outra pouco acima. Buddha recebeu um caco de rocha no pé que lhe causou muita dor, a qual ele suportou pacientemente.

A seguir, Devadatta tentou açular um elefante bêbado contra Buddha. O animal correu na direção dele, mas a seguir diminuiu a velocidade. Buddha então disse: "Ó grande elefante, não mate outro elefante, um elefante touro, um Tathagata; esse ato lhe traria um destino de grande sofrimento. Desista de sua loucura e vaidade, grande elefante, e trilhe o caminho que o levará à sua futura felicidade". Quando Buddha disse isso, o elefante sugou com a tromba a poeira dos pés de Buddha e colocou-a em sua cabeça. Então começou a recuar para longe do Iluminado até chegar a seu abrigo e lá permanecer calmamente.

Devadatta foi condenado por esse ato, mas ainda tentou causar uma divisão na comunidade Sangha, propondo regras mais estritas para os monges. Buddha disse que essas regras não eram razoáveis. Quinhentos monges foram para o mosteiro de Devadatta, mas Shariputra e Maudgalyayana os trouxeram de volta com profundos ensinamentos. Essa dificuldade final foi demais para Devadatta e ele caiu mortalmente doente. Expressou grande remorso por tentar matar Buddha, mas morreu antes de poder alcançar o Abençoado.

Buddha faleceu aos 80 anos na região do povo Malla (Kushinara). Sua última refeição foi um prato de carne de porco. (Buddha nunca comia carne se tivesse visto, sabido ou suspeitado que o animal fora morto para ele. Não incentivava matar, mas não queria recusar o oferecimento de ninguém com um coração puro.) Quando lhe foi dado o prato, ele disse ao benfeitor para servi-lo somente a ele e que enterrasse o resto. Poucas horas depois, mostrou sinais de perturbações gástricas e sangramento intestinal. Recomendou a Ananda que dissesse ao benfeitor para não se preocupar com o fato, pois servir a última refeição de Buddha fora muito meritório.

Buddha enviou uma palavra ao povo Malla de que morreria na última vigília da noite, para que os que quisessem prestar seus respeitos pudessem fazê-lo. O Abençoado pediu então que chamassem Ananda. Disseram-lhe que seu assistente estava chorando num galpão. Buddha pediu aos monges que lhe trouxessem Ananda. Este confessou estar mortificado por ver Buddha morrendo. Buddha replicou que a natureza de todas as coisas compostas era se desvanecer. Encorajou Ananda, lembrando-o de todo o mérito que adquirira ao oferecer serviço. "Apenas trabalhe de modo um pouco mais diligente e logo alcançará o resultado final." Ananda realmente atingiu a iluminação logo depois do falecimento de Buddha.

O Abençoado deitou-se sobre o seu lado direito em meio a uma floresta de árvores shala. Ele deu instruções sobre a feitura de estupas (monumentos redondos ou quadrados que contêm os sagrados despojos de Buddha ou de mestres budistas) e o que deveria ser feito com seus restos. Ele aceitou ordenar um monge. A seguir disse:

— Quando o Abençoado se for, vocês podem achar que o mestre foi embora, que vocês não têm mais mestre. Isso não é verdade. O Dharma, a disciplina (Vinaya) e a prática que ensinei serão seu mestre depois que eu partir.

Por fim, o Abençoado perguntou se havia alguém com dúvidas com relação a Buddha, ao Dharma e à Sangha. Todos permaneceram em silêncio. Ananda respondeu:

— Senhor, é surpreendente, é maravilhoso. Sinto-me confiante de que não haja aqui um só monge que tenha qualquer dúvida quanto a Buddha, ao Dharma, à Sangha, ao atalho ou método de progredir ao longo do caminho.

— Suas palavras vêm da firme confiança, Ananda, mas o Tathagata [como Buddha se referia a si mesmo] sabe por conhecimento direto que não há um Bhikshu em todos esses quinhentos que tenha qualquer dúvida em relação a Buddha, Dharma, Sangha ou o caminho para progredir através disso. O menos avançado deles entrou na corrente, atingiu o primeiro nível de realização, não é mais sujeito a desertar, atingiu a certeza, está destinado à iluminação.

E prosseguiu:

– Verdadeiros monges, eu declaro isso a vocês. Está na natureza de tudo que é formado dissolver-se. Atinjam a perfeição [a iluminação] através da diligência.

Então, o Abençoado entrou nos quatro níveis de concentração. Recuou por todos os níveis meditativos até o primeiro nível, a seguir subiu os quatro níveis novamente e atingiu a completa extinção do nirvana final, o Paranirvana. Houve um rumor surdo e profundo no interior da terra e um vasto trovão nos céus.

Parte Dois

Ensinamentos básicos

Os que anseiam pelo indefinido
Com o coração pleno de inspiração,
Livres do desejo sensual,
São chamados de "os destinados à liberdade".

O Dhammapada

Capítulo 4

As tradições do Budismo e o papel de um mestre

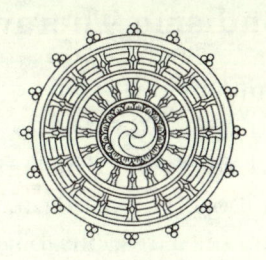

Quando Buddha morreu havia apenas um *Dharma*, a perfeita verdade conduzindo à compreensão e à libertação do sofrimento. No entanto, devido às diferentes inclinações e capacidades dos seres, Buddha expressou o Dharma em modos variados, explicando diferentes métodos e treinamentos, e assim por diante. Muitos desses ensinamentos ele revelou abertamente durante sua vida, mas alguns revelou secretamente, já que julgava que alguns indivíduos daquele tempo não estavam prontos para compreender o Dharma mais esotérico.

À medida que o tempo foi passando, os ensinamentos do Budismo divergiram de um modo natural, a fim de ajustar-se às necessidades dos seres. Embora tradições diferentes tenham se desenvolvido com o tempo, as similaridades dos ensinamentos e sua autenticidade – tendo Buddha como fonte – tornam possível ver o Dharma como um oceano e as várias tradições como rios conduzindo àquele oceano. Buddha aconselhava os indivíduos a escolher um caminho de acordo com suas inclinações e capacidades.

Em minha experiência, as pessoas experimentam algumas tradições budistas, investigando por si mesmas, até encontrar eventualmente aquela em que se sentem mais à vontade, que toca seu coração e mente e os abre ao entendimento e ao despertar. Se acham que os ensinamentos funcionam, podem adotá-los; se descobrem que não funcionam, podem tentar outra coisa. Contudo, é necessário dar a cada ensinamento uma boa chance. Uma noite de prática não é suficiente para decidir se uma tradição é a correta para você.

O Budismo Theravada

O Theravada, ou "Caminho dos Antigos", é uma tradição budista baseada nos ensinamentos diretos de Buddha. É praticado predominantemente nos países do sudeste asiático, incluindo Mianmá, Tailândia, Sri Lanka, Laos, Vietnã e Camboja. Depois da morte de Buddha, seus discípulos monásticos assumiram a responsabilidade de estudar, expor e realizar seus ensinamentos. No coração desses ensinamentos estavam as Quatro Nobres Verdades (o sofrimento, suas causas, a cessação e o caminho que leva a isso) e o Nobre Caminho Óctuplo (ver Capítulo 7).

A tradição Theravada praticada hoje é provavelmente a forma do Budismo mais próxima da que teríamos visto praticada abertamente nos tempos de Buddha. Não que outras formas sejam "corruptas" ou mesmo influenciadas pela cultura em que se encontravam. Apenas as outras tradições (*Mahayana* – Grande Veículo, e *Vajrayana* – Diamante/Veículo Adamantino), embora ensinamentos de Buddha, eram transmitidas menos amplamente e praticadas principalmente em segredo, já que nem todos estavam prontos para compreendê-las.

A ênfase na tradição Theravada tem sido tornar-se livre de defeitos mentais, perceber a vacuidade do *self* e não mais renascer – atingir a libertação do *self* e escapar da roda de infelicidade, nascimento e morte de uma vez por todas. O arquétipo do Theravada é o Arhat, um ser que atingiu a libertação, percebendo a vacuidade do *self,* mas que ainda não acumulou o mérito necessário (karma positivo) para se tornar um Buddha totalmente iluminado. Esse estado é algo maravilhoso. Ele oferece libertação do sofrimento, um modo de realizar a verdadeira paz e extinguir todas as máculas (emoções negativas e ilusões). O Arhat possui numerosas qualidades, como sublime concentração (*samadhi*), uma grande sabedoria e bondade amorosa.

Às vezes existe a noção de que os praticantes da tradição Mahayana olham de cima a Theravada, como se o estado de Arhat fosse uma alter-

Ensinamentos básicos

nativa egoísta para os que não assumem o grande fardo de libertar todos os seres. Entretanto, há muitas similaridades entre a tradição Theravada e a Mahayana: um desejo do espírito da verdade e libertação do sofrimento, autopurificação e responsabilidade, assim como a importância de ter um coração caloroso; isso está em todas as tradições budistas. Todas elas são como dedos apontando para a bela lua do despertar, que é uma experiência viva além das palavras. Não podemos agarrar um dedo e dizer: "Meu caminho é o correto"; se fizéssemos isso, poderíamos perder de vista o objetivo da experiência direta da iluminação para a qual os caminhos apontam. Além disso, as tradições são como dedos saindo de uma mão! Portanto, considerar um dos dedos menos importante que os demais é considerar desimportante a mão inteira.

Embora eu escreva a partir de uma tradição tibetana (Vajrayana), tenho um profundo respeito pela Theravada e executo muitas práticas comuns a ambas. Desejo transmitir a todos as belas retidão, autenticidade e simplicidade do Theravada. Os ensinamentos são muito claros, é bem evidente como se deve praticá-los e vivê-los, enquanto na riqueza do Budismo Tibetano as pessoas às vezes deixam escapar o ponto principal e esquecem que a prática diz respeito a uma atitude aberta, altruísta e generosa, purificando a mente e desenvolvendo as boas qualidades do coração. Fico altamente impressionada com o calibre dos praticantes Theravada que conheci, especialmente monges e monjas, que seguem os passos de Buddha com tanta perfeição.

Na tradição Theravada, a maioria dos ensinamentos baseia-se nos Sutras falados diretamente por Buddha, e há um forte senso dos budistas emulando o caminho de Buddha e seus discípulos. Os ensinamentos nos falam de uma paz fria, sublime e profunda chamada às vezes de "a sem morte", que fica além de pensamentos, emoções e ilusões, e que tem de ser experimentada diretamente – a pureza e sabedoria primordiais da mente não nascida, não manifestada, não condicionada.

O Theravada é também conhecido por sua elegante simplicidade e integridade, sua ênfase em estabelecer as fundações muito importantes da ética e da disciplina para atingir um progresso maior, e também por sua boa atuação em preservar não apenas os ensinamentos diretos de Buddha, como também a vida que ele exemplificou (monasticismo). Monges e monjas (embora haja poucas monjas, já que os países praticantes do Theravada nunca receberam uma linhagem de monjas) vivem hoje de forma parecida com a dos tempos de Buddha, na simplicidade, sabedoria e com pureza moral, devotando-se ao estudo e à prática do caminho do despertar. O Theravada promove também uma cultura rica em generosidade, ética, bondade amorosa e busca da sabedoria.

O Theravada é um caminho autêntico, claro e sábio que leva à libertação do sofrimento – o que mais poderiam os indivíduos desejar de um caminho tão excelente?! O Mahayana difere do Theravada na descrição da compaixão e no modo elaborado como descreve a natureza final das coisas (a vacuidade – explicada em capítulos posteriores). Colocando simplesmente, a realização de um Buddha é mais vasta do que a de um Arhat, pois a motivação de um Buddha antes de se tornar iluminado é tão vasta quanto todos os seres, enquanto os Arhats buscam a libertação do *self* – que também é um objetivo honrado.

Na tradição Theravada, o arquétipo do Bodhisattva (ver a seguir) é mencionado, e alguns praticantes do Theravada aspiram à condição de Buddha (total e plena iluminação), mas isso é raro, já que os Theravadins geralmente consideram muito difícil atingir esse objetivo.

O Budismo Mahayana

Mahayana significa "Grande Veículo". É grande porque, quando praticamos com uma motivação Mahayana, não estamos buscando apenas a nossa libertação; estamos movidos pelo sofrimento de todos os seres. Reconhecemos a base e as experiências que compartilhamos. Então, buscamos fazer surgir a iluminação em outros e em nós mesmos. Como nosso desejo de iluminação é tão amplo quanto todos os seres, o resultado é também amplo. Um praticante Mahayana não apenas desenvolve um grande amor (o desejo de que outros sejam felizes) e grande compaixão (o desejo de que outros sejam libertados do sofrimento), mas também a *Bodhichitta* (a atitude de querer tornar-se um Buddha para resgatar todos os seres). O resultado não é o sutil nirvana de um Arhat (em que se percebe a verdadeira natureza do *self* e a verdadeira natureza parcial de todos os fenômenos); é a iluminação total não-permanente (não se permanece no nirvana ou no samsara) de um Buddha. Os Buddhas podem também emanar formas para beneficiar os seres – podem aparecer como mulheres, homens, leigos e monges para ajudar pessoas a entrar no caminho, enquanto os Arhats não retornam ao mundo para beneficiar outros, a não ser que escolham entrar no caminho Bodhisattva após atingir o estado de Arhat.

O Mahayana foi ensinado aberta e inicialmente na Índia nos séculos I e II d.C. Era muito diferente de tudo que viera antes. Assumiu os ensinamentos Theravada como sua base, mas acrescentou-lhes novas dimensões.

Embora sejam atribuídos a Buddha, os ensinamentos Mahayana não eram transmitidos abertamente na sua época. Eram mantidos em outras dimensões ou ensinados secretamente até que o momento fosse oportuno para serem entendidos adequadamente.

O Mahayana reconhece não só a existência de um histórico Buddha Shakyamuni (como o príncipe Siddharta tornou-se conhecido) como a existência de inúmeros Buddhas em cada reino, aparecendo sob incontáveis formas, para beneficiar um incontável número de seres segundo suas inclinações e entendimento. Seres iluminados poderiam manifestar-se como médicos, motoristas de caminhão ou mães. Eles buscam despertar todos os seres das trevas da auto-ilusão e da confusão, e libertá-los do sofrimento. Buddhas estão também presentes em todo ser que possui uma mente. O que acontece é que não reconhecemos nosso Buddha potencial. Como o Mahayana encara Buddha como uma figura transcendente, foi colocada uma ênfase muito menor na figura histórica do Buddha Shakyamuni, embora este seja ainda profundamente reverenciado.

O ser que aspira a tornar-se um Buddha é conhecido como *Bodhisattva* (*Bodhi* = iluminação, *Sattva* = ser – aquele que deseja trilhar o caminho da iluminação para todos os seres). Tais praticantes renunciam a atingir a iluminação só para si mesmos: dedicam-se a afastar o sofrimento de todos os seres. Devido a seus cuidados e grande compaixão por todos os seres é que eventualmente atingem o estado de um Buddha (alguém totalmente iluminado, que abandonou tudo que precisa ser abandonado e aperfeiçoou-se em tudo que precisa ser aperfeiçoado).

Um Bodhisattva deve praticar as seis perfeições – generosidade, conduta moral, paciência, esforço entusiástico, concentração e sabedoria. Precisa esforçar-se por muito tempo, acumulando vasto estoque de méritos e sabedoria necessários para tornar-se um Buddha. O próprio Buddha esforçou-se por três grandes éons (bilhões e trilhões de anos incontáveis) para atingir o estado búdico. Quando empreendemos o bem dos outros, o tempo se torna irrelevante.

Segundo o Sutrayana (ensinamentos esotéricos Mahayana), há dez *bhumis* (níveis) pelos quais um Bodhisattva precisa progredir para atingir a iluminação total, conhecida como o estado de Buddha. Depois que se alcança o primeiro bhumi, o ser é considerado iluminado, mas não plenamente – isto é, ainda não atingiu a iluminação total. Assim, quando nos referimos à iluminação, precisamos ser claros quanto ao nível de iluminação de que estamos falando.

O Mahayana espalhou-se para o norte, o centro e o sudeste da Ásia, enraizando-se em áreas como China, Vietnã, Japão, Coréia, Tibete, Mongólia e Uddiyana (os atuais Paquistão e Afeganistão). Viajou pela Rota da Seda para lugares tão distantes quanto a Rússia. A prática de fazer estátuas de Buddha surgiu através do contato com as culturas grega e romana. Até aquele momento, não havia imagens de Buddha. Sob a tradição Mahayana, o Budismo passou por um renascimento nas artes, na literatura e na cultura. As áreas mais fortes da prática do Mahayana hoje em dia podem ser encontradas no Budismo Zen (Chan-chinês), no Tibetano e no Terra Pura, em linhagens na China, no Japão, no Vietnã, no Tibete, no Butão, na Mongólia e na Coréia.

O Budismo Vajrayana

O caminho Vajrayana ("Diamante/Veículo Adamantino", também conhecido como Tantrayana – o Mahayana esotérico) permanece o mais elusivo e enigmático dos três veículos do Budismo. Seus ensinamentos são ocultos porque nem todos estão prontos para eles, e precisam ser revelados gradualmente. É necessário ser um iniciado para receber totalmente os ensinamentos. O Vajrayana pode também ser descrito como "Tantra", que essencialmente significa "contínuo" – o contínuo da base (nossa natureza búdica obscurecida), o caminho (para atualizar a natureza búdica) e o resultado (da iluminação). O Tantra pode significar também os textos centrais da tradição Vajrayana.

A iniciação é algo em que não se entra levianamente; é feita com a máxima sinceridade, quando o indivíduo se sente pronto para comprometer-se com o caminho Vajrayana. É também muito ritualizado. Em primeiro lugar, o Guru (como um mestre é comumente conhecido no Vajrayana) e o discípulo devem ter se examinado. Então o discípulo deve fazer oferecimentos materiais e simbólicos (representando o universo e todas as coisas mais sublimes nele) e solicitar que seja iniciado na prática de uma divindade budista determinada. O Guru pode decidir que divindade será dada, mas geralmente as pessoas se inclinam para uma divindade ou mestre determinado devido às suas conexões na vida passada. Depois de feitas a oferta e as solicitações, o Guru dará ao discípulo os votos preliminares do Budismo, como "Refúgio". Com esse voto o indivíduo se compromete a tornar-se budista e assume Buddha como seu guia, o Dharma como o único caminho e a Sangha como seus companheiros no caminho. O discípulo também recebe os votos Bodhisattva para viver com compaixão e esforçar-se pela iluminação até que todos os seres sejam libertados, e os votos tântricos, que são secretos e não podem ser discutidos aqui, mas que na essência dizem respeito a manter devoção pura ao Guru e à manutenção da visão pura (ver a natureza última de todas as coisas).

Uma vez que os votos tenham sido conferidos, o Guru iniciará (revelará) o discípulo na *mandala* (divina residência/universo) de um ser iluminado. Do momento da iniciação em diante, o mestre que iniciou o discípulo se torna seu Guru pessoal, e o discípulo deve estar preparado para fazer qualquer coisa que ele pedir, desde que esteja de acordo com o Dharma e dentro da capacidade do discípulo.

Há várias tipos de iniciação, variando em tempo e profundidade. Além dos três votos mencionados, o Guru pode mencionar votos específicos com relação à freqüência das meditações sobre a divindade, quantos mantras (sílabas contendo a essência iluminada dos Buddhas na forma de som) é preciso dizer, e assim por diante. Pode-se passar por uma "bênção", uma iniciação que dura apenas algumas horas, ou uma potencialização, o que leva pelo menos dois dias e repousa sobre uma mandala ritual desenhada sobre tecido, areia ou na mente (se o discípulo é especialmente avançado!). Pode-se meditar em mais de um Buddha, já que divindades diferentes podem auxiliar o indivíduo a desenvolver qualidades iluminadas, embora meditar sobre uma divindade budista seja suficiente para atingir a iluminação.

Os praticantes do Vajrayana assumem a prática tântrica com a mesma motivação que os praticantes do Mahayana, isto é, o desejo de se tornar plenamente iluminados a fim de estar em posição de ajudar inúmeros seres. Na essência, os três veículos (Theravada, Mahayana e Vajrayana) não são separados. O Theravada fornece a base, o que é mais expandido e cultivado para nos dar a vasta visão do Mahayana. O Vajrayana é simplesmente o resultado do Mahayana; o caminho Vajrayana resulta da prática das Seis Perfeições (generosidade, moralidade, paciência, esforço entusiástico, concentração e sabedoria) de um Bodhisattva.

O que diferencia o Budismo Vajrayana ou Tantra dos outros veículos é a habilidade de seus métodos e o tempo levado para alcançar o estado de Buddha. O Vajrayana utiliza o físico e o psicológico. Tem métodos para transformar cada aspecto de nossa vida. Devido à sua grande capacidade, é possível atingir a iluminação em uma vida praticando-se o Tantra. Mas é claro que isso não é de modo algum fácil; exige uma grande diligência e uma motivação impecável.

Como o Mahayana, o Tantra apareceu inicialmente na época de Buddha, embora tenha sido mantido em rigoroso sigilo, já que nem todos estavam prontos para entendê-lo. Diz-se que muitos ensinamentos tântricos são guardados em outras esferas da realidade até que as pessoas estejam prontas para ouvi-los. Um dos afortunados a receber os ensinamentos foi o rei Indra-Bodhi, de Uddiyana, que convidou Buddha para visitá-lo e ensiná-lo. Buddha respondeu que ele devia desistir de todas as suas posses e tornar-se um monge. O rei replicou que não podia desistir de todas as suas responsabilidades reais e solicitou a Buddha que o ensinasse de outro modo. Buddha viu que o rei era extremamente inteligente e tinha uma conexão kármica com o Vajrayana, sendo um receptáculo adequado para os ensinamentos tântricos. Então iniciou o rei e sua corte na prática do Guyasamaja Tantra. O rei e todo o seu séquito atingiram a iluminação na mesma hora.

As linhagens tântricas eram tão secretas que às vezes somente um mestre e seu discípulo as conheciam durante um tempo. Uma linhagem tântrica era freqüentemente iniciada quando um Bodhisattva altamente realizado recebia os ensinamentos diretamente de uma manifestação iluminada (Buddha). Isso seria posteriormente ratificado por vários outros Bodhitsattvas e estudiosos. O Vajrayana espalhou-se da Índia para o Tibete, a China, o Japão e o sudeste da Ásia. Nessas culturas (especialmente no Tibete) os ensinamentos eram mais amplamente difundidos e aceitos.

Embora as histórias sobre o Tantra possam parecer um tanto fabricadas, ao se examinar a tradição tibetana (o principal receptáculo do Budismo Vajrayana indiano) e seus mestres, pouca dúvida há sobre a autenticidade da linhagem e da genuína experiência iluminada viva que esses mestres portavam. Os primeiros textos tântricos registrados são de cerca do século VI d.C. O Mahayana e o Vajrayana viajaram para o Tibete no século VIII, exatamente quando o Budismo estava declinando na Índia devido ao ressurgimento do Hinduísmo e das invasões muçulmanas. O rei tibetano Trison Detsun convidara o grande monge e abade indiano Shantarakshita para ir ao Tibete ensinar Budismo. Ao chegar lá, o abade descobriu que o lugar era uma terra bárbara. As pessoas estavam fortemente envolvidas numa religião xamanística – chamada Bon. Os espíritos locais da natureza prejudicavam cada uma das atividades de Shantarakshita.

Este sugeriu que os tibetanos precisavam de um poderoso mestre Vajrayana para sobrepujá-los, e que o melhor deles seria Padmasambhava, que vinha da terra de Uddiyana. Ele era encarado como um ser totalmente iluminado que se manifestava para benefício dos outros. Padmasambhava foi ao Tibete, tendo sido imensamente benéfico ao estabelecer o Dharma no lugar. Ele dominou os espíritos locais e transformou-os em protetores do Dharma.

Ao contrário da idéia de que o Budismo Tibetano é uma fusão de Xamanismo e Budismo, os tibetanos fizeram todo o possível para preservar as tradições indianas Mahayana/Vajrayana que receberam em sua completa pureza. Até os dias de hoje, os tibetanos têm a coleção mais abrangente de Sutras e Tantras, que são preservados no Kangyur (108 volumes das palavras de Buddha) e Tengyur (225 volumes de tratados e comentários dos mestres indianos).

Do século VIII em diante, os tibetanos adotaram o Budismo com um impressionante fervor. O Budismo governava cada aspecto da sociedade. Durante boa parte da história do Tibete, um terço da população masculina estava em monastérios. Monastérios masculinos e femininos se tornaram centros de aprendizado e prática A primeira linhagem a se desenvolver no Tibete foi a Nyingma, que recebeu suas práticas diretamente de Padmasambhava.

Por um breve tempo os budistas foram perseguidos pelo rei Lang Dharma. Quando ele foi assassinado, os tibetanos convidaram o mestre indiano Atisha para reviver o Dharma no Tibete. Disso se desenvolveu a linhagem Kadampa, posteriormente absorvida nas quatro outras escolas do Budismo Tibetano – Nyingma, Sakya, Kagyu e Guelupa.

A linhagem que se desenvolveu em seguida foi a Sakya, em 1073, quando Kon Konchog Gyalpo construiu um monastério na área de Sakya. A escola Sakya tirou sua linhagem tântrica do indiano Mahasiddha Virupa (um *siddha* é o praticante arquetípico do Vajrayana). Os Sakyapas têm sido conhecidos por sua sábia liderança (os mongóis eram discípulos dessa linhagem e entregaram o Tibete para que os Sakyapas o administrassem por um tempo), seus excelentes eruditos, seus mestres de meditação e sua ênfase no equilíbrio entre prática e estudo.

A linhagem Kagyu veio logo depois da Sakya, com os mestres Marpa Lotsawa e o grande Yogue Milarepa do Tibete. Marpa era um rico proprietário de terras que viajou incessantemente para receber ensinamentos do indiano Mahasiddha Naropa. Milarepa era um assassino reformado, que praticava com tanta diligência que atingiu a iluminação numa só vida. Ele peregrinava pelo Tibete vestindo apenas o pano branco dos yogues em torno dos quadris; devido ao domínio sobre seus canais psíquicos internos, o frio não o atingia. A escola Kagyu é renomada pela "Linhagem da Prática", já que produziu vários grandes yogues homens e mulheres (praticantes realizados do Vajrayana).

A linhagem Guelupa surgiu muito mais tarde que as outras, fundada em 1407 pelo grande santo Lama Tsongkhapa. Ele atingiu a iluminação depois de muito estudo e prática diligente, e decidiu que era hora de reformar algumas práticas que via na época. A escola Guelupa não assumiu uma linhagem da Índia, derivando suas fontes de linhagens já presentes no Tibete. O Lama Tsongkhapa enfatizou a volta às bases do Budismo, como vida monástica, ética e estudo. Sentiu que, sem um firme treinamento filosófico, as pessoas não estavam prontas para a prática esotérica.

O Dalai ("Oceano de Sabedoria") Lama surgiu pela primeira vez no século XIV, tornando-se famoso apenas a partir do grande quinto Dalai Lama, amplamente reconhecido por sua excelência como grande mestre. Os mongóis, que tinham o controle da Ásia e há muito eram discípulos do Budismo Tibetano (anteriormente ligados à linhagem Sakya), deram o controle do Tibete ao Dalai Lama, que continuou a governar por catorze encarnações até que os comunistas chineses invadiram o país em 1959 e o Dalai Lama foi forçado a fugir. Embora seu treinamento inicial tenha sido principalmente na linhagem Guelupa, Sua Santidade é considerado um grande mestre Rime (não-sectário) e recebeu ensinamentos das quatro escolas do Budismo Tibetano.

O Budismo Tibetano fez um estudo preciso da reencarnação. Em cada vida altamente realizada os seres deixam sinais de quando renascerão, para que os discípulos possam continuar a aplicar a sabedoria desses seres e a se beneficiar dela. Esse estudo também assegura que os seres realizados, ou *Tulkus* (seres sábios que podem controlar onde renascerão para o benefício de outros), são treinados e desenvolvidos em seu potencial total.

As qualidades dos autênticos ensinamentos budistas

Na escola Sakya do Budismo Tibetano há Quatro Autenticidades sugeridas como marcadores para ver se uma tradição/ensinamento é genuína. Embora geralmente sejam aplicadas ao Tantra (Vajrayana), podemos usá-las para medir todos os ensinamentos. São elas:

1. *Ensinamentos autênticos*

    Os ensinamentos precisam ter vindo diretamente de Buddha numa linhagem que possa ser traçada. Se é um comentário, deve ser escrito por um mestre que possa estabelecer sua experiência iluminada. É necessário que a história do mestre (autor do comentário) e do texto possam ser traçadas. Como parte de um ensinamento tântrico, o Guru deve poder fornecer instruções autênticas essenciais – as instruções que sumarizem o caminho inteiro e nos mostre como verdadeiramente se praticar. Devem ser genuínas e intactas.

2. *Mestre autêntico*

    O mestre deve ser plenamente qualificado, com uma linhagem autêntica que venha diretamente de um ser iluminado (ver Capítulo 15).

3. *Transmissão autêntica*

O mestre precisa ter recebido os ensinamentos de um mestre autorizado que seja parte de uma tradição viva, não apenas vinda de livros.

4. *Experiência meditativa autêntica*

As bênçãos da linhagem e a experiência genuína do despertar devem ainda estar vivas e alcançáveis através dessa prática.

As qualidades de um guia espiritual (Mestre Mahayana)

É necessário ter um mestre? Eventualmente sim, já que o Budismo é uma tradição viva que precisa ser compartilhada por aqueles que sustentam a linhagem. Mas no Budismo Theravada e no Mahayana, podemos progredir antes que de fato encontremos um mestre. Quanto estamos prontos, e talvez depois de termos encontrado um método e tradição com que nos sintamos à vontade, podemos encontrar nosso mestre.

De modo geral, no Budismo, um guia espiritual é o que nos ensina e guia no caminho da iluminação. O mestre pode ensinar, mas ainda cabe a nós colocar seus ensinamentos em prática e seguir apropriadamente o conselho dele. Pode-se fazer progressos mais rápidos com um mestre apropriadamente qualificado, do mesmo modo que um estrangeiro palmilha uma estrada mais rápido se está acompanhado por alguém que conheça o caminho.

No Mahayana, o mestre é visto geralmente como um amigo espiritual (sânscrito: Kalyanamitra; tibetano: Gueshe). É alguém que guia as pessoas no caminho da compaixão, para eventualmente tornar-se um Buddha. Deve ser considerado com grande respeito (desde que tenhamos inicialmente verificado suas credenciais, perguntando sobre seus mestres e a outros mestres sobre o mestre, assim como através da observação). Devemos também empenhar todos os esforços para seguir seu conselho (desde que este se ajuste aos ensinamentos de Buddha). Um amigo espiritual pode ser encarado como muito sagrado, até mesmo semelhante a Buddha, mas geralmente não dizemos que ele/ela é Buddha. Amigos espirituais são habitualmente encarados como Bodhisattvas.

"Os Cinqüenta Versos da Devoção do Guru" (um texto budista clássico que explica como estudar apropriadamente e devotar-se a um Guru) lista quatro qualidades gerais que um mestre Mahayana/Vajrayana deve ter.

- Deve ser alguém ancorado na moralidade (que mantenha os cinco preceitos se for um leigo, ou os votos de monges e monjas, se não for), assim como os votos de Bodhisattva (que dizem respeito basicamente a como agir com compaixão e ética) e os votos tântricos (se for um praticante do Vajrayana).
- Deve ser alguém que tenha treinamento apropriado nos Sutras (discursos de Buddha) e um bom conhecimento/realização deles e de seus comentários (Shastras).
- Deve ter uma genuína compaixão e desejar trazer benefício espiritual a seus discípulos.
- Deve ser bem versado no Vinaya (ensinamentos relacionados à conduta moral) e no Abidharma (ensinamentos relacionados ao universo e à verdadeira natureza de todos os fenômenos), assim como as quatro classes do Tantra (se for um mestre Vajrayana). O mestre deve ter atualizado os ensinamentos em sua própria mente e ser capacitado em sua prática.

Geralmente, há quatro maneiras de um mestre ou Bodhisattva atrair seres para o caminho. Primeira: é generoso; atrai as pessoas fornecendo-lhes apoio material, emocional ou espiritual, assim como orientação espiritual segundo as necessidades deles. Segunda: seu discurso é bondoso e agradável. Terceira: ensina segundo as necessidades e a compreensão de seus discípulos. Quarta: age de acordo com o que ensina.

Escrevi este capítulo de um ponto de vista budista tibetano. Assim, para mais informações sobre outras tradições do Budismo, sugere-se que os leitores busquem um mestre qualificado ou estudem obras escritas por seguidores das várias tradições.

Capítulo 5

Nossa verdadeira natureza e seguindo o exemplo de Buddha

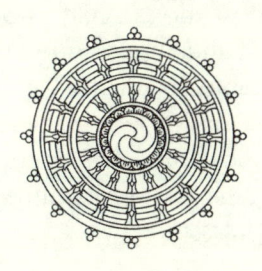

A liberdade da iluminação está além das emoções. Enquanto tivermos emoções estaremos presos pela causa e efeito (ver karma, Capítulo 11). Sofreremos incerteza e insegurança e usaremos desesperadamente tudo para aliviar essa angústia – televisão, drogas, comida, companhias e assim por diante. Usamos tais coisas para serem a babá da mente, a fim de não termos de encarar nossa realidade interna.

Cada ser possuiu uma natureza pura. Embora essa verdade seja a base de nosso ser, é quase simples demais que compreendamos isso. Deixamos escapar o ponto crucial; talvez as demandas de nosso ego sejam mais gritantes do que o tranqüilo abraço de nossa natureza búdica. Seguimos nossos desejos por auto-satisfação. Fazemos todo tipo de jogo; queremos que as coisas sejam interessantes e prazerosas. Em nossa busca constante de diversão, em algum momento ao longo do caminho perdemos o contato com nós mesmos, nosso centro espiritual. É como se estivéssemos procurando por satisfação numa farra de quarenta anos; há anos que não estamos em casa junto à nossa lareira interior. Temos evitado encarar a nós mesmos por tanto tempo que a mente se tornou confusa. As vinhas das emoções negativas começaram a sufocar as flores do amor e da inspiração. Os ferrolhos enferrujados da suspeita trancaram as portas da frente de nossos corações. Pelo telhado da inteligência, a chuva e a poeira de opiniões confusas começaram a penetrar em nós. As paredes da independência e da auto-estima começaram a ceder, e as tábuas do piso do contentamento e da estabilidade tornaram-se podres e frágeis. Não temos acolhido nosso lar espiritual há tanto tempo que não é de espantar que estejamos um caos!

É geralmente nesse período (quando o lar espiritual está em completa confusão) que enviamos a nós mesmos gritos de socorro e desespero. Começamos a nos sentir péssimos e, não importa o que façamos, tudo desmorona à nossa volta. Dificilmente queremos levantar pela manhã. Nossa cultura é extremamente fixada no eterno. Se nos sentimos infelizes, tentamos consertar do lado de fora. Se não gostamos de alguém, nós o evitamos. Se não suportamos estar perto de outras pessoas, vivemos sós. Se nos sentimos agitados, procuramos diversão e distração.

Somos tão devotados à nossa crença que, se pudéssemos manipular as coisas para que tudo fosse perfeito, se enxotássemos as pessoas de que não gostamos para fora da cidade, se ganhássemos na loteria, se fôssemos ou não fôssemos casados, então tudo seria perfeito. Modificamos as coisas em nossa vida e durante um período nos sentimos bem, aliviados. Então, a mesma velha sombra de sofrimento se ergue, apenas numa forma diferente. Não meditamos sobre o fato quando tudo desmorona; apenas tentamos pôr ataduras no que aconteceu o mais depressa possível.

Eventualmente chegamos a um ponto em que, seja lá o que fizermos, nada funciona. Tudo que é externo é impermanente, e por isso impossível de controlar o tempo todo. Embora o sofrimento possa dar a impressão de vir do lado de fora, os eventos externos são apenas um fertilizador para amadurecer as sementes de sofrimento dentro de nós. Muitos de nós têm tentado constantemente manipular nossas condições externas, mas isso nunca foi capaz de nos dar uma paz duradoura. A paz tem de vir de dentro. Só há uma coisa que pode aliviar o sofrimento mental: limpar nossa mente.

Nossa bondade e verdade internas são simples, mas temos produzido tantas fabricações mentais desde tempos imemoriais que não conseguimos mais reconhecer nossa pureza/bondade interior. Quando falamos em "bondade interior", queremos dizer nossa riqueza natural, nossa natureza búdica iluminada e todas as boas qualidades associadas a isso, como a compaixão, a sabedoria, a generosidade, a bondade e assim por diante.

A iluminação é o coração dos ensinamentos de Buddha, e mesmo assim não é fácil descrevê-la. Os mestres podem usar palavras como bem-aventurança, clareza, vazio, amplitude ou perfeição natural, mas é algo que tem de ser experimentado diretamente. Embora o estado de iluminação seja indescritível, podemos tentar seguir um caminho para chegar lá. Tal caminho é o Dharma – o que Buddha aprendeu através de sua experiência direta ao buscar e atingir a iluminação.

Quando dizemos "verdade" basicamente falamos de outro aspecto da iluminação: a vacuidade (ver Capítulo 6), mas também a verdade de que somos fundamentalmente puros. Paz, bondade e verdade são os resultados da iluminação. Se as ilusões da pessoa são totalmente sobre-pujadas, ela descansa num estado de perfeita calma e *insight* (sobre a natureza de todas as coisas).

De certo modo, o objetivo do caminho espiritual é perturbar nossos padrões ignorantes, iludidos – criando caos para o ego. De algum modo, quando quebramos esse exterior coriáceo, o exterior que construímos por muitas vidas para proteger nosso terno e vulnerável coração, começamos a respirar e viver novamente. Ligamo-nos ao nosso sofrimento e ao sofrimento do mundo – ligamo-nos ao genuíno coração da ternura. Nós nos abrimos para nosso mundo interior e exterior. Enxergamos com o olhar fresco da infância. Então, podemos perguntar: o que acontece quando os demônios da mágoa e do abuso entram novamente em nosso caminho? Como nos protegermos? Pode ser irônico, mas há uma falha nessa lógica. Nós nos protegemos, nos afastamos de sentimentos de dor, nos distraímos e evitamos sofrimento – mas isso faz com que paremos de sentir dor? Tentamos nos tranqüilizar a respeito do sofrimento da vida, mas isso nos ajuda a longo prazo?

Às vezes, quanto mais fugimos de nossos demônios internos, mais poder eles têm sobre nós. E se entrássemos em contato com eles, se parássemos de correr e os enfrentássemos? Poderíamos descobrir que não são assustadores. Poderíamos descobrir que nossa resistência a eles é que causava o nosso sofrimento. Poderíamos achar nossos demônios pessoas interessentes com quem tomar chá, e uma vez que conversássemos com eles, poderiam nos deixar em paz. Se nos dermos ao trabalho de lidar com nosso coração, de nos tornarmos amigos de nós mesmos, de observar a mente e trabalhar em nossa confusão interna, poderemos começar o processo curativo – e nos tornarmos pessoas inteiras, dinâmicas. Pôr a culpa em fontes e condições externas por nosso estado interno não vai funcionar, pois, embora fontes externas possam ser o catalisador de nosso desmoronamento, os elementos dele já estão dentro de nós, e é aqui que precisamos fazer o trabalho.

Lidar com a casa dilapidada de nossa mente é um processo gradual. Não meditamos apenas por uma semana e esperamos nos tornar Buddha. Todos têm de encontrar seu próprio caminho através do sofrimento. O que funciona para uma pessoa pode não funcionar para outra.

Cada qual tem um condicionamento diferente, um karma diferente. Mas Buddha nos deu muitos métodos para lidar com isso. Em minha experiência, aquele que se esforça genuína e corajosamente para dar um fim ao sofrimento indo além dele, o que busca viver uma vida desperta, geralmente o consegue. O universo responde a nossas aspirações, mas é claro que o caminho jamais é fácil. Como budista, eu me sinto afortunada por Buddha ter palmilhado esse caminho antes de mim e acendido lâmpadas ao longo dele. Podemos nos beneficiar daqueles que trilharam o caminho antes de nós, pois eles conquistaram o demônio da ignorância e se tornaram luzes no mundo.

Como neste momento temos uma vida humana, temos alguma liberdade; mas a vida humana é finita. Jamais sabemos onde estaremos amanhã, porque tudo está num constante estado de fluxo; tudo que nasce deve eventualmente perecer. O fato de termos esse corpo humano é muito precioso. Esse corpo nos fornece as condições ideais para praticar o caminho espiritual e ganhar realização. A vida humana é preciosa (desde que limpemos nossa bagunça interna), porque podemos usá-la para encontrar o que sempre buscamos – a paz e a felicidade últimas; a beleza que não desaparece; nossa natural e eterna sabedoria da mente; a iluminação. Poderíamos ter renascido em diversos lugares que não nos dessem essas condições ideais.

A mente humana é bem poderosa, e com ela podemos conseguir muito. Podemos enxergar as várias possibilidades – por um lado, temos pessoas como Madre Teresa, o Dalai Lama e vários santos; por outro, temos Hitler. A mente humana é uma tremenda fonte de poder. Se é utilizada adequadamente, pode nos levar por todo o caminho até a iluminação. Se usada de modo errado, pode se tornar uma arma de destruição em massa. Por essa razão o Budismo enfatiza tanto o treinamento da mente através de concentração, contemplação e investigação, levando ao *insight* (ver Capítulo 6). Tentamos subjugar o domínio que nossos pensamentos e emoções têm sobre nós e praticar a contemplação dirigindo a mente para níveis mais profundos, descascando gradualmente todas as camadas da compreensão errônea que criamos.

Como é maravilhoso que neste momento não estejamos completamente distraídos por outras coisas. Que estejamos nos dando tempo para explorar as elaborações interiores, que estejamos fazendo um esforço para cultivar a genuína verdade e as qualidades positivas. Um pensamento virtuoso e inspirador é tudo que é preciso para cultivar a semente da iluminação. Um ato de virtude mostra que a confusão é impermanente e que a iluminação é possível. Há uma história de Buddha que ilustra isso.

Certo dia, quando Buddha fazia sua ronda de esmolas (pedindo comida), uma mulher colocou uma bola de arroz em sua tigela de pedinte com grande respeito e devoção. Buddha parou e disse à mulher que devido a seu ato positivo, ela se tornaria um Buddha totalmente iluminado no futuro. Ela ficou extremamente contente e agradeceu a Buddha. Então, voltou para casa nessa grande felicidade. Quando seu marido chegou, ela lhe contou o encontro com Buddha e o que este lhe havia dito. O marido ficou ultrajado e respondeu mais ou menos assim:

– Ah! Esse filho dos Shakyanos [o clã familiar de Buddha] é decepcionante; ele diz qualquer coisa só para conseguir comida para seu estômago! Como é possível que uma bola de arroz possa levar ao exaltado estado da iluminação?

Zangado, o marido foi até Buddha e lhe repetiu exatamente o que dissera à mulher, desagradado com o comentário de Buddha. Este permaneceu paciente e sereno enquanto ouvia. Quando o homem terminou, Buddha lhe disse:

– Amigo, você tem alguma árvore em seu jardim?

O homem confirmou.

– E quando a plantou, qual era o tamanho dela?

O homem respondeu que era uma pequena semente.

– E qual é o tamanho dela agora?

– Bem, é maior do que a minha casa – disse o homem.

– Assim como uma pequena semente pode ser tornar uma árvore enorme, um ato pequeno de virtude sincera pode se tornar a causa da iluminação.

O homem ficou sem palavras e fez uma reverência, concordando.

Dessa história podemos ver que mesmo um ato pequeno de virtude feito com a intenção correta pode eventualmente gerar grandes frutos. Como os textos budistas tibetanos dizem, "uma grande panela está cheia de muitas gotas". Todo mundo tem uma natureza pura, seja esta visível ou não. Diz-se que seres capazes da percepção dos sentidos são como diamantes brutos enterrados profundamente numa montanha, enquanto Buddhas são diamantes que foram descobertos, lapidados e polidos. Tanto os Buddhas quanto os seres sensíveis têm diamantes interiores, mas uns se desenvolveram e os outros continuam não reconhecidos.

Muitas pessoas vivem como mendigos espirituais quando, sob sua lareira, têm uma grande jóia. Não é preciso ser tão miserável com o nosso tempo e nossa compaixão, tão limitado com nosso amor. Temos um estoque ilimitado de amor e sabedoria dentro de nós. Temos essa natureza pura dentro de nós. Se ela permanece enterrada bem dentro da montanha de pensamentos e projeções ilusórias, não lapidada pela disciplina, jamais polida pela esforço da prática contínua, ela continua um diamante, mas não descoberto. Seres iluminados e seres iludidos são da mesma essência; nas escrituras budistas, isso é descrito como "uma natureza, dois caminhos". Isso significa que nosso potencial é idêntico – nossa natureza fundamental é a mesma; mas o que fazemos com ela é diferente. Seres iluminados trabalharam paciente e persistentemente com grande esforço para desenvolver sua verdadeira natureza; o resto de nós, não.

No meio da turbulência da vida, podemos desejar uma trégua. Podemos desejar nos refugiar em algo. O que há de verdadeiramente confiável que possa ser um refúgio? Podemos nos refugiar no conhecimento de que, embora possamos experimentar sofrimento, não somos o sofrimento em si. Podemos nos soltar de nosso sofrimento, ou transformá-lo. A mente iludida e confusa é um fenômeno temporário. Nós não somos nossos pensamentos. Podemos nos refugiar no conhecimento de que, sob ele, somos fundamentalmente bons, puros, e que precisamos apenas cultivar mais essas qualidades.

Todos queremos felicidade e paz, e mesmo assim nem sempre parecemos encontrá-las. Em algum ponto entre nossa intenção e nossa ação as coisas podem se descontrolar. Todo o mundo está buscando felicidade neste exato momento, e mesmo assim temos tantas guerras, tanta fome, pobreza e insatisfação mental. Até o pior ditador do mundo quer felicidade. Por que não a encontram? Porque o caminho que estão palmilhando para consegui-la não tem a capacidade de dá-la. Nossas ações não a obtêm. Como desejamos a felicidade tão ardentemente, geralmente descartamos e pisoteamos a paz da mente dos outros em nossa própria corrida para conquistar a paz. Às vezes pode parecer que todos os que mentem, retaliam e lisonjeiam sejam os vencedores ao final. Na minha experiência, enganar os outros ou de algum modo prejudicar a felicidade deles para meu próprio ganho nunca deixou uma boa sensação em mim.

Precisamos saber qual é a causa da felicidade – ter clareza sobre o tipo de felicidade que estamos buscando. Julgamos poder comprar felicidade de qualquer modo, mas certo tipo de felicidade tem uma vida muito curta na prateleira. Ao ingressar no caminho budista, não queremos que nossa busca da felicidade seja superficial, não queremos outra viagem consumista ao shopping. Dessa vez, queremos descobrir a verdade profunda. Encontrar a verdade é um compromisso de longo prazo – não acontece da noite para o dia. É o trabalho de uma vida. Mas, assim que entramos no caminho em busca da verdade, o universo conspira para nos ajudar, forças benevolentes tentam nos levar para a sabedoria que buscamos. Pode haver muitas coincidências auspiciosas ao longo do caminho, muitos amigos e mestres, e também desafios. No caminho espiritual, devemos ter, pelo menos até certo ponto, a vontade de desistir do prazer de curto prazo pelo benefício de longo prazo. É preciso encontrar mais tempo na vida para o caminho espiritual. É preciso assumir o compromisso de levantar e fazer um pouco de meditação todas as manhãs, em vez de puxar o cobertor por cima da cabeça. É preciso simplesmente fazer o que somos capazes de fazer.

Muitos de nós refugiam-se em várias e prazerosas coisas mundanas. Quando somos jovens, refugiamo-nos em nossa mãe; à medida que ficamos mais velhos, refugiamo-nos no dinheiro ou num parceiro romântico. Quando amadurecemos ainda mais, podemos descobrir que essas coisas não são confiáveis, e então procuramos refúgio no caminho espiritual. Leva mais tempo para aperfeiçoar-se do que dedicar-se a muitas coisas mundanas, mas os resultados são muito mais satisfatórios. A paz contida nisso é mais profunda, mais benéfica.

Alguns podem pensar que o melhor modo de se sair bem no mundo é rodear-se de tanto conforto e segurança quanto possível. Isso poderia acarretar uma constante manipulação de nossas circunstâncias emocionais e externas e, embora num nível relativo, segurança material básica e sentir-se confortável possam ser úteis, nunca parecemos notar a inabilidade fundamental de emoções e fenômenos externos para nos dar felicidade duradoura. A felicidade espiritual baseia-se em ficar bem com as coisas como elas são, tendo um senso de equanimidade e abertura para tudo em nós e em torno de nós. Se nos sentimos mal e achamos que a vida é terrível, tudo bem – trabalhamos com isso e nos abrimos para isso. Numa mente com espaço, a felicidade e a tristeza podem dançar por perto sem nos perturbar. O coração humano é suficientemente grande para conter felicidade e dor enquanto ainda mantém a equanimidade e a paz. Nosso problema é nos agarrarmos a essas coisas, não às próprias emoções e circunstâncias em si.

De certo modo, sinto-me feliz de ter sido uma hippie quando conheci o Budismo, pois já estava desiludida com os valores principais de minha sociedade. Isso não significa que eu estava certa e eles errados; na realidade, eu tinha naquela época algumas idéias bem estranhas. Mas estava procurando. Dera um passo além de todas as minhas suposições para tentar encontrar alguma prova duradoura, usando minha experiência como caução para a validade de um ensinamento. Tentei ajustar-me à "sociedade" por quinze anos, mas não funcionou para mim. Torno a dizer: isso não significa que era uma falha da sociedade. A sociedade é variada. Ainda sou parte dela até hoje. Mas as idéias então à minha volta não estavam me ajudando. O sucesso externo jamais seria suficiente para mim enquanto eu era perseguida pela depressão e pelo sofrimento. Por fim, tive de consertar minha própria mente.

Às vezes ficamos muito entorpecidos na vida. Não vemos com os olhos do amor e da compreensão. Interpretamos as coisas do nosso próprio e estreito ponto de vista. Um modo muito mais interessante de abordar a vida é estar disposto a explorar. Descobrir quem de fato somos. Ter coragem suficiente para emergir da ignorância, de nosso confortável entorpecimento, para enfrentar um pouco de dor. Não precisamos fabricar a dor por nós mesmos – a realidade está aí para que a exploremos e, a menos que já sejamos iluminados, temos chance de que algum desafio nos dê uma oportunidade para despertar! Então acordamos e exploramos ao caminhar pelo mundo como ele é, e não como projetamos que ele seja.

Capítulo 6

A meditação e o caminho para a iluminação

Nos textos budistas tibetanos, a parte em que aprendemos sobre meditação fica bem no final do livro. Embora a meditação seja o que atrai muitas pessoas para o Budismo, e como nossa cultura é de alta velocidade/alta pressão, a meditação está se tornando algo essencial para a saúde mental.

Do mesmo modo que as palavras "amor" e "karma", a meditação passou a significar muitas coisas no Ocidente. Mas o que é a meditação de fato? Por que a fazemos? Como a fazemos?

Nossa mente está cheia de pensamentos e emoções. Para a maioria de nós, esses pensamentos e emoções dirigem nossas vidas. Do momento em que acordamos pela manhã ao momento em que nos deitamos à noite, temos uma corrente constante de bate-papo mental. Nunca estamos quietos, nunca sozinhos, nunca temos paz. Mesmo nossos sonhos estão cheios de imagens e pensamentos. Podemos pensar que *somos* nossos pensamentos e emoções, mas, se olharmos em nossa mente e a observarmos por algum tempo, veremos que nossos pensamentos estão continuamente surgindo, permanecendo e se dissolvendo. Se somos nossos pensamentos e emoções, podemos nos perguntar: quais somos em particular?

Se ocupamos nosso tempo limpando a casa, aparando o gramado e fazendo a manutenção do carro, por que não podemos limpar a mente?

Deixamos nosso corpo descansar e o mantemos alimentado e limpo. Por que então não dar à mente a mesma manutenção? Nossa mente é o templo onde vivemos. Nela viemos recolhendo as antiquadas relíquias de visões enganadoras vida após vida. Temos nos agarrado a coisas que devíamos ter largado. A meditação é uma limpeza de primavera para a mente. Como toda boa obra, temos de começar nos misturando à bagunça. Antes de tudo, é preciso abrir a porta. Isso significa voltar-se para dentro.

A meditação é o coração do Budismo e o caminho do desenvolvimento interior. Consiste em concentrar a mente e então usar essa claridade para examinar a natureza da própria mente. É o processo de descascar as camadas da ilusão que temos conservado através dos tempos imemoriais. Diz respeito a descobrir nossa sabedoria e compaixão natural, primordial, e depois cultivá-las.

A maioria de nós é estranha à vida interior. Tudo bem que somos uma confusão; simplesmente começamos onde estamos. Em vez de fugir para uma distração todas as vezes que o mundo nos pressiona, podemos entrar, nos abrir e manifestar curiosidade.

Muitas pessoas dizem que a meditação suscita nelas mais pensamentos ainda, fazendo com que percam a concentração. A meditação não suscita mais pensamentos, apenas nos torna conscientes da excessiva quantidade que já temos. Nossa mente é como uma pena ao vento, completamente indisciplinada. Ela flutua de um objeto a outro sem controle. Durante a meditação, ficamos conscientes disso. Podemos ter conquistado nossas fronteiras externas, mas em termos de desenvolvimento espiritual e domínio da mente, ainda temos muito a aprender.

O leitor pode ficar surpreso ao saber que a meditação não tem a ver com felicidade relativa. É o caminho para a iluminação – o caminho do guerreiro espiritual –, o modo de abrir o coração, de compreender a si mesmo e aos outros e de olhar profundamente para transformar os sofrimentos e as incompreensões. Diz respeito a tocar os locais delicados, sensíveis e às vezes dolorosos em nós mesmos, destrancando-os e usando-os para crescermos. A meditação é também sobre aprender a viver no coração da realidade como esta é – com toda sua vida, inspiração e dor – e ainda assim manter-se calmo, frio e claro em meio a todo o caos. Levar uma vida meditativa significa viver no presente com completa autenticidade, consciência, elegância, sabedoria e coragem.

A atitude da meditação deve ser como uma montanha. A montanha não fica animada quando o sol está brilhando magnificamente em seus picos nem se sente miserável quando a tempestade desaba. Ela permanece perfeitamente serena, apenas observando, contemplando profundamente. Buddha aconselhou seu filho Rahula "a ser como a terra" que aceita todas as coisas, boas e más, sem discriminação.

Se descansamos na natureza da consciência ainda em gestação, nossa sabedoria e pureza naturais, que são completamente inapreensíveis e, contudo, claras e cognoscíveis, então não há necessidade de nos defendermos, ter sempre as coisas em nossos termos – nem necessidade de ser jogados de um lado para o outro pelas ondas dos pensamentos. Os pensamentos são para a mente o que as ondas são para o oceano – mas, em suas profundezas, o oceano é perfeitamente calmo.

A vida que levamos correntemente é cheia de nascimentos, permanências e dissoluções – que são mera aparência, e não a verdadeira realidade das coisas. Nesta vida surgimos (nascemos), permanecemos (vivemos) e nos dissolvemos (morremos); nossas emoções surgem, permanecem e se dissolvem, mas, da mesma forma, além desses surgimentos, está a ausência de morte, a pureza ainda não nascida que é parte de todos nós; e, nunca tendo nascido, nunca foi maculada. Embora tenha vagado através do samsara (a roda da vida e da morte), nenhum mal veio dela.

Além de todos os surgimentos da vida, a ausência de morte – o incondicionado – está lá, esperando que a vejamos e descansemos. Esse local é o nosso verdadeiro lar e a felicidade que buscamos, embora geralmente olhemos para outra direção a fim de tentar descobri-la. Essa descoberta de uma permanência numa pureza primordial, infinita, é do que trata o caminho da meditação.

No Budismo há muitos tipos de meditação. Eles se dividem principalmente em duas categorias:

1. Permanência serena (sânscrito: *Shamatha*), que focaliza a mente num único objeto para ganhar claridade e um direcionamento único da mente, e é praticada em todas as formas do Budismo.

2. *Insight* especial (sânscrito: *Vipashyana*), em que usamos o direcionamento único da mente para ganhar *insight* sobre a nossa verdadeira natureza, e que é praticada em todas as formas do Budismo.

Há também as meditações analítica e de visualização, que podem ajustar-se em uma ou outra categoria. Na meditação analítica contemplamos intelectualmente um determinado tópico para perceber sua verdade – por exemplo, o precioso nascimento humano, o karma e assim por diante. Essa meditação é praticada em todas as tradições, mas mais extensamente no Budismo Tibetano. Na meditação de visualização meditamos na forma de um determinado ser iluminado. Ela é praticada principalmente no Vajrayana e, em pequena escala, no Mahayana.

Tradicionalmente, todas as meditações estão listadas sob a permanência calma ou o *insight* especial. Por exemplo, meditar na forma do Buddha (visualização) é meditação de permanência serena, enquanto mesclar a mente com a mente de Buddha e ganhar *insight* sobre a natureza de nossa mente é meditação *insight*. Meditar sobre um tópico determinado seria considerado concentração ou meditação de permanência serena; ter uma epifania sobre aquele tópico é meditação de *insight*.

Meditação de permanência serena (shamatha)

A meditação de permanência serena é a espinha dorsal de todas as formas de meditação. Ela nos permite acalmar a mente e nos tornarmos o condutor, e não o prisioneiro, de nossos pensamentos e emoções. Dominando e disciplinando a mente, ela se torna focalizada num único ponto e permanece concentrada sobre o que quer que escolhamos. A meditação de permanência serena pode ser comparada a uma vela dentro de um jarro de vidro; quando a mente está calma e protegida dos pensamentos ao acaso, como a chama é protegida do vento pelo vidro, podemos começar a fazer boas coisas com ela. Uma meditação mais avançada, como contemplação, meditação de *insight* e visualização pode seguir-se, mas, se não tivermos a firme base de shamatha, não podemos nos concentrar; portanto, é impossível desenvolver a mente, praticando sozinho as formas mais avançadas de meditação.

O que usamos para trazer a mente para casa pode ser apenas uma simples imagem (como um Buddha dourado), uma flor azul, uma visualização ou nossa respiração. Depois que escolhemos algo, é bom nos atermos àquilo, não cortá-lo em pedaços e mudá-lo. Se escolhemos uma certa imagem, nós a usamos sempre, para que a mente se torne acostumada a ela e possamos nos concentrar por períodos maiores de tempo. Apenas olhe para a imagem, não pense nela. Faça a coisa do modo mais simples possível. Para os que são novos na meditação, eu recomendaria usar a respiração, já que levamos isso conosco para onde formos e podemos acessá-la quando estivermos caminhando, sentados ou deitados, assim como conduzindo nossas atividades cotidianas.

Podemos também praticar shamatha ao esvaziar a mente ou preenchê-la com visualizações tão elaboradas que não podemos ficar distraídos. Os dois modos estão corretos, mas a maioria dos ocidentais tem tanta coisa na mente que em geral é mais útil começar esvaziando-a.

Postura

Depois que nos decidimos sobre um objeto de meditação, estamos prontos para assumir a postura correta. Ela deve ser firme como uma montanha, mas relaxada e flexível. A firmeza da postura reflete nossa determinação de atingir a iluminação para todos os seres. A postura ideal é conhecida como a posição Vairochana de sete pontos. Vairochana é o Buddha que representa o corpo de todos os iluminados e é sempre mostrado nessa postura (ele é um dos incontáveis Buddhas, no passado, presente e futuro, que se manifestarão para ajudar todos os seres).

1. *Pernas*: O ideal será manter as pernas numa completa posição de lótus; isto é, a sola de cada pé, voltada para cima, repousando na coxa da outra perna. Isso pode ser difícil no início. Se a praticarmos de dez a quinze minutos por dia, ela se tornará mais fácil. Alternadamente, podemos sentar no meio-lótus – as pernas cruzadas com apenas um pé colocado na coxa oposta – ou simplesmente apenas sentar de pernas cruzadas. Se colocarmos uma almofada sob o traseiro, poderemos achar mais fácil manter o sangue fluindo nas pernas. Podemos também tentar sentar num banco baixo (como o usado por alguns budistas japoneses) com as pernas sob ele. O mais importante com a postura é ser suficientemente confortável para meditarmos. É considerado melhor estar perto do chão (já que se ganha mais percepção), mas, se não podemos conseguir isso, usamos uma cadeira. Nesse caso, os pés devem estar plantados no chão e as costas devem ficar retas, sem apoiar-se nas costas da cadeira.

2. *Braços:* As mãos são colocadas pouco abaixo do umbigo, com a mão direita em cima da esquerda (isso representa a união da compaixão e do vazio). As mãos devem estar em forma de concha e as pontas dos dedos tocando-se (representando a mente com uma direção única focalizando-se no objetivo da iluminação sem dúvidas ou dualidade). Os braços não devem tocar o corpo, para que o ar possa fluir através deles, como as duas asas dos pássaros.

3. *Costas:* As costas devem estar retas, mas ao mesmo tempo relaxadas – para a boa meditação, isso é muito importante. Se ficarmos derreados, todas as energias grosseiras e sutis em nosso corpo ficarão bloqueadas. Os ombros devem estar equilibrados igualmente.

4. *Olhos:* Os olhos devem estar entreabertos e dirigidos para baixo alguns metros à frente. Podemos querer fechar os olhos. Isso pode ser feito no início, mas é melhor deixá-los abertos para que os obstáculos da sonolência e da fantasia não surjam. Não se distraia com o que os olhos vêem. A informação sensorial está ali, mas não precisamos responder a ela.

5. *Maxilar:* Mantenha os lábios unidos e os maxilares relaxados, não trincando os dentes.

6. *Boca:* A ponta da língua deve tocar o palato (logo atrás dos dentes superiores da frente). A respiração deve ser natural. Se nos acharmos realmente distraídos, podemos fazer algumas respirações conscientes e lentas para recuperar o foco. Se a mente estiver meio entorpecida, respire profundamente por um tempo.

7. *Cabeça:* A cabeça não deve estar nem muito para a frente (pode surgir torpor) nem muito para trás (podem surgir distrações), mas repousando ajustadamente no alto da espinha.

Motivação

Antes de começarmos uma meditação, geralmente estabelecemos sua motivação. Nosso propósito ao praticar a meditação afetará seu resultado. Se meditarmos apenas para ganhar paz momentânea, tudo bem, mas essa não é realmente a prática budista, e o resultado obtido será temporário. Se meditarmos com a motivação de atingir a iluminação a fim de libertarmos a nós e aos outros do sofrimento, então esse é o resultado que atingiremos: o mérito (energia positiva/karma) de nossa motivação não parará de dar frutos até que todos os seres atinjam a iluminação. Portanto, isso é de fato a escolha entre um resultado de muito curto prazo ou um resultado vasto e profundo.

Pense que todos os seres sofrem como nós; sejá lá o que sofremos, eles também têm sofrido. Se pudermos reconhecer a igualdade básica dos outros e de nós mesmos – de que o sofrimento é tão verdadeiro para nós quanto para eles –, então seremos movidos pela compaixão.

Ler os capítulos seguintes nos ajudará a estabelecer nossa motivação. Geralmente, antes de praticarmos a meditação, dirigimos a mente para um dos quatro pensamentos preliminares – o sofrimento da existência mundana (Capítulo 8), o precioso nascimento humano (Capítulo 9), a impermanência e a morte (Capítulo 10) ou o karma (Capítulo 11). Pensar sobre tais tópicos desperta em nós um senso de urgência e entusiasmo necessários para que a meditação seja praticada com sucesso.

Se não há tempo suficiente para meditar num desses capítulos, você pode dizer para si algo como: "A fim de libertar todos os seres vivos (e a mim mesmo) do oceano de sofrimento e me tornar um ser iluminado, vou me engajar agora nessa prática".

O mais importante é realmente ter essa intenção. Estamos tentando desenvolver a determinação de sobrepujar nossas ilusões e atingir a liberdade final a fim de podermos ajudar os outros. No entanto, não estaremos em posição de ajudar o mundo se não transformarmos nossas neuroses antes. Se nos transformarmos, o mundo (ou principalmente nossa percepção dele) também mudará. Se purificarmos nossa mente e fizermos surgir a compaixão, então teremos verdadeiramente a capacidade de ajudar os outros. Mas antes precisamos cultivar a estabilidade e a sabedoria dentro de nós.

Prática

Depois de estabelecermos a motivação, é bom relaxarmos um pouco o corpo. Passe em revista cada parte de corpo, torne-se consciente de cada uma e relaxe-a conscientemente. Envie bondade amorosa e cura espiritual ao corpo (esse processo não deve tomar mais do que cinco minutos), então se torne consciente de seu objeto de meditação. Assumo que este seja a respiração. Não há necessidade de pensar; apenas fique consciente. Suavemente, leve a consciência à respiração. Você está respirando pesada ou suavemente, rápida ou lentamente? Pode achar difícil concentrar-se na respiração por mais de um minuto sem que a mente vagueie. Tudo bem. A mente é como um cavalo selvagem, está acostumada a correr por toda parte. Se pudermos domar a mente, seremos capazes de usar seu poder para que nos conduza à iluminação. Para citar uma frase tibetana: "Você leva o cavalo selvagem da mente ao poste da virtude com a corda da atenção". A conscientização é a capacidade de focalizar o objeto da meditação; a consciência discriminatória sempre verifica a mente para ver se está focalizada na respiração ou em outro objeto de meditação, para ver se não devaneou (algo que parece ocorrer muito no início!). Se nos descobrimos distraídos, intencionalmente respiramos de forma um pouco mais profunda.

Não tome equivocadamente a conscientização por comentário mental – "Agora estou inspirando, agora estou expirando". Não há necessidade de nenhum pensamento nessa meditação. Apenas fique consciente da respiração, ou de seu objeto, e observe-o. Concentramos cerca de um terço de nossa conscientização plena na respiração. Outro terço da atenção pode ser concentrado em tornar a mente ampla e relaxada. Não estamos no exército; trate a mente gentilmente, ou ela se rebelará. O terço final de nossa conscientização deve ser a consciência discriminatória – ver se a mente vagueou, trazê-la de volta se ela o fez; e também ter consciência se a mente está meio entorpecida ou superexcitada.

Para desfazer os nós na mente, temos de começar; o adiamento não nos tornará iluminados. Portanto, simplesmente permaneça com o que for que surgir, receba-o num espírito de amizade e abertura e não se agarre a ele. Seja o que for que surgir, observe-o e então traga a mente de volta ao objeto da concentração.

No início, geralmente podemos manter o foco apenas por um minuto antes de a mente fugir para algum lugar. Seja paciente e suave com ela, que é um instrumento poderoso e sensível. Se formos ásperos, ela se rebelará. Se formos gentis e a treinarmos como um filhote de animal, lentamente ela se aproximará. Sempre que a mente se perder, pode-se dizer "pensar" e trazê-la de volta. Se isso não nos servir, poderemos trazê-la de volta sem rótulos. Meditadores avançados podem ver suas emoções e pensamentos surgindo, permanecendo e se dissolvendo sem se envolverem. Mas os iniciantes ficam em geral completamente presos em suas emoções e pensamentos, identificando-os assim que surgem. Precisamos de um tempo para abrir espaço na mente. Podemos nos perguntar: "Isso sou eu de fato? Isso dura?" Quando paramos de nos identificar com nossos pensamentos e simplesmente permitimos que surjam, permaneçam e se dissolvam, começamos a experimentar paz e equilíbrio mental.

De poucos em poucos minutos podemos permitir que nossa consciência discriminatória veja se há clareza e consciência na mente, ou se ela está entorpecida e zonza. Quando meditamos, a mente deve estar clara e desperta, embora possamos também experimentar uma sensação de paz. Não queremos ter uma mente entorpecida, quase inconsciente, o tipo de mente induzida pelo álcool ou por outras drogas. É um bom sinal se no início podemos ainda ouvir coisas do exterior (mas sem sermos distraídos por elas). Meditação significa acordar, não adormecer.

Temos tantas sensações durante a meditação, sentimentos de felicidade, de dor; podemos até ver luzes. Seja lá o que surgir, não se deixe distrair. De forma suave, traga a mente de volta ao momento presente, de volta à respiração ou seja lá o que estiver visualizando ou observando. É apenas no momento presente que a iluminação é encontrada, não em lembranças do passado ou fantasias do futuro.

Gradualmente, enquanto praticamos a meditação de permanência serena, podemos aumentar nossos períodos de concentração. Aos poucos, a mente começa a se tornar clara. Ela é como água enlameada; se não a agitamos, ficará naturalmente calma e clara; se agitada, tornar-se-á nebulosa e turbulenta. Informações sensoriais, pensamentos e emoções são o que geralmente tornam a mente nebulosa. Com suficiente meditação de permanência serena, ela gradualmente se acalma e não é tão volátil em reagir às informações sensoriais.

Quando temos a disciplina de não sermos condicionados por nossos pensamentos e emoções, começamos a sentir o sabor da liberdade e da alegria. Podemos escolher o modo de ver as coisas. Isso não significa que não haja dias em que nos sintamos mal. Podemos ainda ter consciência disso, mas não fazemos com que seja pior para nós. Observamos sem nos prender, e há espaço para nossos sentimentos, não estamos mais atiçando o fogo de nossas ilusões. Agarrar-se a pensamentos e emoções faz com que eles aumentem desproporcionalmente de tamanho; faz de formigueiros montanhas. Quando nos penduramos num pensamento, seja lá a interação que tivermos, tentamos confirmá-lo, desenvolvemos toda uma história sobre ele. Gradualmente, nossas percepções se tornam um monstro que nos persegue e nos faz infelizes. A meditação é a desconstrução da infelicidade.

Os obstáculos à meditação

Dois problemas comuns que surgem na meditação da permanência serena são a distração (quando somos levados por pensamentos, emoções etc.) e o entorpecimento (quando a mente está nebulosa ou pouco clara podemos nos sentir felizes ou sonolentos, mas o objeto de nossa meditação não está nítido). O antídoto à distração – ou agitação – é pensar na natureza sofredora da existência cíclica (ver Capítulo 7), da impermanência e da morte (ver Capítulo 10). Nossa mente está vagando por aí, soprada como pluma ao vento. Se temos uma forte motivação para praticar, reconhecendo a raridade de atingir um nascimento humano e a impermanência de nossa situação, isso nos tornará menos propensos a permitir que distrações nos tirem dos trilhos. Podemos também tentar acalmar a mente, fazendo coisas que a relaxarão um pouco, como ingerir comida mais pesada, fechar os olhos ou usar roupas quentes. A idéia é ficar relaxado e ao mesmo tempo desperto.

Se a mente se torna muito entorpecida, podemos abrir os olhos, comer menos, usar menos roupas, ficar num lugar mais fresco e tentar trazer alguma luz e alegria para nossa prática. Deve-se sempre parar a prática num bom momento, não continuar por tempo demais, a fim de que a mente queira voltar à almofada para meditar. A meditação não é um modo de alcançar o êxtase ou uma paz confortável e sonolenta. Significa abertura e despertar.

A mente aberta

Agora abrimos nossa mente. Começamos a retirar dela um monte de lixo e a soltamos. Agora que temos mais espaço nela, as coisas estão parecendo um pouco mais limpas. Começamos a perceber que não somos nossos pensamentos. Pensamentos e emoções surgem, permanecem e se dissolvem como nuvens no céu, mas nossa natureza fundamental é o vasto espaço azul.

Nosso problema, e a razão pela qual a maioria dos seres humanos é tão infeliz, é que nos identificamos demais com os pensamentos, as nuvens. Tais nuvens têm um domínio demoníaco sobre nós. Quando jovem, eu me identificava tanto com minhas emoções e pensamentos ruins que queria me matar. Muita gente se sente assim em algum momento da vida. Mas idéias e emoções vêm e vão. A meditação nos dá o espaço para reconhecer o surgimento, a permanência e a dissolução de nossos pensamentos. É um tremendo alívio quando não precisamos mais nos agarrar neles, mas atingir esse ponto leva muito tempo.

Antes de começar a meditação, a maioria de nós se agarra a seus pensamentos assim que surgem. Nós os sustentamos com um monte de justificativas, depois os passamos em revista na mente repetidamente, como um disco quebrado. O hábito de nos agarrarmos a pensamentos e emoções e tentarmos evitar sempre qualquer coisa que nos sacuda é o padrão fundamental do ego. No Budismo, o ego é uma forma básica da ignorância que toma os cinco *skandhas* ou agregados (forma, sensação, discriminação, fatores composicionais e consciência) como sendo um sólido *self*. Baseada nesse sólido *self* surge a noção do "outro", e a seguir a noção de gostar e não gostar e tantas outras discriminações e misérias.

Nosso sofrimento surge porque tomamos as nuvens dos pensamentos e emoções como "nós", quando nossa verdadeira natureza é como o céu acima das nuvens – amplo, luminoso, sem morte e completamente além dos conceitos. Essa "natureza búdica" é difícil de descrever em palavras. Pessoas de todas as religiões têm se esforçado para descobrir esse luminoso solo do ser. Ele não é sólido nem apreensível. Não pode ser descrito como um *self* separado, pois nossa existência é completamente interdependente de todos os seres. Mesmo assim, ele não pode ser descrito como "um" porque todos temos nossas correntes mentais separadas. Quando me tornar um Buddha, isso é algo que experimentarei na própria mente; não é preciso dizer que essa natureza tem de ser experimentada.

Se sabemos isso ou não, nossa pureza natural é o que buscamos em todas as nossas atividades. Se pudéssemos reconhecer nossa verdadeira natureza, isso seria muito mais satisfatório do que mil idas ao shopping ou mesmo se apaixonar! A natureza celestial da mente não tem ponto de referência. Existe sem esse pequeno "eu". Enquanto houver um pequeno (ou um grande) "eu", não poderá haver verdadeiro altruísmo ou sabedoria.

Não precisamos sair para o mundo exterior a fim de alcançarmos completude; precisamos apenas descobrir nossa sabedoria, alegria e compaixão naturais. Quando entendemos a miserabilidade de nosso próprio sofrimento, quando mostramos coragem suficiente para realmente deixá-lo vir à superfície e somos capazes de olhá-lo sem censurar ninguém, apenas para estar com ele de um modo bem suave e curioso, lentamente começamos a nos libertar dele. Começamos a entender que não estamos sós num sentimento assim. Não somos nossa história ou as condições de nossa vida; essas coisas são apenas uma aparência externa, não a nossa verdadeira natureza.

Quanto mais formos capazes de estar com o nosso sofrimento sem reagir ou suprimi-lo, mais ele se dissipará. À medida que chegamos a conhecer o conteúdo de nossa própria mente, podemos começar a desenvolver uma compaixão genuína pelos outros. Podemos começar a entendê-los, a ver o motivo de fazerem o que fazem. Abrimos corajosamente o mundo, dentro e fora, e assim fazendo nos libertamos dos limites pequenos e escuros de uma estreita auto-identidade.

Podemos encontrar paz e bem-aventurança bem em meio à nossa vida. A meditação não é algo "moderno"; é algo muito prático. Algo que todos podem fazer; não é necessário ser budista para meditar. Pode-se ser cristão, muçulmano ou judeu e beneficiar-se da meditação. Todos nós podemos nos tornar pessoas inteiras, apaziguadas e felizes. Isso não significa que as coisas se tornem perfeitas em nossa vida. Os problemas surgirão, claro, mas com a meditação poderemos ver as coisas de um modo diferente. Se meditarmos tempo suficiente, desenvolveremos uma serenidade mental. Isso significa que seja lá o que nos acontecer, poderemos observar nossas reações sem nos envolvermos com elas, dar aos pensamentos e emoções um pequeno espaço, digamos assim (embora isso nem sempre aconteça!). Poderemos escolher como reagir, o que dizer, em vez de ser arrastados pela primeira coisa que vier à mente. Somos capazes de encarar menos seriamente o que acontece porque o mundo se torna mais fluido e ilusório. É claro que ainda estamos ligados pela causa e efeito, mas podemos reconhecer que tudo está num constante estado de fluxo e nada durará muito tempo.

Toda essa confusão que surge na mente é o composto fértil da vida espiritual. Todas as coisas que preferiríamos esquecer – raiva, ciúme, desejos e indiferenças – são as coisas que podem nos revelar nossa verdadeira natureza, são os nossos mestres. Nosso veneno já é o nosso remédio. No entanto, isso não significa que a raiva ou o desejo em sua forma grosseira vá nos trazer a iluminação, nem que devemos condescender com eles. Em primeiro lugar, é necessário envolver numa camada protetora todo o nosso composto espiritual, processá-lo, antes que ele possa ser utilizado para nos conduzir à iluminação. É preciso deixar claro: a meditação não é um caminho para onde empurramos tudo a fim de nos sentirmos melhor. É o caminho no qual trazemos toda a vida para o coração e permitimos que ela nos transforme e desperte.

Quando meditamos por alguns meses (mais provavelmente por anos!), podemos notar uma mudança em nós. É possível que nossa reação não seja tão rápida quando costumava ser. Nossas emoções e pensamentos não nos controlam mais como antes; sentimo-nos em contato com nossa amplitude e clareza internas. Se você não observar nenhuma melhora em si mesmo depois de um ano aproximadamente, não se preocupe. Continue meditando; mas pode ser aconselhável consultar um mestre qualificado. A meditação permite que cada pessoa se volte para seu interior e se examine. Ela não impõe uma doutrina externa a ninguém. A verdade é descoberta a partir de dentro.

É importante meditar regularmente, de preferência no mesmo horário e lugar a cada dia. A palavra tibetana para meditação é *gom*, que significa "tornar-se familiar com". Portanto, meditar é tornar a mente familiar com a virtude, criar hábitos virtuosos. Se meditamos um dia e o outro não, estamos criando o hábito da inconsistência.

Comece com sessões curtas e intensas de quinze a vinte minutos algumas vezes por dia. Eventualmente podemos estender isso para quarenta minutos ou uma hora. Criar tempo para o desenvolvimento interior é a coisa mais importante que os seres humanos podem fazer com suas vidas. Descobrimos tempo para outras coisas importantes para nós, portanto não há desculpas! O principal é ter clareza na mente e consciência de o que a mente está fazendo. Não se preocupe se ela estiver sempre vagueando; é um hábito nosso de longa data – é preciso tempo para quebrá-lo.

Finalmente, dedique qualquer mérito ganho à iluminação de todos os seres.

Despertando em cada momento – um dia consciente

Se pudemos simplificar a vida e pensar numa escala maior – ir além da história pessoal e de nossas justificativas, e experimentar a crueza sob as dificuldades –, podemos passar a ver as coisas como são e agir com sabedoria. Passamos a nos tornar conscientes do que estamos fazendo a cada momento da vida, para obtermos o melhor deles. Se temos consciência de nossas ações físicas, do falar e da mente, podemos regar as sementes da sabedoria e da felicidade em vez de regar as do sofrimento. Se ganhamos controle e consciência de nossos pensamentos e ações em vez de sermos conduzidos por velhos hábitos e reações, vemos o mundo com novos olhos. A vida se torna extremamente agradável.

Podemos tentar passar um dia inteiro conscientes. Esse é, em geral, um dia que devotamos a consolidar nossa prática da consciência, da meditação, da paz e da espiritualidade. Contudo, se pudermos fazê-lo apenas metade do dia, é melhor que nada. Nesse dia, tentamos estar presentes em seja lá o que for que estivermos fazendo. É aconselhável alternar várias sessões de meditação com atividades conscientes, como despertar, comer, lavar-se etc. Nesse dia, tentamos fazer coisas apenas pela alegria de estar presentes: é bom não ter tarefas excessivas (obrigações de trabalho ou outros eventos), fazer as coisas lentamente e não sair demais. Desse modo, tudo se torna meditação. O que vem a seguir é um guia; cada um de nós pode escolher seu horário.

Podemos acordar num sábado, acender uma vela ou um incenso e criar um ambiente sagrado. Tente transformar o dia numa oportunidade de dar alguns passos no caminho espiritual. Nos mosteiros vietnamitas, os monges e as monjas recitam um *gatha* (verso sucinto que se declama enquanto envolvido em atividades diárias para ajudar à voltar ao estado de consciência) para si mesmos quando despertam:

Despertando esta manhã eu sorri,
Vinte e quatro horas novas em folha diante de mim.
Prometo viver plenamente cada momento
E olhar para os seres com olhos de compaixão.

Pode-se fazer um pouco de meditação de permanência serena, e a seguir uma caminhada. Caminhe pelo parque; fique consciente de andar entre o verde, da brisa do mar e do ruído das folhas. Coloque a mente no momento presente; faça dele o objeto de sua atenção. Se achar isso difícil, concentre-se na respiração ou na sensação de seus pés tocando a terra enquanto anda. Ou tente entrar em contato com o mundo à sua volta ao estar presente. Talvez então você possa sentar à mesa de um bar que fique na rua e tomar o café-da-manhã. Sinta de fato o gosto da comida que está ingerindo. Mastigue cada bocado com delícia. Pondere como a comida passou a existir. Todo o universo está presente nela. Todos os seres que sentem estão presentes com você nesse momento. Pense como as pessoas se esforçaram para produzir a comida. Como alguém a colheu, a transportou. Pense na pessoa da cozinha que está laboriosamente preparando o café-da-manhã para todo mundo. Seu café-da-manhã precisou de tanto trabalho, tantos cuidados. Você deve a todos os envolvidos nele uma atenção de fato ao tomar o seu desjejum, fazer disso um momento presente, de despertar.

Não é necessário pensar em termos de linguagem: "Agora estou fazendo isso, estou sendo consciente". O estado de consciência não é algo que se conceitualize; apenas esteja consciente do momento presente e fique com o que surgir. Não se deixe capturar pelo que está ocorrendo lá fora; deixe que tudo surja e passe. Use o presente momento como seu objeto de meditação.

Quando terminar o desjejum, pode tomar outro café e observar o mundo passar por ali. Olhe as pessoas com compaixão e compreensão – tente não julgá-las, e sim entender sua perspectiva, o que as motiva. Então, vá para casa. Você poderia fazer mais meditação, recitar algumas orações inspiradoras que conhece. Use o tempo para ler as notas que tomou dos ensinamentos espirituais ou leia um livro sobre Dharma. Seja lá o que fizer, no resto do dia, tente permanecer no presente. Para onde quer que sua mente se dirija, traga-a de volta.

Tome um banho consciente. Prepare um bom almoço, ou faça um pouco de jardinagem. Num dia como esse, se você é um iniciante, pode fazer duas ou três horas de meditação em sessões de vinte minutos espalhadas pelo dia; ou mais, se já tiver experiência. Não seja indulgente consigo mesmo; use o dia para despertar, estar presente na vida como esta se desdobra a cada novo momento.

No final do dia, dedique o mérito ganho por seu dia em estado de consciência à iluminação de todos os seres.

Não quero que o leitor pense que uma vida espiritual é isso. Um dia de estado de consciência é apenas um modo de permanecer são num mundo ocupado. Mas é também um dia em que você pode diminuir a velocidade de sua vida e cultivar uma consciência sustentada. Em geral, as pessoas são sobrecarregadas demais pelos estímulos externos para permanecer conscientes do momento presente. Se você tem algum tempo livre e encontrou um mestre espiritual genuíno, pode querer fazer alguma prática séria, como um ou dois dias de retiro. Talvez desejasse passar algum tempo de cada fim de semana ouvindo os ensinamentos num centro budista local com que sinta afinidade. O ponto é começar a integrar a meditação e a consciência em sua vida diária.

Para ingressar no caminho espiritual, precisamos de uma certa renúncia, distanciamento suficiente para nos soltarmos de nossas próprias mesquinharias e hábitos mentais neuróticos. A palavra tibetana para budista é *Ngakpa* ("o que está do lado de dentro"), alguém disposto a enfrentar a própria mente sem censuras, que sabe que a paz duradoura só é encontrada na mente e é desta que todo o resto surge.

Podemos ser um pouco corajosos, mostrar um pouquinho de curiosidade, querendo descobrir quem realmente somos, o que é nossa mente. Quando pudermos abraçar o presente assim, poderemos caminhar através da beleza e da feiúra; não somos mais tão discriminadores, as duas têm lições a nos dar.

Dizem que nossa dor mais profunda e sombria está onde jaz nosso maior tesouro. Podemos enterrar nossa dor e bagagem emocional (raiva, ignorância e assim por diante), ou podemos usá-las como fertilizante para cultivar um despertar espiritual.

É possível responder a cada momento com um estado de consciência e sabedoria, sem reagir automaticamente através do pára-choque de nossos "óculos escuros de mácula moral". Podemos tentar responder à vida de um modo novo e diferente. Se o modo antigo não está funcionando, podemos desistir dele. Esteja disposto a tentar algo novo. Pense em como suas ações afetarão os outros. Podemos nos perguntar: "Qual é a minha intenção? Esse ato está de acordo com o caminho do despertar?"

Quando finalmente percebemos nossa condição e confusão – que sofremos, por que sofremos e que há um estado além do sofrimento –, então estamos prontos para ingressar no caminho. Estamos prontos para sair porta afora e pegar a estrada, uma estrada onde o início e o fim estão observando onde estamos agora apenas com uma percepção diferente.

A essência da jornada encontra-se em cada momento. Porque é apenas nesse momento que a iluminação é realizada. O passado desapareceu – são apenas lembranças que jamais serão revividas. O futuro é apenas uma fantasia, um palpite. O que de fato importa é o agora. No agora podemos corrigir o passado e criar um futuro ideal, mas isso tudo só será feito se aproveitarmos o momento da melhor forma – colocando todo o nosso coração na consciência e na concentração, mas permanecendo naturais e calmos. Como disse Machig Labdron (uma das maiores santas do Tibete):

"Desperte! Desperte! E ainda assim relaxe, relaxe."

Meditação de *insight*

A meditação de permanência serena é o método que usamos para trazer a mente para casa e torná-la clara e apaziguada. Mas não é um fim em si mesma, apenas o primeiro passo. A meditação de permanência serena é como aparar uma árvore venenosa, mas, a fim de desenraizar completamente nosso sofrimento, precisamos cortar nossa ilusão sobre o *self* na raiz através da meditação de *insight*.

Durante a época de Buddha, havia muitos mestres que ensinavam meditação de permanência serena e os vários níveis que ela acarreta. O próprio Buddha rapidamente dominou todos os níveis de concentração, mas sabia que ainda não atingira a iluminação. Ainda havia sombras em sua mente. A meditação de permanência serena em si não nos permite atingir a iluminação. Se buscarmos a meditação de permanência serena sem a meditação de *insight*, seremos capturados em níveis sutis de concentração que, no final, não têm nenhuma utilidade, porque deixamos de cortar a raiz da ilusão e estaremos por isso condenados a voltar ao ciclo de sofrimento depois que terminarmos a bem-aventurada concentração.

A meditação de *insight* foi uma revelação única para Buddha. Ele reconheceu que, a fim de se libertar do sofrimento, teria de cortar a raiz dele, que é nossa ignorância básica a respeito de como existimos. A prática da meditação de *insight* é muito avançada e aponta para a natureza fundamental de todos os fenômenos (especialmente o vazio). Há um conjunto de ensinamentos denominado *Abhidharma*, dedicado a descrever o vazio e a natureza dos fenômenos – 21 mil ensinamentos, exatamente! O vazio é um tópico sério que requer um profundo estudo, mas, para os objetivos de um breve "mergulhar o dedão do pé na água", apresentarei uma pequena meditação sobre o tema aqui. De modo geral, quando meditamos e examinamos profundamente algo e temos a sensação de sua falta de solidez e permanência, quando vemos que está intimamente conectado a tudo em torno dele, esse é um pequeno momento de meditação de *insight*.

A sabedoria significa o entendimento direto da verdade do vazio. O vazio é algo muito difícil de descrever, pois está completamente além do intelecto e tem de ser experimentado para ser entendido. Tudo que podemos oferecer a respeito dele é uma analogia – é como isso, não como aquilo, é além desse e daquele extremos.

A idéia do vazio é central para o Budismo, mas há sempre o perigo de que possa ser tomado como niilismo, de que nada exista ou importe. Num nível relativo, existem aparências do mundo e do *self*. As coisas têm importância. Ações têm conseqüências, jamais duvidemos disso, e nunca devemos cometer o equívoco de pensar que a vida não tem importância ou que o karma não funciona.

Quando falamos sobre a vacuidade, queremos dizer que as coisas não existem do modo que normalmente pensamos. Pegamos algo que é dinâmico, num estado constante de fluxo, efêmero e inapreensível, e o colocamos no concreto. Baseados nos cinco fatores componentes através dos quais experimentamos a existência (os cinco agregados – forma, sensação, discriminação, fatores composicionais e consciência), rotulamos o *self*. Pensamos no *self* como existindo eternamente, por sua conta, independentemente de qualquer outra coisa, mas o *self* só existe com relação a suas partes. Se uma delas é retirada, o *self* deixa de existir.

Somos os nossos corpos? Se retiramos nossa carne, cortamos os músculos e ossos, onde está o *self*? Se dissecamos o cérebro, onde está o *self*? Se retiramos forma, tato, visão, audição, paladar e olfato, onde reside nossa consciência? Que *self* somos? Considerando o que observamos no último capítulo – que a mente é mantida unida por momentos –, que momento da mente somos? Podemos ver por esse tipo de análise que descobrir o elusivo *self* é muito difícil.

Baseados na ilusão do *self*, criamos o "outro" (o que não é *self*). Mas, quando olhamos profundamente para o *self* e o outro, vemos que eles são interdependentes, interligados. Como um não pode existir sem o outro, não existimos independentemente ou como um, e sim interligados uns aos outros.

Tomemos o exemplo de uma mesa. A mesa é um rótulo que damos à madeira quando esta funciona para sustentar a comida e outras atividades. A existência da mesa depende de suas partes, os elementos não-mesa. Esses elementos que formam uma mesa são um pedaço de madeira horizontal apoiado em algumas peças verticais. Se a peça horizontal desaparecer, as outras partes não podem ser chamadas de mesa; portanto, esta só existe como um rótulo colocado sob certas causas e condições que se juntam para produzir uma mesa. No nível das aparências relativas, a mesa funciona; mas em nível último, é apenas um rótulo colocado sobre certas peças de madeira funcionando de determinado modo. Essas peças nem sempre foram uma "mesa", e quando esta quebra, nós mudamos seu rótulo para "lixo" ou "lenha". Quando examinamos as partes não-mesa, podemos retraçá-las até as árvores, o sol, a chuva e o solo, troncos e carpinteiros. A mesa não tem nenhuma essência básica, apenas aparece e funciona como mesa; mas, no nível final, ela não existe como aparece.

O mesmo ocorre com o *self*. Parecemos ter um *self*; ele funciona, pensa e experimenta coisas. Mas, quando olhamos mais profundamente, vemos que ele é dependente de muitos elementos não-*self* para existir. Sem esses elementos, ele não pode funcionar. Os elementos não-*self* podem também ser remetidos a muitas coisas, não podendo também ser considerados como tendo uma essência separada. Quando olhamos para o *self*, vemos muitas coisas, pensamentos, emoções, consciência, inteligência, corpo, condicionamento e assim por diante. Nosso corpo retorna a nossos pais e estes retornam na cadeia de eventos às células, ao DNA e até mesmo às estrelas.

Pensamentos, emoções e sensações estão surgindo continuamente, permanecendo e se dissolvendo, de modo que não há nenhum *self* sólido. Mas há o observador, a coisa que normalmente vigia o que fazemos, a continuidade de nossa mente. Mesmo assim, isso não pode ser encontrado em lugar nenhum, do lado de fora ou de dentro; não é físico, é abstrato. Quando olhamos para o *self*, podemos não encontrar nada de sólido, duradouro, independente, permanente ou fixo. Podemos ver uma cadeia de causa e efeito que remete ao universo inteiro, o que é conhecido como rede de origem interdependente.

Quando examinamos a mente, duas coisas se tornam aparentes: a claridade e o vazio. O vazio é a falta de solidez, a falta da possibilidade de se encontrar qualquer coisa existindo solidamente. A claridade é a consciência básica, que, embora completamente despida de um *self* separado, independente e verdadeiramente existente, mesmo assim aparece.

Normalmente, na tradição tibetana, considera-se muito arriscado falar sobre o vazio, já que as pessoas podem se tornar niilistas, amedrontadas ou pensar que suas ações (karma) não são importantes, especialmente no início. Rezo para que os Buddhas me perdoem por qualquer impropriedade. Mas o vazio é muito importante.

Ao se ouvir sobre o vazio pela primeira vez, seria recomendável não se chegar a qualquer conclusão definitiva sobre ele, e sim usar o que foi dito como guia que poderá ser totalmente compreendido quando tivermos um vislumbre através de nossa própria experiência direta. Fique aberto à possibilidade de que podemos não existir tão solidamente como pensamos, e o mundo também pode ser da mesma forma. Continue a investigar essa verdade e nunca confunda a verdade relativa com a verdade última porque, até sermos iluminados, nossas ações têm conseqüências e nossas vidas são preciosas e não devem ser jogadas fora.

A palavra vazio implica nada, vácuo, abismo e niilismo, mas isso não é o vazio. Quando dizemos que as coisas são vazias, simplesmente queremos dizer que são vazias de uma existência inerente, sólida, permanente, surgida de seu próprio lado. Quem observar em profundidade, no entanto, pode ver que pelo fato de as coisas serem vazias, estão cheias de tudo! O sol está num repolho, o repolho em nossos corpos, nossos pais estão em nós e nós estamos em nossos filhos. Não somos um, mas sim interdependentes; um não pode existir sem o outro. Portanto, pode-se dizer que o vazio implica que tudo na vida é interligado e interdependente; nada é permanente, separado, sólido. Contudo, normalmente não vemos as coisas desse modo. Temos uma ignorância muito forte e inata a respeito de como existimos. Temos um pequeno ego em nós que, baseado na ignorância, reage ao mundo como se todos nós fôssemos separados e sólidos. Esse pequeno *self* cria simpatias e antipatias, karma (ações baseadas na intenção), medo e muitas emoções negativas devido a seu desejo de existir e se sentir seguro, sólido e permanente.

Há uma tendência sutil e quase inconsciente em tudo que fazemos. Olhamos para outro ser humano, mas não vemos nele um reflexo do universo inteiro – vemos "amigo", "inimigo" ou "estranho" em relação a nosso *self*. Não vemos a floresta, a árvore e a chuva numa mesa – vemos apenas "mesa", como se isso fosse tudo que estivesse ali e sempre estará. Encaramos tudo de um modo muito estático, permanente e independente, quando na verdade as coisas são sempre mutáveis e interdependentes.

Quando olhamos para nós mesmos, não vemos todo o universo, os cinco agregados (forma, sensação, discriminação, fatores composicionais e consciência) e uma corrente mental que é puro vazio e clareza viajando através de vidas incontáveis; em vez disso, vemos "Irmã Yeshe", Maud, Geoff – "eu". Essa visão errônea, que se agarra a si mesmo, causa muito sofrimento a nós e nos mantêm girando na roda de nascimento, morte e infelicidade vida após vida. O único modo de sair dessa infelicidade é perceber totalmente nossa verdadeira natureza (vazio); isso corta a ignorância pela raiz. Em um nível relativo, pode-se dizer que existe a aparência de um *self* que passa por incontáveis renascimentos, é dependente do corpo e da mente e está constantemente mudando e acumulando karma. Contudo, no nível último, é exatamente isso – uma aparência, e não a verdadeira natureza das coisas.

Quando se analisa o vazio, é importante que sejamos cuidadosos em não descartar a realidade relativa. A vida humana é preciosa e não deve ser jogada fora; portanto, não devemos pensar: "O que faço não tem importância, posso me matar ou cometer atos prejudiciais porque eu sou vazio". Em um nível relativo, você aparece, funciona, as coisas ainda trabalham, uma xícara ainda contém o seu café e as reações negativas têm um resultado. Existe ainda um contínuo mental que carrega seu karma, e outros ainda têm emoções. É muito importante não descartar nossa realidade relativa. Até sermos iluminados, é desaconselhável agir como santos loucos além do karma e do sofrimento, porque, para seres não iluminados como nós, há conseqüências!

Ao final de uma contemplação sobre o vazio, você pode chegar à sensação de que as coisas ainda aparecem e funcionam, mas não são sólidas ou permanentes – são mais como um sonho ou uma bolha. Num nível relativo, você ainda funciona e age de forma bondosa e responsável; mas, em um nível último, não toma as coisas tão séria ou concretamente como fazia.

Praticando a meditação de *insight*

Observação: Após cada parágrafo, faça uma pausa para ponderar sobre as idéias apresentadas antes de prosseguir.

Procure seu *self*. Onde ele existe? Como você o experimenta? Como aparece a você? Tente sentir esse "eu" ou "mim" que sempre fala conosco e nos diz para fazer coisas. De onde ele vem?

O *self* está no corpo? Percorra cada parte do corpo – está nos ossos, nos músculos, no sangue, na gordura ou nos órgãos? Se você cortar seu corpo em pedacinhos, que parte dele é o *self*?

Está na mente que é construída de muitos momentos mentais, pensamentos, emoções e percepções? Quais deles é o sólido e imutável *self* a que estamos sempre nos referindo?

Está o "eu" fora do corpo e da mente? Está no que vê – a terra, outras pessoas e acontecimentos?

Sabemos que nossa mente tem muito a ver com o modo como encaramos o mundo. Um peixe olha para a água e vê seu lar; nós, humanos, a vemos como algo para beber. Ocidentais sabem o que é um telefone celular, mas um bosquímano do Kalahari (região sudoeste da Índia) pode não saber. Podemos ver carne como algo para o jantar, mas para outra vaca a carne é o cadáver de um amigo ou de um ser amado. Podemos pensar em shorts e uma camiseta como um traje de verão, mas para algumas religiões conservadoras tal vestimenta pode ser equivalente à prostituição ou à nudez.

O modo de ver o mundo depende de nossa mente, de nossa percepção cósmica. Do ponto de vista budista, o mundo depende de nossa capacidade de percebê-lo, portanto é um produto de nossa mente. O mundo aparece apenas de acordo com nossa mente, não sem ela – vê-lo como sólido, permanente ou existindo independentemente seria uma ilusão, já que ele está constantemente mudando devido ao karma e à nossa percepção dele.

Se reconhecemos que o mundo é apenas uma projeção de nossa mente, que ele não existe independentemente, a mente em si existe de fato? Quando a examinamos, não podemos encontrar nenhum "eu" sólido, nenhuma existência permanente – apenas um contínuo de inúmeros pensamentos e emoções surgindo, permanecendo e se dissolvendo. Há clareza nela – as coisas aparecem nela, podem ser conhecidas, há continuidade –, mas ao mesmo tempo não há nenhuma solidez ou permanência; a clareza não é mais real ou sólida do que um arco-íris. Não se pode apreendê-la, já que lhe falta existência inerente. Aparecimento, clareza e vazio são como o caminho de um pássaro pelo céu. Nós o vemos voando através do espaço, mas no momento seguinte ele se foi, constantemente num estado de fluxo. Tentar apreender o caminho do pássaro pelo céu é impossível, o aparecimento das coisas não pode ser contido. Elas apenas demonstram a dança de interdependência sem nenhuma existência sólida verdadeira, como pessoas num sonho que parecem reais no momento, mas que vemos serem uma invenção da imaginação ao despertarmos.

Procure o mundo dentro de si – e sinta que as coisas são uma projeção de sua própria mente. Vasculhe a mente; o *self* não pode ser encontrado no corpo nem em cada pensamento ou momento mental. Veja a clareza e o vazio. O leitor pode descobrir que chegou a uma experiência indescritível, em que não há nada para se agarrar, e que nenhum intelecto ou palavra pode descrever. Essa é a sabedoria de incontáveis místicos, a herança e o potencial de todos os seres. Como os místicos percebem a ausência do *self,* eles se tornam parte do coração das coisas e são libertados da prisão de um *self* pequeno e insignificante. Passam além da ilusão até atingir um estado final além de todo o sofrimento e podem se manifestar em inúmeras formas para liberar todos os outros que lutam no oceano do nascimento e morte. Agora volte à vida com um grande e aberto coração – sinta sua interligação com todos os seres, veja como sua felicidade está ligada a deles e dedique a energia positiva que alcançou ao que você tem de mais sagrado.

༶ ༶ ༶

Devo enfatizar que a idéia de vazio ou a "verdadeira natureza da mente", se não for adequadamente praticada, pode ser mal compreendida. Por isso, necessitamos a orientação de um mestre qualificado. Uma boa opção é ler *The Three Levels of Spiritual Perception* ("Os Três Níveis da Percepção Espiritual"), de Deshung Rinpoche. Esse livro (um texto budista tibetano da linhagem Sakya) descreve os três estágios que se seguem. Embora úteis para se obter uma compreensão do básico, eles *não* são suficientes para se praticar a meditação de *insight* de uma forma avançada:

1. *Apreensão da natureza da mente*

Primeiramente, vemos que todos os fenômenos externos são um reflexo da mente (ao contemplar vários exemplos); então, examinamos a mente com nossa firme concentração e reconhecemos que *todos* os fenômenos são apenas um reflexo da mente. A mente em si não tem aparência, nenhuma localização, tamanho, forma ou cor, não tem uma existência inerente sólida. Só precisamos olhar para dentro do corpo e ver como a mente reage, observar as sensações do corpo e ver que elas surgem, permanecem e se dissolvem – agradáveis, desagradáveis e neutras; mas as próprias sensações são impermanentes, fugazes e insubstanciais. São apenas energia flutuante – nos agarramos ao prazer e afastamos a dor, mas quem está reagindo a tudo isso, e onde essa pessoa pode ser encontrada?

2. *Colocando a mente além dos extremos*

Quando examinamos a mente, vemos que ela não pode ser encontrada, mas isso não significa que não haja nada (niilismo). Embora seja completamente infindável e inapreensível, a mente tem uma pureza, consciência e clareza naturais, de modo que há união da clareza e da sua falta de solidez (vazio); esses dois elementos são inseparáveis. Quando reconhecemos verdadeiramente esse estado, vemos que ele está além dos quatro extremos de existência, não-existência, ambos (existência e não-existência) e nenhum dos dois. Essa questão é muito sutil e é aconselhável ter um mestre para explicá-la completamente ou pode-se deixar escapar o ponto central. Tais práticas são geralmente reservadas para discípulos muito experientes.

3. *Ganhando certeza sobre o indescritível estado da iluminação*

Quando obtemos um sabor desse puro estado da mente, percebemos que ele está completamente além de conceitos e não pode ser colocado em palavras. Podemos ter coisas parecidas – uma espécie de mapa para perceber esse estado – mas a experiência em si está além da descrição.

Podemos ver por esse guia que a meditação de *insight* envolve dirigir a mente para dentro, sobre si mesma, e examinar o que está lá, como ela existe e qual é a sua natureza. Isso começa como um processo analítico e eventualmente se torna uma experiência não conceitual.

Em um nível relativo, ainda experimentamos um *self* que está sujeito a ações e resultados, de modo que não devemos pensar que não existe nada, que nossas ações não têm importância. Temos uma preciosa oportunidade de perceber nosso verdadeiro potencial; é do nosso maior interesse cultivar a sabedoria, a compaixão e as ações positivas.

Os cinco obstáculos à meditação

1. Preguiça.
2. Esquecer as instruções para a prática.
3. Devaneio mental (a mente fica distraída e mesmo que tentemos não fazê-lo ela vagueia em muitas vertentes de pensamento) e abatimento mental (ausência de clareza e letargia, como se a mente estivesse envolta por um nevoeiro).
4. Não aplicar os antídotos ao abatimento mental/devaneio mental mesmo quando sabemos que eles surgiram.
5. Excessiva aplicação dos antídotos para o abatimento mental/devaneio mental.

Os oito antídotos para os obstáculos à meditação

Para a preguiça

1. Entusiasmo (ter grande alegria na meditação).
2. Diligência (disposição de perseverar em nossos esforços regularmente e seguir os diversos estágios sem desistir).
3. Confiança/fé (na prática e sua eficácia, na instrução, no sistema e em sua capacidade para conquistar resultados).
4. Flexibilidade mental (resultante da prática diligente que leva a um estado de pureza mental e leveza física).

Para esquecer as instruções

5. Contemplar as instruções para meditação, assim como o sofrimento da existência mundana, a preciosidade do nascimento humano, a impermanência, a morte e o karma – isso nos desperta de modo que sejamos menos propensos a esquecer os métodos.

Para não reconhecer o devaneio/abatimento mental

6. Discriminar a consciência (sobre o que a mente está fazendo, para que possamos reconhecer se ela tem se devaneado ou ficou entorpecida).

Para não aplicar os antídotos ao devaneio/abatimento mental

7. Lembramos a nós mesmos o que está em jogo; se deixarmos a mente se devanear, não atingiremos os resultados que buscamos, sem falar na iluminação. Pense em exemplos inspiradores dos Bodhisattvas que atingiram a iluminação contra todas as possibilidades.

Para aplicar excessivamente os antídotos ao devaneio/abatimento mental

8. Tranquilidade: evitar ser áspero ou impositivo demais com a mente. Quando ela estiver focalizada, simplesmente soltá-la.

Os nove níveis de concentração

1. *Aplicação*

   Colocamos a mente em um objeto e experimentamos um momento de clareza, no qual a mente pára de pensar e se torna límpida.

2. *Aplicação constante*

   Limitamos as sessões de meditação a muitos períodos curtos e a mente se torna familiarizada com a concentração.

3. *Aplicação de patchwork*

   Esbarramos contra os cinco obstáculos à meditação e aplicamos os oito antídotos. Quando a mente devaneia, suave mas firmemente devemos trazê-la de volta ao objeto da meditação. É apenas uma questão de unir os retalhos (como numa colcha de retalhos), dando continuidade à nossa concentração. A continuidade une os pedaços. Tente manter um estado consistente de calma e concentração mental. Quando ele se rompe, devemos simplesmente unir os pedaços e continuar a meditação.

4. *Aplicação rigorosa*

   Mantenha estreita vigilância da mente. Quando ela começar a devanear, rapidamente traga-a de novo para o foco. Eventualmente, não será tão difícil mantê-la em foco.

5. *Domesticação*

   Aqui submetemos o abatimento e o devaneio mental aplicando imediatamente seus antídotos. Para o devaneio mental pense nas falhas da existência mundana; para o abatimento mental, pense em coisas inspiradoras, como as qualidades da iluminação.

6. *Pacificação*

   Necessária quando entramos num período difícil durante o qual surge uma sensação de desgosto pela meditação. A mente e os olhos não querem enfocar o objeto. Os sentidos anseiam por estímulo. Os olhos desejam cor, os ouvidos, sons, e assim por diante. Nesse momento, pense como você chegou longe e que desperdício seria desistir agora. Reflita também que, como desde os tempos imemoriais temos sido indulgentes com os estímulos e estes só nos trouxeram mais ignorância e sofrimento, ainda estamos perambulando desorientados no samsara.

7. *Pacificação do pensamento*

   Sempre que surgir qualquer estado mental negativo, como raiva, aversão, medo, desejo ou ignorância, simplesmente ignore-o e continue a meditação. Se fosse antes, aplicaríamos o antídoto. Agora, apenas ignoramos qualquer negatividade que surge e continuamos a meditar.

8. *Concentração unidirecionada*

    Nesse momento, podemos permanecer concentrados num único ponto por sete dias. Já atingimos tal domínio que a mente nem mesmo quer devanear; ela permance fixa sempre que a colocamos numa direção e fica assim o tempo que quisermos.

9. *Concentração unidirecionada da mente mundana*

    Esse é o mais elevado estado de consciência atingível no reino da existência mundana. A mente permanece constantemente absorta na meditação num ponto único. Ela não tem desejo de seguir o apego, a aversão, as ilusões ou quaisquer estado não meditativos da mente, nem de cometer não-virtudes. A mente cedeu e é tão flexível quanto massa de pão. Nesse ponto, a clarividência e outras capacidades podem surgir, assim como alegria no corpo e na mente, felicidade por estar em meditação etc. Mas não tenhamos ilusões: ainda não dominamos a ignorância. Podemos ainda voltar para trás, porque temos a ilusão do ego se agarrando a nós. Não sobrepujamos nossas máculas, apenas pacificamos nossa mente.

    É aqui que precisamos da meditação de *insight* para perceber a verdadeira natureza da mente. Caso contrário, toda essa concentração foi apenas outra viagem no samsara e podemos terminar confusos e iludidos novamente. Se vamos buscar esses níveis de concentração sem meditação de *insight*, renasceríamos num reino de forma ou sem forma como um certo tipo de deus. Eventualmente nosso karma se gastaria, nossa absorção terminaria e teríamos completa dúvida e descrença no método da meditação de permanência serena e no caminho da iluminação. Tendo gasto todo o nosso karma positivo, mais uma vez prosseguiríamos nos reinos mais baixos/estados do renascimento – renascimentos que envolvem sofrimento e uma ausência de liberdade, geralmente nos reinos animais, nos reinos do inferno (onde se nasce no reino dos infernos temporariamente) ou como um fantasma faminto (ver Capítulo 9).

    Mesmo se não acreditamos nos reinos inferiores, a concentração não é um modo de dominar totalmente a ilusão e o sofrimento. É apenas um terço do caminho escada acima. Por isso, a iluminação completa deve ser nosso objetivo; qualquer outra coisa é meramente temporária.

As Práticas Ngondro

As práticas Ngondro são exercícios Vajrayana que nos preparam para a meditação mais avançada. Elas purificam muito karma e obstáculos negativos, e ajudam no acúmulo de mérito (karma positivo). Podem ser muito úteis para desenvolver as práticas de meditação de *insight* e de permanência serena, e consistem de:

- 100 mil rezas de refúgio (ver "Tomando refúgio" no Capítulo 9) recitadas ao se fazer 100 mil prostrações (reverência em que o corpo todo toca o chão; isso purifica o karma negativo feito através do corpo);
- 100 mil mantras Vajrasattva para purificar a fala (Vajrasattva é o Buddha da purificação, e dizer seu mantra purifica todo tipo de karma prejudicial);
- 100 mil oferendas de mandala (oferendas simbólicas do universo e seus conteúdos) para purificar a mente; e
- 100 mil sessões de Guru Yoga (a prática de desenvolver a fé na mente de seu Guru e mesclar sua própria mente à dele) para purificar as três simultaneamente.

Mais informações sobre essas práticas podem ser dadas por Gurus Vajrayana qualificados.

Capítulo 7

Os primeiros ensinamentos de Buddha – as Quatro Nobres Verdades e o Nobre Caminho Óctuplo

As Quatro Nobres Verdades são os primeiros ensinamentos dados por Buddha a seus cinco companheiros ascetas (ver Capítulo 3). Buddha era muito prático, pois percebia o coração da experiência humana e respondia segundo ela. Não começou ensinando sobre a exaltação do despertar; começou com nosso presente estado – o estado de confusão. Somente quando entendemos o momento presente – nossa mente presente, nosso sofrimento e a natureza de nossa existência – podemos começar a trabalhar com ele. Para encontrar uma cura para a doença, primeiramente temos de diagnosticar a natureza dessa doença e encontrar uma saída para o sofrimento. Precisamos primeiro entendê-lo.

A Primeira Nobre Verdade é a verdade do sofrimento

O que é a Nobre Verdade do sofrimento? Nascer é sofrimento; a decadência é sofrimento; a morte é sofrimento; em suma, os cinco agregados do apego são sofrimento.

Essa declaração de Buddha esclarece o que é o sofrimento. Há um pano de fundo básico para a insatisfação em nossas vidas, não importa para onde vamos, com quem casemos, que emprego temos. Nada é confiável e nada permanece para sempre, tudo está fadado a mudar. O desafio dos seres humanos é encontrar paz, felicidade e satisfação em meio a tudo aquilo. A felicidade é encontrada aceitando-se o condicionado como tal, e buscando aquilo que está além de condições, a ausência de morte, nossa natureza iluminada.

Às vezes pode ser um pouco chocante passar em revista o sofrimento, porque desde crianças resistimos à verdade dele. Embora tudo mude e nada seja confiável, ainda tentamos encontrar felicidade e segurança externamente. No entanto, esse tipo de felicidade nunca funciona; agarrar-se a coisas externas jamais pode nos dar a completude última, apenas prazer fugaz.

Surge muito sofrimento também devido à nossa resistência à vida, à resistência a mudar. Gostaríamos que tudo fosse muito estável e satisfatório, mas não importa quão arduamente tentemos, o mundo condicionado jamais será um refúgio satisfatório para nós.

Isso não significa que não haja nenhuma felicidade no mundo, que devemos ser pessimistas e desistir. As Quatro Nobres Verdades apontam para um tipo diferente de felicidade, a felicidade e liberdade da mente que surge quando podemos aceitar as mudanças e todas as nossas variadas experiências sem resistência, sem tentar nos agarrar a nossos estreitos pontos de vista. As Quatro Nobre Verdades nos dizem para nos abrirmos à vida, para deixar os ventos da mudança soprarem através de nós, para nos tornarmos conscientes de que nossas experiências são compartilhadas por todos os seres, para soltarmos o apego estreito ao ego. Quando nos referimos ao ego, queremos dizer "auto-apego" – aquele que equivocadamente se agarra aos cinco agregados (forma, sensação, discriminação, fatores composicionais e consciência) como sendo uma entidade auto-sustentada verdadeiramente existente. Também estamos nos referindo ao egoísmo, à mente que pensa exclusivamente em si mesma, dando pouca atenção aos outros. A auto-estima é saudável, mas o egoísmo, não.

A Primeira Nobre Verdade incentiva-nos a desenvolver a atitude de "emergência definitiva" ou renúncia. Emergência definitiva de quê? Do apego às nossas estreitas opiniões, de sempre tentar manipular as coisas para que fiquem a nossa favor. Em vez disso, podemos nos abrir para a realidade e confrontar a nós mesmos com todas as nossas imperfeições, e sermos honestos sobre a situação de nossa vida, o sofrimento em nossa vida. Quando nos abrimos e vemos toda a dor, a mágoa, a imperfeição, entramos no caminho espiritual. Reconhecemos a Primeira Nobre Verdade – a de que estamos sofrendo.

O sofrimento não envolve apenas as insatisfações desta vida, como depressão, pobreza, insultos e tédio. Estamos examinando aqui as próprias fundações de nossa existência, a idéia do *self* e da existência como um todo. Tudo que nasce precisa também morrer, nada dura. Nesse ponto nos é pedido para considerar profundamente a natureza do sofrimento, a precariedade da vida e o ciclo constante de desejar, apegar-se e tornar-se (a roda sem princípio dos renascimentos) em que todos os seres estão envolvidos, conhecido como samsara.

As sementes do sofrimento estão em nossa mente, não fora dela. Embora freqüentemente pareça que o sofrimento vem de fora, as causas dele existem na mente. É lá que devemos olhar se queremos superar o sofrimento.

Portanto, a Primeira Nobre Verdade significa essencialmente que nossa existência é permeada por uma sensação de insatisfação e inadequação. Nosso sofrimento surge através da resistência a experimentar as coisas como elas realmente são.

A Segunda Nobre Verdade é a verdade da causa do sofrimento

Qual é então a Nobre Verdade da origem do sofrimento? É o desejo que faz surgir a repetição da existência, e está ligado ao prazer e à luxúria, e sempre busca novos prazeres aqui e ali; isto é, desejo sensual, desejo por existência e desejo por não-existência.

O desejo é causado pela ignorância de nossa verdadeira natureza, de nos vermos como entidades auto-sustentadas, existindo independentemente de outras coisas. Na realidade, nossa existência depende de muitas causas externas; estamos interligados ao universo inteiro. A verdade da impermanência, de que tudo está num constante estado de mutação, indicaria que não há nada sólido e permanente a que possamos nos agarrar, como *self* ou alma. Em vez disso, nos referimos à continuação individual de padrões e impressões kármicas (contínuo mental) que passa de vida para vida.

Como acreditamos estarmos separados de todo o resto, criamos uma dualidade de *self* e outro, gerando apego ao que achamos atraente, aversão àquilo de que não gostamos e indiferença ao que não nos traz nem benefício nem dano. Da ignorância vem o desejo; do desejo vem muitas outras máculas – raiva, cobiça, ciúme e orgulho.

A ignorância (agarrar-se a um *self* permanente, realmente existente) e o desejo provocam em nós ações que produzem conseqüências (causa e efeito), o que faz com que continuemos a renascer na existência cíclica. Ações prejudiciais conduzem ao sofrimento e a formas inferiores de renascimento. Mesmo se realizássemos apenas ações virtuosas, não conseguiríamos sair do samsara. Poderíamos renascer em esferas celestiais (Reino dos Deuses) onde pudéssemos ter muito prazer e grande felicidade – mas no final o nascimento seria fútil, porque eventualmente o bom karma que nos fez renascer ali se esgotaria e teríamos de renascer de modo inferior de novo. Enquanto a ignorância e o desejo não forem desenraizados das profundezas da mente, continuaremos o ciclo na grande roda do sofrimento.

Ansiar pela existência significa tentar confirmar que existimos independentemente de todo o resto, tentar ficar muito confortáveis e estáveis. Em termos finais, isso nunca funciona. Por maior riqueza que tenhamos, por mais maravilhoso que seja nosso companheiro, por mais fantástico que seja o nosso carro, posteriormente morreremos e deixaremos tudo para trás. Aferrar-se à permanência, tentar ter coisas para sentir-se confortável, acarretará sempre infelicidade e sofrimento. É como tentar construir uma casa fora do prumo. As coisas estão destinadas a desmoronar posteriormente.

Portanto, essencialmente, a causa do sofrimento é o desejo (aferrar-se a sempre ter as coisas em nossos termos); sua base é a ignorância, uma compreensão errônea do modo como tudo verdadeiramente existe.

A Terceira Nobre Verdade é a verdade da cessação do sofrimento

O que então é a Nobre Verdade da cessação do sofrimento? É o completo desvanecimento e cessar do desejo, é renúncia e abandono, liberação e desapego dele.

A Terceira Nobre Verdade nos diz que outro tipo de liberdade e satisfação está disponível, a liberdade de soltar-se do apego, a liberdade do despertar.

Esse é o ponto de alívio em meio ao nosso sofrimento e confusão – a possibilidade inspiradora da iluminação, um estado de consciência purificada, livre do sofrimento, preenchido com paz imortal, ilimitadas liberdade, sabedoria e compaixão. Com o fim do desejo, o sofrimento termina e a escura prisão de aferrar-se a estreitas opiniões egoístas, criando sofrimento e agindo de modo ignorante, é demolida. Esse é o objetivo do caminho Theravada – Nirvana, o fim do desejo, do sofrimento e do renascimento.

Quando nos soltamos desse apego, temos um breve alívio, a mente se abre e se torna ampla. Os ventos da mudança podem soprar por meio de nosso coração sem nos perturbar, porque podemos ver que não somos de modo algum sólidos. E se não bloqueamos as qualidades despertadas naturais inerentes à nossa experiência de cada momento podemos nos tornar iluminados. Podemos encontrar liberdade e paz ilimitadas, porque não mais nos agarramos ao nosso ego. Podemos nos soltar dessa visão errônea e dolorosa alojada no coração, a sensação de que as coisas são concretas, de que estamos presos numa armadilha.

Podemos reconhecer a pureza natural de todas as coisas e superar o invólucro do estado de self. Ao reconhecermos a ausência de ego, o cessar do sofrimento traz o nirvana ou a iluminação.

A Quarta Nobre Verdade é a verdade do caminho conduzindo à cessação do sofrimento

A Quarta Nobre Verdade traça um caminho, o Nobre Caminho Óctuplo, e podemos segui-lo – um modo de despertar para nossa verdadeira natureza, nossa interligação com tudo; um caminho para fora do sofrimento.

Sabedoria (prajna)

1. Entendimento correto
2. Intenção correta

Moralidade (shila)

3. Fala correta
4. Ação correta
5. Modo de vida correto

Concentração (samadhi)

6. Esforço correto
7. Concentração correta
8. Meditação correta

1. Entendimento correto

Basicamente, entendimento correto significa compreender as Quatro Nobres Verdades – entender a nós mesmos como verdadeiramente somos. De certo modo, o entendimento correto está no final do Nobre Caminho Óctuplo, no resultado final dos outros sete passos. A diferença no ensinamento de Buddha é que ele enfatiza a verdade como uma realização interior. A sabedoria está em toda parte, mas precisamos verdadeiramente experimentá-la em nossos corações e mentes para que ela nos transforme. Isso é o que torna o Budismo uma tradição viva, mais do que apenas uma religião ou uma filosofia. É uma realização direta da verdade interior através da observação e do treinamento do coração e da mente – um método de transformação interna pelo qual podemos experimentar o resultado da iluminação por nós mesmos. Isso não significa que não temos fé em nada; temos fé, mas não é uma fé cega, e sim baseada na experiência e na busca do conhecimento, uma fé baseada na realização da verdade e da lógica. Compreensão/sabedoria significa aqui a compreensão direta da verdade do vazio (ver Capítulo 6).

2. Intenção correta

Intenção correta significa sintonizar a mente com a virtude, cultivando estados mentais que nos levam a assumir o caminho espiritual e permanecer nele. Embora o pensamento conceitual seja algo que eventualmente será abandonado, até um estágio muito avançado usamos nosso intelecto para investigar os fenômenos: Quem sou eu? O que é esse estado? e assim por diante. Isso também significa compreender os ensinamentos corretamente, não sustentar visões errôneas e pensamentos de compaixão.

3. Fala correta

O que dizemos pode ser muito poderoso. Anos depois, ainda podemos lembrar dos momentos em que fomos insultados. A fala construtiva tem o poder de criar inspiração, amor e harmonia, o poder de terminar guerras e curar ferimentos. A fala negativa tem o poder de destruir o amor e o bem-estar, derrubar impérios, criar a guerra e boa parte da infelicidade humana. Portanto, podemos ver que é vital ter cuidado e atenção com as palavras que pronunciamos. Guias essenciais para ações positivas do corpo, a fala e a mente devem ser motivadas pela compaixão, o desejo de beneficiar outros e não causar danos. Somos incentivados a pensar nas conseqüências de nossas ações. Como tais ações afetarão os outros? Aumentarão a sabedoria e o bem-estar ou criarão sofrimento?

É recomendado que pratiquemos a fala correta:

- Avaliando a verdade e evitando a mentira – a fala que distorce a verdade;
- Dizendo a verdade e vendo o dano causado por uma fala que divide – evitar jogar uma pessoa contra outra através da calúnia e da maledicência;
- Evitando uma fala áspera – como xingamentos e falar sem pensar nos sentimentos alheios; e
- Evitando a fala ociosa – ou seja, fofocas ou atividade sem sentido que façam nossa mente devanear e provocar confusão ulterior.

4. Ação correta

Tendo reverência pela vida, evitamos matar. Qual é a coisa mais cara a todos os seres? Sua própria vida. Privar outro ser da vida ou contribuir para a morte de outros é, portanto, muito negativo.

Tendo generosidade, evitamos tirar o que não é nosso. Muitos seres apegam-se a suas posses, e precisam trabalhar e se esforçar arduamente para acumulá-las. Se tomamos suas posses, lhes causaremos muito sofrimento e criaremos karma para ter nossas posses ou meio de vida roubados por outros no futuro.

Os budistas são também encorajados a praticar a generosidade. Há várias espécies dela. A generosidade do apoio material, compartilhando o que temos com uma causa digna, seja um centro espiritual, um mestre, um monastério ou uma obra de caridade que nos é querida – essa experiência de doar abre o coração. Geralmente, não precisamos ter um monte de dinheiro para dar. Damos o que pudermos dar. Podemos também dar nosso tempo para trabalhar por uma obra de caridade ou ajudar uma causa que consideramos benéfica. Outro tipo de doação é a dádiva do destemor. Isso significa dar conforto e conselho, e proteger os seres do medo, geralmente encorajando os outros a purificar o karma negativo e superar suas dificuldades. E outro tipo de doação é doar Dharma, os ensinamentos de Buddha. Os budistas não pregam. O único momento em que podemos ensinar Dharma é quando pessoas perguntam sobre ele, ou se sentimos que estão abertas a ele, e mesmo assim apenas um pouco. Não queremos enfiar a espiritualidade pela garganta dos outros; é preciso chegar ao caminho espiritual por seus próprios passos; mas podemos fazer o possível para tornar os ensinamentos prontamente disponíveis de um modo que seja fácil entendê-los.

Finalmente, honrando nossas próprias responsabilidades e compromissos, e os dos outros, evitamos a má conduta sexual (enganar nosso parceiro ou ter uma conduta sexual imoral).

5. Modo de vida correto

Isso significa que ganhamos a vida de um modo ético, sem causar danos a ninguém ou à Terra para fazê-lo. Exemplos de um modo de vida errado seriam o comércio de armas (pois as armas matam incontáveis seres), negociar seres humanos (como os traficantes de escravos) ou animais (criar animais para abatê-los ou trabalhar num abatedouro) ou comerciar venenos ou bebidas e drogas intoxicantes. Devemos tentar não nos aproveitar do sofrimento ou da exploração dos outros. Em nossa vida em geral, devemos procurar manter os cinco preceitos:

1. Evitar matar;
2. Evitar roubar;

3. Evitar mentir;
4. Evitar a má conduta sexual; e
5. Evitar utilizar tóxicos (que toldam a mente e arruínam a saúde).

Como passamos tanto tempo no trabalho, seria bom se pudéssemos trabalhar com a atitude de beneficiar outros e contribuir para a sociedade. Podemos achar o trabalho bastante sem sentido, mas, se fizermos um pequeno esforço para ser amigáveis com os colegas, é possível descobrir que o trabalho é muito mais satisfatório. Outro modo de lidar com o trabalho é praticar a conscientização. Isso significa colocar a atenção no momento presente. Portanto, se estivermos digitando, ficarmos conscientes disso; se estivermos falando com alguém, ficarmos conscientes disso. Quando temos a mente no momento presente, o dia passa com rapidez e novas possibilidades se abrem.

6. Esforço correto

O esforço correto é cultivar quatro coisas: desprender-se de pensamentos prejudiciais que já surgiram, não permitir que novos pensamentos prejudiciais surjam, desenvolver virtudes que ainda não surgiram, e cultivar virtudes que já surgiram.

É aqui que começamos a trabalhar com a mente e a meditação. O esforço correto significa que, quando meditamos, temos paciência suficiente para trazer com suavidade a mente de novo a seu objeto quando ela devaneia. Também significa termos coragem e flexibilidade de mente suficientes para agüentar períodos de tédio, distração e entorpecimento, e fazer esforços para lidar com tais estados da mente.

7. Concentração correta

Tradicionalmente, a concentração correta é a consciência constante de nosso corpo, sentimentos (sensações e emoções), mente (pensamentos) e objetos da mente (as coisas que estão em nossa mente).

Escolhemos um objeto sobre o qual meditar – a respiração, um quadro ou uma visualização. Colocamos a mente suavemente em tal objeto, nem tensa demais nem relaxada demais. Como um músico ajustando um violino muito afinado, as cordas não podem ser apertadas demais ou frouxas demais.

Começamos a ver como as emoções podem nublar e colorir a mente, mas apenas observamos, não nos envolvemos. Fazemos isso regularmente até sermos capazes de sustentar a consciência por períodos de tempos cada vez maiores.

8. Meditação correta

Estamos falando aqui sobre um enfoque único da mente, muito calmo e tranqüilo.

Ao meditarmos repetidamente num objeto benéfico, gradualmente nos tornamos capazes de estender nossos períodos de concentração. Podemos domar a mente o suficiente para observar nossa realidade interior e remover a euforia. Esses não são o objetivo da meditação, simplesmente um efeito colateral de ter a mente concentrada. Se começamos a meditar apenas para obter essas sensações, paramos de fazer progressos e perdemos o objetivo essencial da meditação. Não a fazemos para evitar nossa realidade interior, e sim para examiná-la mais atentamente e ganhar *insight* sobre nossa própria natureza e a do mundo exterior.

A Primeira Nobre Verdade, do sofrimento, deve ser contemplada e plenamente compreendida. A Segunda Nobre Verdade, do desejo e suas máculas, deve ser abandonada. A Terceira Nobre Verdade, da cessação do sofrimento (nirvana), deve ser realizada, e a Quarta Nobre Verdade, do Nobre Caminho Óctuplo, deve ser cultivada.

Capítulo 8

Libertando os prisioneiros do coração – a transformação do sofrimento

Os temas dos próximos quatro capítulos, encontrados em todas as tradições do Budismo Tibetano, são conhecidos como os Quatro Fundamentos Comuns. São contemplações em que nos engajamos a fim de nos prepararmos totalmente para o ingresso no caminho espiritual. Dizemos que os ensinamentos de Buddha são "bons no princípio, bons no meio e bons no fim" porque no início estabelecemos nossa motivação (que essas práticas nos ajudam a atingir), no meio praticamos a meditação (seja a permanência serena, de *insight*, analítica ou de visualização) e no fim partilhamos o mérito conquistado com todos os seres. Os ensinamentos são também referidos como bons porque apenas promovem o bem-estar e a felicidade, e no final ajudam todos os seres a realizar o pleno potencial do significado da vida.

Nos ensinamentos Sakya Lamdre, a ordem em que os Quatro Fundamentos Comuns são transmitidos é: Os Defeitos do Samsara (que nos fazem sentir um extremo cansaço da felicidade temporária e nos deixam determinados a buscar algo mais substancial, isto é, a iluminação); o Precioso Nascimento Humano (que nos mostra como somos afortunados de termos a liberdade e as condições que usufruímos para trilhar o caminho espiritual); a Impermanência da Vida e a Iminência da Morte (de modo que não encaremos como garantida a sorte que temos e nos determinemos a tirar o máximo de cada momento da vida); e a infalibilidade da Lei do Karma (de nos deixar conscientes da necessidade de parar ações tolas que trazem sofrimento e nos engajarmos em ações positivas que trazem felicidade).

Diz-se que os ensinamentos mais profundos são dados em primeiro lugar, e esse é o caso com os Quatro Fundamentos Comuns como um todo. Sem uma compreensão adequada deles, qualquer prática mais avançada não será tão poderosa. Os Quatro Fundamentos Comuns colocam as bases necessárias, como se fertilizassem o solo de nossa prática com a motivação correta e o entusiasmo necessários para que as sementes de felicidade e sabedoria cresçam. Cada fundamento é estabelecido com um debate geral e uma meditação no final para que possamos contemplar e meditar, e chegar a uma percepção sobre aquele tópico particular.

Os Defeitos do Samsara

Embora já tenhamos discutido brevemente o sofrimento no contexto das Quatro Nobre Verdades, julgo necessário expandir a idéia, já que é algo que permeia nossa vida e geralmente é a nossa principal razão para entrar no caminho espiritual. Os Defeitos do Samsara, ou existência mundana – o círculo vicioso de nascimento, morte e ilusão que continuamos mantendo – geralmente não é um tópico popular. É discutido a fim de nos dar uma atitude de horror ao mundo da ilusão e tornar-nos determinados a buscar a iluminação – a única felicidade duradoura que pode ser encontrada. É importante lembrar que o mundo da ilusão está em nossa própria mente, e que o mundo exterior do sofrimento que nos aparece é apenas um reflexo do estado de nossa própria mente. Um ser iluminado contemplaria o mundo do samsara e veria um reino puro, embora seu profundo *insight* sobre o sofrimento e sua prévia experiência como ser não-iluminado o deixassem profundamente comovido pelo sofrimento dos seres iludidos.

Há muita infelicidade em ser aprisionado numa visão muito estreita e estagnada, a visão do egotismo e do apego ao *self*. Quanto mais arraigadas são nossas ilusões, ligações e opiniões, mais infeliz se torna nosso mundo. Podemos enfrentar o nascimento inicialmente com frescor; lentamente, porém, os resultados de nossas ações passadas começam a amadurecer. O sofrimento do mundo nos deixa exauridos e simplesmente recorremos a mecanismos básicos de sobrevivência que não são tão bons, mas são tudo que temos diante de um mundo gélido. Tudo isso poderia ser muito deprimente, exceto uma coisa – o sofrimento é impermanente e podemos usá-lo para despertar!

Precisamos entender o sofrimento a fim de nos livrarmos dele. O sofrimento se manifesta de muitas formas diferentes para as diferentes pessoas, e a maioria de nós já o sentiu. O Budismo pode nos chocar ainda mais, indicando que até o que geralmente julgamos ser felicidade é na verdade sofrimento, pois é fugaz, e os vários tipos de prazer que temos são temporários; se condescendermos demais com eles, eles podem tornar-se a causa de nosso sofrimento. Por exemplo, se estamos com frio podemos tomar um banho quente para aumentar o calor do corpo. No início entramos no banho e é bom – mergulhamos na banheira cheia d'água, relaxamos, ouvimos uma música calmante e acendemos velas. A boa sensação de aquecimento é na verdade apenas o alívio do sofrimento causado pelo frio. Se estar no banho fosse a verdaderia felicidade, poderíamos permanecer ali o dia inteiro e ficaríamos felizes; mas depois de meia hora o banho começa a esfriar e temos de acrescentar mais água quente. Se permanecêssemos no banho o dia todo, não só ficaríamos enrugados feito passas como também muito entediados, além de termos provavelmente uma hipotermia.

Às vezes é maravilhoso ouvir música, que pode de fato aumentar nossa inspiração ou nos ajudar a relaxar – mas, se tivéssemos de ouvir nossa canção favorita tocada no volume mais alto durante um mês, começaríamos rapidamente a odiá-la! A felicidade normal é assim – impermanente, não mais substancial que um sonho. Para sermos felizes temos de recorrer a várias distrações repetidamente, e depois que a primeira distração fica tediosa temos de achar outras indulgências para os sentidos a fim de aguçar nossa consciência e ficarmos felizes. Esse é um ciclo condenável de distração, breve alívio e mais insatisfação, tudo desenrolado no pano de fundo do sofrimento básico. Encontrar satisfação com uma mente mundana, iludida, é como tomar água salgada – vamos sempre querer mais, embora nunca se satisfaça. O desejo é interminável.

É uma notícia ruim para nós porque é a única felicidade que conhecemos, e fica difícil aceitarmos que tudo é insatisfatório quando até então havíamos conseguido sobreviver razoavelmente bem. Eu tive sorte, pois na primeira vez que li sobre sofrimento e as Quatro Nobres Verdades estava desencantada com a minha vida, o mundo e minha própria mente; sabe, tipo "Pare o mundo que eu quero descer!" Como muitas coisas na vida, o ensino sobre o sofrimento tem seus paradoxos, pois não é cultivando uma aversão ao sofrimento que o superamos; é abarcando-o, entendendo-o e ganhando *insight* a seu respeito que conseguimos transformá-lo.

A abordagem meditativa do sofrimento na vida cotidiana

Como paramos de sofrer? É a nossa principal prioridade e mesmo assim não notamos que precisamos abarcá-la. Temos de abrir a porta do armário e encarar nossos demônios. Somente quando damos uma olhada em tudo que preferimos não olhar, somente quando convidamos de coração aberto o sofrimento para ver a luz do sol, só então podemos nos tornar seres humanos inteiros e felizes.

A verdadeira felicidade espiritual não é um mundo perfeito. A felicidade é estar bem com as coisas como elas são, podendo dar as boas-vindas a qualquer coisa que surgir no presente momento, mesmo se for um furacão. Se pudermos sentir a dor, a vergonha, nossas partes indesejadas, antiquadas, não libertadas, então poderemos começar a cicatrizar, a abrir o coração e verdadeiramente amar, entender e aceitar os outros.

Sentimos nosso sofrimento e o aceitamos dentro de nós com muito espaço. Não nos agarramos a ele ou nos identificamos com ele; apenas lhe permitimos participar do espaço de um grande coração. Ter um grande coração significa ser capaz de estar no momento presente com muita bondade e um modo de ver profundo.

Olhamos esses monstros do medo, da vergonha, da culpa, da raiva, do desejo e do ciúme que estão entrando pela porta da mente, mas o tempo todo estamos no presente. Não nos permitimos ser arrastados pelas histórias que fizeram surgir tais coisas. As circunstâncias são as condições para que o sofrimento surja, mas as sementes do sofrimento estão dentro de nós. Somente quando escavamos as sementes do sofrimento e as olhamos à luz do sol de uma mente presente e sem apego, elas se encolhem e se dissolvem. Todos temos um temor inato de que, se sentirmos o que tentamos não sentir, a emoção nos engolirá e perderemos o controle. Isso pode acontecer se não formos habilidosos.

Ensinamentos básicos

A mente tem dois aspectos: falta de preensão/solidez (vazio), na qual nada pode ser encontrado, nada pode ser segurado, e clareza, luminosidade/energia. Esses dois aspectos, a falta de existência inerente (ausência de qualquer coisa a que possamos nos agarrar e que não muda – "nenhum-self") e a claridade, estão presentes em tudo. Por exemplo, a raiva tem uma energia, um calor e um poder que sentimos (aspecto clareza), mas que não pode ser agarrado – é fluido e impermanente (aspecto vazio).

Se formos suficientemente bons e corajosos, se a porta para o coração for deixada aberta, lentamente os prisioneiros ali acorrentados sairão e nos mostrarão sua verdadeira natureza. Eles sairão com aquele aspecto horrível e suas tatuagens "AMOR–ÓDIO", mascando tabaco e cuspindo xingamentos, e nos amedrontarão até a morte. Pode ser um pouco doloroso deixá-los emergir, pois ficaram enterrados por tanto tempo. Quando nos mostraram suas cicatrizes e viram a luz do dia, se houvéssemos permitido que chegassem sem resistência, sem julgamento, sem nos agarrarmos a eles ou sobrecarregá-los de autojustificativas, se não houvéssemos fugido com eles, mas simplesmente os mantivéssemos no coração do momento presente, observando-os sem conceitos, experimentando-os diretamente, eles nos mostrariam sua verdadeira natureza. Finalmente veríamos que o sedutor prisioneiro que anseia o prazer, e o bruto, assustador prisioneiro da raiva de faca na mão são apenas a clareza (consciência) e o vazio (falta de uma existência sólida/do *self*. Descobriremos que têm o mesmo sabor; podem ser experimentados de modo diferente – um pode nos deixar trêmulos e com suores frios, o outro pode nos levar ao êxtase; mas, se mantivermos a serenidade e observarmos, ambos conduzem ao mesmo *insight*. É assim que abarcamos os outros, o mundo e nós mesmos com as nossas imperfeições. Observamos a verdade de dentro e, através dela, o mundo externo é percebido também.

Não que seja fácil fazê-lo, sentir nosso sofrimento. Se sentir o sofrimento fosse fácil, não estaríamos todos tentando fugir rapidamente para evitá-lo. Para sentir o sofrimento temos de sofrer, mas não com um tipo de sofrimento inútil, e sim com uma ardência que se autoconsome e se exaure. Se não pusermos mais combustível no fogo – mais justificativas, censuras, apegos ou identificações –, se apenas observarmos o sofrimento e o experimentarmos sem comentários, ele se exaure. O sofrimento pode ser superado, mas quando o atravessamos, e não quando nos desviamos dele. É preciso uma tremenda paciência, tolerância e suportabilidade, sem se mencionar fé! Fé e autoconfiança são necessárias para que deixemos o remédio fazer o seu trabalho; fé em que, se permanecermos com a dor, com uma mente terna, presente e livre de apegos, livre de conceitualização, o sofrimento nos mostrará sua verdadeira face. Essa fé não deve ser a expectativa de "Sim, se eu me sentar e não me mover por uma hora, Buddha vai ficar feliz comigo e me garantirá a felicidade do *insight*", e sim a de que "Tenho a paciência, a coragem e a curiosidade de sentar aqui com meus demônios por uma hora sem fazer um movimento, sem expressar emoção ou suprimi-la, apenas para ver o que acontece. Tenho fé suficiente de que estou bem, tenho bondade interior, posso passar por isso".

Viver no momento presente e a meditação em geral são interessantes porque nunca sabemos o que surgirá dali. É um pouco como ser monge; aceitamos o que nos é dado e o utilizamos. Aceitamos qualquer acomodação que nos é indicada, qualquer vestimenta de segunda mão que surja em nosso caminho, qualquer comida que as pessoas ponham em nossa tigela. (Na verdade, fazer rondas de esmola como monge é a meditação final. Como vestimos os trajes monásticos, temos uma integridade e disciplina a manter. Com serenidade, imperturbavelmente e de modo muito amigável e gentil, temos de aceitar o que nos for oferecido, não importa se delicioso ou pouco atraente. Mas, como meu mestre diz, depois que passa pela boca é tudo o mesmo, de qualquer forma!) A experiência das coisas surgindo no momento presente é assim: vemos o prazeroso, o doloroso, permitimos que surjam; não somos sugados por elas e começamos a ver que são impermanentes e não *self*. Começamos a ver que todas as coisas têm uma energia básica, uma similaridade básica; o sabor pode ser diferente, mas a essência é a mesma – clareza e vacuidade.

Afastar as coisas e tentar atraí-las para nós não tem funcionado. Quanto tempo precisaremos para perceber isso? Alguns podem não percebê-lo nesta vida. Nós, humanos, somos grandes otimistas; nunca desistimos de ter a esperança de que, se pudermos manipular o bastante as coisas, chegará um momento em que elas serão perfeitas. Mas é sempre tão doloroso fazer com que as coisas sejam como queremos, não é? Elas nunca são perfeitas, sempre falham de algum modo pequeno. Ah, a grande brecha entre o ideal e a realidade!

A realidade é o caminho para o idealismo. Se buscamos perfeição, precisamos estar à vontade com o imperfeito e aceitá-lo – só então nos libertaremos das neuroses e fixações e passaremos a ver a perfeição da imperfeição.

Lidando com o sofrimento usando o processo meditativo

Da próxima vez em que as coisas desmoronarem, quando sentirmos a impossibilidade de lidar com elas, em vez de fugir, tomar uma pílula ou buscar distração, poderíamos corajosamente ir para um espaço quieto como o banheiro ou uma reserva natural e manter o sofrimento no grande coração do momento presente. Não tente endireitar as coisas imediatamente, reconquistar o controle na hora; sinta o que é desmoronar, estar na incerteza, não ter idéia, ficar sem um ponto de referência. Quando as coisas desmoronam, há muito espaço. Há uma oportunidade de estar sem o "eu" e no momento presente num espaço dinâmico e cheio de *insight*. Podemos sentir as coisas, possuí-las e deixá-las ir sem que elas sejam nós. As nuvens não são o céu; nós não somos nossos pensamentos, percepções e emoções. Somos a inseparabilidade da clareza e da vacuidade. Quando as coisas desmoronam, o momento presente é nosso refúgio, não nosso inimigo; ele oferece espaço para que a bagagem seja descarregada e a sabedoria se manifeste.

Quando digo "permita que o sofrimento apareça" refiro-me a observar sem ficar preso nele ou condescender com ele. Quando nos colocamos nos coração do sofrimento, temos de ser cuidadosos. É preciso tomar cuidado conosco e estar num local com apoio para isso. Às vezes ajuda ouvir de outros praticantes: "Não se preocupe, eu passei por isso também, isso acontece a todos nós, não seja indulgente demais". É assim que certamente acontece numa comunidade monástica. Podemos nos inspirar uns aos outros para manter um alto nível de integridade, e podemos estar à disposição dos outros de vez em quando. O velho treina o jovem, e o jovem serve o velho.

Quando digo "acolha o sofrimento", não quero dizer que devemos produzir mais sofrimento para nós – já temos o suficiente com que trabalhar. Não precisamos ser masoquistas; não precisamos permanecer numa situação abusiva só porque desejamos "encarar o sofrimento". Encarar o sofrimento é um processo interno de questionamento que precisa ser feito a cada dia; é limpar a mente. Se nunca reconhecemos nossos sofrimentos interiores nem os deixamos ser processados, ficamos doentes, bloqueados e infelizes. Muita gente no mundo moderno pensa que "livrar-se das emoções" significa socar uma almofada, expressar a emoção, mas há outro modo de fazê-lo. Podemos processá-las internamente observando-as em nossas sensações físicas, na impermanência de nossos pensamentos e emoções e examinando profundamente o sofrimento. Quando experimentamos plenamente algo que apareceu, sem afastá-lo ou representá-lo, processamos algo com sucesso para nós mesmos.

Esse método de processar nossas ilusões e emoções internamente relaciona-se com a Quarta Nobre Verdade – a verdade do caminho levando à cessação do sofrimento. Um dos passos do Nobre Caminho Óctuplo é a concentração correta. Esta consiste em estar consciente do corpo, dos sentimentos (sensações e emoções), da mente (pensamentos) e dos objetos da mente. Podemos examinar profundamentre os quatro fundamentos da concentração a fim de obter *insight* dentro de nós mesmos e do nosso sofrimento (que se manifesta no corpo e na mente).

Na próxima vez que sentirmos qualquer emoção forte, podemos começar a nos conscientizar da emoção de que surgiu algo necessitado da nossa atenção. Por exemplo, se estamos meditando sobre uma divindade, podemos simplesmente continuar meditando sobre ela; seja o que surgir, continuará surgindo. Pode ser câimbra na perna, azia, marejamento dos olhos; apenas deixemos que venha, que se consuma, e permaneçamos ali. Se pudermos continuar ali por meio do processo sem afastá-lo ou nos agarrarmos muito a ele, descobriremos que nossa visão da divindade se tornará mais vívida, a experiência da prática, mais profunda.

Olhando profundamente para transformar o sofrimento

Na vida cotidiana, quando experimentamos pela primeira vez uma emoção ou sofrimento forte, às vezes precisamos de tempo para nos acalmar a fim de não agirmos asperamente e fazermos coisas de que venhamos a nos arrepender. Afastar-nos um pouco da fonte do sofrimento/raiva e focalizar na respiração (mesmo correndo para o banheiro por cinco minutos) pode ser útil. Se nossas emoções estão transbordando, é provável que façamos ou digamos coisas que lastimaremos depois; portanto, é bom dar um tempo para que as emoções esfriem. Pode também ser o caso de que simplesmente não possamos lidar com o sofrimento que está surgindo; portanto devemos voltar a respirar e à conscientização do momento presente; isso constrói força, serenidade e equilíbrio mental.

Quando conquistamos um bom nível de força e paz mental, estamos prontos para olhar dentro da caixa de Pandora de nossa psique; permitir que surja qualquer tópico e olhá-lo em profundidade, objetivamente. Se começamos a sentir que estamos nos tornando vítimas da censura e da raiva, é bom voltar à respiração até nos acalmarmos um pouco. Como ocorre a dor? Qual é a sua causa? Foi só a outra pessoa ou nossa própria reação que desempenhou um papel? Vemos com freqüência que tanto os outros como nós mesmos contribuímos para os nossos sofrimentos, mas ficamos mais fortes ao lembrar que nossa felicidade ou a ausência dela depende muito de como reagimos aos sofrimentos.

O processo de examinar profundamente nosso sofrimento inclui entrar em contato com a energia sob a camada intelectual de nosso sofrimento. Claro, haverá sempre condições em torno de nosso sofrimento – uma história –, mas, se estamos presos nas camadas superficiais de nossa dor, a história, a raiva e o ressentimento são apenas sintomas de uma dor mais profunda, uma energia básica bloqueada. Se pudermos entrar em contato com essa energia – senti-la e entendê-la sem a vivenciarmos com censuras ou suprimi-la – ela nos dará um *insight* sobre nossa verdadeira natureza.

Ao examinarmos profunda e habilidosamente nosso sofrimento, a energia que estava escurecida pode gradualmente abrir-se e se tornar bem-aventurada, clara e poderosa. No coração das trevas há uma luz, a luz da perfeita compreensão que surge quando olhamos profundamente para a crua energia de nossa dor e vemos que ela é impermanente e não *self*. É simplesmente um reflexo da vibrante e indescritível energia do coração humano, é clareza e sua vacuidade.

Nem sempre podemos mudar as coisas trágicas que nos acontecem, mas, se olharmos em torno, vemos geralmente que as pessoas admiradas pelos outros não são aquelas cujas vidas têm sido um mar de rosas. São as que lidaram bem com o sofrimento. Tais pessoas, como o Dalai Lama e Nelson Mandela, não se tornaram as amargas vítimas de seu sofrimento (embora ele tenha sido muito grande). Permitiram que o sofrimento abrisse seu coração para perceber que todos os seres sofrem como eles. Permitiram que o sofrimento lhes desse caráter, riqueza interior e capacidade de resistência, sem mencionar sabedoria!

Às vezes parece que o mundo está cheio de pessoas negativas. As pessoas dizem coisas impensadas e geralmente se comportam de modo egoísta. É quando precisamos reconhecer como nossa própria visão colore o mundo que vemos. Como dizia um de meus mestres, Khenpo Ngawang, precisamos observar que usamos os óculos escuros das máculas (emoções e pensamentos negativos). O Dalai Lama vive no mesmo mundo que nós e mesmo assim refere-se aos comunistas chineses que invadiram sua terra natal como seus irmãos e irmãs; até mesmo reza pela felicidade deles.

Quando examinamos profundamente qualquer problema ou emoção forte, geralmente vemos que a raiz deles é o apego ao *self*/permanência ou expectativa de que possamos ir mais fundo para ver que nada é permanente; expectativas (mesmo se são razoáveis) causam sofrimento e o *self* não pode ser encontrado.

Como a causa de todos os nossos problemas é a ignorância (da natureza dos fenômenos), olhar profundamente com compreensão e sabedoria é o antídoto para a ignorância. Quando examinamos o *self*/mente/corpo e não encontramos nada sólido ali, nossa fixação em tudo relaxa ligeiramente. (Eu sou isso, eles me fizeram isso, etc.)

A meditação de *insight*: um método para transformar o sofrimento

É preciso uma tremenda habilidade para estar presente à experiência em cada momento sem ser arrastado pela censura, pela culpa ou pela mesquinharia. Se examinarmos profundamente coisas como raiva, podemos ver que os fenômenos não são censuráveis – simplesmente são. Está quente, está frio, é agradável, é desagradável, é sofrimento impermanente e não *self*. Não é a experiência que é dolorosa – é nossa resistência a ela. É isso que cria o sofrimento – esse pequeno "eu" que surge, que se agarra a tudo e diz: "Isso sou eu, essa dor é tudo que eu sou, esse prazer é tudo que eu sou". Esse "eu" é um completo fantasma, um projetado bicho-papão inexistente, uma corda que tomamos equivocadamente por uma serpente.

Esse pequeno "eu" se pergunta: "Como pôde me acontecer isso?" – e reage com raiva, mágoa, frustração e indignação hipócrita. Podemos nos sentir muitos justificados em reagir desse modo à nossa dor – afinal de contas, há um monte de sofrimento na vida e às vezes ele parece injusto.

O caminho da meditação não julga essas reações; apenas observa e olha profundamente a fim de compreender. Quando a perfeita compreensão surge, nossas reações são liberadas, algo como raiva se torna apenas novamente energia fluindo.

Às vezes podemos mudar uma situação dolorosa através do compartilhamento profundo (a boa comunicação) com a outra parte envolvida e chegar a um tipo de conciliação. O processo de compartilhamento profundo envolve um compromisso das duas partes para sentar e tentar consertar as coisas. Elas se comprometem a se abrir, a ouvir plenamente o ponto de vista do outro a fim de entender, libertar-se do passado e estar preparadas para conciliar-se com o objetivo de trazer harmonia e paz à relação. Os dois lados precisam ser honestos quanto a seus sentimentos, usando palavras conscientes e assumindo responsabilidade por suas ações e reações. Se o compartilhamento profundo não funcionar após algumas sessões, as duas partes podem compartilhar na frente de um grupo formado por pessoas em quem confiam, e escolher um facilitador imparcial para ver se algum entendimento, denominador comum, pode ser alcançado. Uma vez que a conciliação foi alcançada, as duas partes concordam em perdoar, não se prender ao passado e cumprir qualquer acordo feito.

Para uma compreensão maior de como meditar de um modo claro e simples sobre o sofrimento, pode ser útil usar os quatro fundamentos da concentração a fim de examinar profundamente nosso sofrimento, fazer uma ligação com ele e deixá-lo ir. Embora esses métodos sejam da tradição Theravada da meditação de *insight*, eu os incluí porque tornam a prática de examinar simples e clara.

O primeiro tipo de meditação ao se examinar profundamente algo envolve o corpo e as sensações (os primeiros dois fundamentos da concentração). O corpo não mente ou faz justificativas; apenas é. Quando entramos em algum grande drama sobre nosso sofrimento, podemos verificá-lo com a realidade de nosso corpo. O que é a energia básica sob todas as nossas histórias e confusão, qual é a sensação que produz? Geralmente, para cada sensação no corpo há um pensamento/emoção correspondente na mente consciente ou inconsciente. Quando examinamos profundamente o corpo e suas sensações, estamos também examinando a mente em profundidade e processando alguma "bagagem".

Como é apenas ficar com a nossa dor, olhá-la diretamente nos olhos sem tentar qualquer negociação sub-reptícia com ela? "Se eu sentar com essa dor por uma hora, ela irá embora para sempre?" Como é permanecer no centro da realidade em estado bruto com as coisas como são e não como preferíamos que fossem?

Para examinar profundamente o corpo e as sensações, varremos cada parte corporal com a nossa consciência. Começamos no alto da cabeça, depois o rosto, o pescoço, o braço direito, o esquerdo, o peito, a barriga, as costas, coxas direita e esquerda, canelas e pés. Há sensações ali? Focalize-se em cada área de dois a cinco muinutos – quanto mais meditarmos, mais observaremos. Algumas áreas são completamente entorpecidas; outras, repletas de sensações. O que é apenas observar, apenas ficar ali com essas sensaçõess sem qualquer comentário? Provavelmente, a primeira coisa que notaremos é que o corpo tem um monte de sofrimento! Então podemos notar como reagimos com intenso apego a sensações agradáveis, intensa aversão a sensações dolorosas e indiferença às sensações neutras. Ficamos ali com qualquer coisa que surgir; observamos cada momento sempre presentes, sem comentários. Podemos começar a ver, através da experiência direta, que o corpo está num constante estado de fluxo, que sensações surgem, permanecem e se dissolvem (e às vezes podemos ter consciência de pensamentos/emoções que poderiam estar conectados com as sensações – embora não prestemos muito atenção aos pensamentos/emoções, temos consciência deles; então voltamos a observar as sensações).

Experimentar essas ondas mentais pode tornar a mente mais vasta, como o oceano que pode lidar com suas próprias ondas e mesmo assim ter profundezas calmas, ou o olho de uma tempestade. Portanto, mesmo que muita coisa esteja surgindo, há um local que pode apenas existir, um espaço e uma calma que não pula sobre tudo que aparece na mente e diz: "Esse sou eu, esse é quem eu sou, como é delicioso, como é abominável". É mais como: "Humm, então esse é o sabor de uma tempestade, esse é o sabor de um dia calmo, rico a seu próprio modo". Não fique aborrecido pelo que surge na mente e no corpo; não é nós. É da natureza da mente ter pensamentos, assim como é da natureza do oceano ter ondas. O oceano não fica perturbado quando as ondas se quebram; ele sabe que formar-se, permanecer e quebrar-se é a natureza das ondas.

O próximo choque que podemos ter é quando olhamos para o observador dentro de nós (o que está observando e reagindo a tudo que acontece) e não vemos esse *self* sólido que achávamos que veríamos. Há apenas conscientização, um senso de continuidade (lembramos o que aconteceu no "momento mental" anterior), uma clareza e vivacidade. A segunda qualidade do conhecedor/observador que podemos ver é que ele não é constante, muda de momento a momento: surgem sensações, emoções e idéias vívidas, mas elas são como sonhos, fantasmas ou ilusões, não tendo mais realidade do que as formas das nuvens. Esse espaço básico e inapreensibilidade é o aspecto vazio da mente. Nessas duas qualidades, clareza e conscientização, se resume a maioria das coisas. Mas essa é uma experiência direta que resulta de se examinar profundamente – depois de ter acalmado a mente o suficiente através da meditação de permanência serena (ver Capítulo 6), você pode querer experimentá-la!

Então, o que fazemos quando uma emoção forte como raiva ou ódio surge na mente? Tente olhar para o corpo – qual é a sensação de ficar com raiva? Qual é a energia básica sob a trama? As condições que levam ao sofrimento variam, mas, na vastidão do coração humano, a energia básica da raiva, do ódio ou de qualquer tipo de sofrimento é a mesma. Quando examinamos a raiva, podemos notar que faz nosso corpo pulsar de calor, que rasga nosso coração como uma faca, que ficamos congelados de fúria. Há muito poder na raiva. Como seria ficar sentado com aquela emoção por vinte minutos? Podemos descobrir que a raiva é apenas energia poderosa, e que, se podemos passar além de nossa censura e fúria – se olharmos profundamente –, podemos liberar aquela fúria no conhecimento claro e cheio de *insight* que nos revela nossa verdadeira natureza. A quem pertence a raiva? Àquela pessoa em nosso corpo? Se cortarmos nosso corpo em pedaços, em que parte está aquela pessoa com raiva? Onde está a mente? Dentro ou fora? Que cor, forma e sabor tem? Pode ser tocada? (Isso é examinar profundamente a mente, o terceiro fundamento da concentração.)

Se examinarmos a causa da raiva, veremos muitas condições conduzindo ao seu surgimento. Podemos ver nosso inimigo que consideramos tão repulsivo e frustrante! De onde veio a raiva dele? Veio de pais raivosos que chegavam em casa todas as noites e gritavam com ele? Sua raiva vem do fato de não conhecerem modo melhor de se expressar? É um reflexo da infelicidade e frustração de suas vidas? Talvez na infância não tenham recebido o conhecimento e amor de que precisavam para serem pessoas felizes e bem ajustadas. O único modo que conhecem de serem felizes é pisoteando os outros. Estão transbordando de sofrimento, confusão e máculas, dificilmente controlam as emoções esmagadoras que sentem. Sofrem também de uma visão de mundo errônea, e são atirados daqui para lá no grande oceano do karma, morte e renascimento. Terão de viver o resto de seus dias com os resultados de suas ações.

Todos nós somos condicionados por causas sociais, kármicas e pessoais. Sabemos por nossa própria experiência que somos todos empurrados para um caminho ou outro pelas condições (karma) de nossa vida; os outros são exatamente como nós nesse aspecto. Têm pouco controle, nenhuma escolha. Vemos que suas ações e pontos de vista foram formados como resultado das condições que encontraram na vida. Não são essencialmente odiosos ou maus. Por mais que nos tenham causado muito dano, por mais que não os apreciemos, eles provavelmente têm alguém em casa que consegue ver sua bondade, que os ama e os tem em grande conta.

Para qualquer lugar que olhemos profundamente, não conseguimos encontrar nada para censurar, nada a nos agarrar. Só encontramos causa e efeito, clareza e vacuidade. Desse modo, examinando profundamente o sofrimento baseado nos quatro fundamentos da concentração, podemos voltar à realidade – uma mente e um coração vastos presentes com todas as coisas sem ser perturbados por elas. O sofrimento pode nos mostrar nossa verdadeira face e nos ajudar a evoluir. O veneno do sofrimento pode se tornar o remédio da perfeita compreensão.

Assim como o antídoto à ignorância é olhar profundamente com compreensão e sabedoria, outros antídotos podem ser aplicados para superarmos nossos emoções difíceis.

- *Raiva:* Usando a serenidade e a compaixão, tente ver o sofrimento do outro, compreendendo por que ele age assim, como está sofrendo também e tem muito pouco controle.
- *Inveja:* Tente sinceramente rejubilar-se com a felicidade dos outros.
- *Orgulho:* Pense em como há muitos seres que são bem mais sublimes, eloqüentes, inteligentes que nós; pense que posteriormente seremos comida para vermes (impermanência e morte) e que não há nada muito maravilhoso ou odioso em nós.
- *Avareza:* Pense como a avareza nos faz, como fecha nosso coração e nos torna infelizes. Pense como a generosidade nos conforta, como assegura felicidade agora e em vidas futuras. Se praticarmos a generosidade, criaremos causas para a abundância no futuro.
- *Ignorância:* Olhe em profundidade e perceba o vazio.
- *Medo:* Pense sobre a infalibilidade da lei do karma. Prometa-se fazer ações positivas que criarão felicidade agora e no futuro. Podemos nos rejubilar nas ações positivas que já fizemos.
- *Apego/agarrar-se a:* Desde tempos imemoriais nascemos muitas vezes. Em muitos desses nascimentos ansiamos e trabalhamos arduamente por nossas posses. Mesmo assim elas não duram; nada dura exceto os resultados da prática espiritual (contemple a impermanência e a morte).

Esses antídotos são como aparar a árvore do sofrimento, enquanto olhar profundamente (por meio da meditação de *insight*) é remover suas raízes. Os antídotos às emoções negativas precisam ser aplicados repetidamente por muitos anos. Se nos familiarizarmos com eles, saberemos quando a mente está se desviando, veremos o sofrimento que estamos prestes a criar para nós mesmos e para outros, e será mais fácil para nós simplesmente soltar a emoção negativa.

Trabalhar com sofrimento é muito complicado, e geralmente são necessárias muitas abordagens. O Dharma é um remédio excelente para o sofrimento, e Buddha é o médico final, mas somos nós que precisamos tomar o remédio. Temos de aplicar o remédio do Dharma a cada aspecto de nosso ser e de nossa vida. Não há nada de errado em procurar circunstâncias que conduzam à felicidade, mas depois de algum tempo podemos também ter de aceitar que o mundo é limitado, e que temos de ir além dos limites, entrar no desconhecido. Às vezes também precisamos ver que mesmo se somos muito conscientes, bondosos e transparentes com os outros quanto a nossas necessidades mais básicas, talvez os outros não possam ou não tenham discernimento suficiente para nos fornecer aquilo. Nesse caso, podemos ter de providenciá-lo para nós mesmos ou encontrar um lugar/pessoa que possa preencher essas necessidades em nós.

Finalmente, há imperfeição no samsara, e encontramos a felicidade em nos soltarmos, nos abrirmos e estarmos presentes, e na aceitação do que quer que surja. O fato de estarmos presentes não significa que aprovamos o que esteja acontecendo; fazemos o possível para aliviar nosso sofrimento e o dos outros, mas no caminho espiritual o sofrimento é freqüentemente eliminado através da transformação interior e não pela transformação externa.

Se nada mais funcionar, descobri que a prática da meditação tem geralmente, de qualquer maneira, um modo de resolver tudo a longo prazo.

Se estamos deprimidos, mas ainda mentalmente estáveis, podemos provavelmente tomar conhecimento de muitos métodos neste livro. Se estamos mentalmente doentes, então devemos buscar ajuda profissional. O processo de meditação e de libertar os prisioneiros do coração é delicado, e para fazê-lo precisamos ter um nível básico de estabilidade.

Certas dores podem ser muito profundas; é possível que não estejamos prontos para encará-las. Esse tipo de sofrimento pode exigir tempo para ser superado. Se formos suaves com nós mesmos e mesmo assim corajosos (também dentro de nossa capacidadde), a cura será muito mais fácil.

Tenho conhecido algumas pessoas mentalmente doentes que descobriram a utilidade do Budismo para superar seu sofrimento, especialmente por meio da meditação de permanência serena e do princípio de compaixão. Mas eu sugeriria às pessoas com esse tipo de problema que praticassem o Budismo após consultarem um médico, e apenas como um apoio, não como um substituto a remédios ou a outras formas de tratamento.

Para resumir, há muitos métodos de transformar o sofrimento, incluindo:

- Acalmar, limpar e controlar a mente com a meditação de permanência serena (uma mente calma e disciplinada é igual a uma vida pacífica e feliz, ver Capítulo 6);
- Regar as sementes da felicidade em nós mesmos (conectando-nos com a bondade interior e cultivando nossas qualidades, como bondade amorosa e compaixão);
- Olhar em profundidade através da meditação de *insight* para desenraizar as sementes do sofrimento em nós mesmos e perceber o vazio; e
- Fazer mérito, que é o karma positivo dirigido para a iluminação. O mérito é a moeda da vida espiritual, e a felicidade temporária e última (a iluminação) depende dele. O mérito é obtido praticando-se a generosidade, a moralidade, a meditação e a compaixão.

Embora o Budismo forneça esses bons métodos de lidar com o sofrimento, tudo gira em torno de confrontarmos este último em algum momento. A próxima vez que sentirmos uma emoção forte, poderemos ir ao banheiro e tentar um desses métodos. Até mesmo algumas respirações profundas podem nos permitir estar presentes e nos rejuvenescer, não ficar presos. Podem nos dar a força para estar presentes com qualquer coisa que apareça sem fugir ou ser indulgentes. Não é fácil, mas se perseverarmos os frutos estão aí para serem colhidos. O céu está acima das nuvens, a sabedoria e a compaixão sem limites estão no meio do sofrimento, e nossos prisioneiros são os nossos libertadores – temos apenas de olhar em profundidade.

Capítulo 9

O precioso nascimento humano

No Budismo há uma analogia que expressa como é difícil conquistar um "precioso nascimento humano". Imagine que somos uma tartaruga cega nadando nos vastos oceanos deste mundo, emergindo em busca de ar somente uma vez a cada cem anos. Imagine também que haja um anel de ouro flutuando na superfície desse vasto oceano. A chance que temos de vir à superfície e colocar a cabeça através do anel de ouro é a chance que temos de encontrar um precioso nascimento humano.

Bem, podemos olhar em torno e, ante a violência, a pobreza, os estupros e a destruição ambiental, perguntar-se o que há de tão maravilhoso em nascer como ser humano! É verdade que nem todos os humanos utilizam as oportunidades espirituais que seu renascimento lhes propicia. E nem todos têm as condições que desfrutamos. Mas, como humanos, temos bastante inteligência e talvez dificuldades suficientes para nos motivar a tomar um caminho espiritual. Nem todos os seres têm tal oportunidade. A maioria dos animais, por mais bonita e inocente que seja, não tem a capacidade mental para compreender os ensinamentos espirituais. Se examinarmos atentamente a vida dos animais, poderemos ver que eles não têm a capacidade de melhorar sua situação do mesmo modo que nós.

O que o Budismo tenta fazer ao enfatizar a preciosidade da vida humana é abrir nossos olhos para a sorte que temos, estimular o nosso otimismo, e não o nosso pessimismo. Nas nações desenvolvidas, usufruímos tanto conforto material que não há nada que não possamos ter ou comprar, e mesmo assim há muita insatisfação. Nós nos esforçamos dia após dia, trabalhando por segurança, para adquirir mais, para que nossa vida melhore. Mas estamos mais satisfeitos? A prosperidade material iguala-se à plenitude interior? Embora um grau de estabilidade e segurança material seja importante, obviamente não é suficiente para preencher de todo os seres humanos. Quem percebeu isso pode começar a se perguntar: "Por que estou aqui?"; "Qual é o meu objetivo?"; "O que me dará uma plenitude total e duradoura?".

Parte do desenvolvimento da arte do contentamento e da paz interior é reconhecer e apreciar o que temos. Buddha dizia que todos temos uma natureza pura, um potencial iluminado que é a base fundamental de nosso ser. Mesmo assim, temos sido incapazes de nos ligar à nossa sabedoria primordial, incapazes de desenvolver nosso potencial devido à falta de conhecimento. Agora encontramos um caminho significativo que leva à saída do sofrimento e à liberdade – somos como um pobre que encontrou uma jóia sem preço numa pilha de lixo. Encontrar um genuíno caminho espiritual é o modo pelo qual podemos descobrir nossa verdadeira natureza, mas sem um nascimento humano isso não seria possível. Nesse aspecto, o nascimento humano é como um barco que usamos para atravessar o oceano do sofrimento e alcançar nossa verdadeira natureza; o Dharma é como uma bússola pela qual nos guiamos.

A fim de reconhecer o potencial de um nascimento humano e como é raro descobrir o caminho para o despertar, geralmente contemplamos os seguintes pontos antes de nos engajarmos nos ensinamentos, para tornar nossa mente receptiva.

- É muito raro nascer como humano.
- Mesmo se temos essa sorte, é extremamente difícil nascer num lugar e hora onde os ensinamentos budistas da iluminação estejam disponíveis.
- Mesmo num lugar e hora onde tais ensinametos estejam disponíveis, é difícil encontrar um mestre qualificado com a capacidade de nos guiar na prática desses ensinamentos.

࿇ Se encontramos um mestre com tais qualificações, é raro ter todas as condições necessárias para a prática apropriada.

Por essas razões, diz-se que os seres humanos que usufruem de todas essas condições são os mais afortunados dos seres.

Segundo o Budismo, estamos todos reencarnando desde tempos imemoriais, vagando por muitos tipos de existência, muitas condições. Temos nascido como animais, como seres celestiais e como seres presos em pesadelos infernais; mas em todas essas vidas deixamos de utilizar o caminho espiritual de modo suficiente para perceber nossa verdadeira natureza.

Podemos olhar para os ensinamentos tradicionais sobre o renascimento humano (explicados a seguir) e ter dificuldade de acreditar neles. Muitos de nós acham difícil acreditar na idéia de vidas passadas e futuras, sem falar em nascer como animal ou como um ser celestial. Consideremos então nossa sorte em termos modernos, lembrando que o objetivo dessa contemplação é nos inspirar a reconhecer a oportunidade e pegá-la.

Precisamos somente olhar um jornal para ver que mais da metade da população mundial não partilha as condições que usufruímos. Muita gente não tem comida suficiente, liberdade de expressar suas opiniões ou o direito de praticar a religião de sua escolha. Muita gente vive em países instáveis, dilacerados, onde seus direitos humanos básicos são ignorados – países em que as crianças são convocadas para o Exército, as meninas são forçadas a ingressar em casamentos indesejados prematuramente e gente trabalha o dia inteiro apenas para continuar viva. "Qual é o sentido de pensar sobre isso?", você pode se perguntar; "Só faz com que nos sintamos mal". O objetivo dessa contemplação não é nos causar mal-estar, e sim abrir nosso coração e fazer com que caminhemos um quilômetro na pele do outro, digamos assim. Perceber que estamos livres desses problemas, livres para buscar nossa liberdade e felicidade interiores, é uma causa de grande júbilo, pois essas condições são muito raras. Contemplar o sofrimento de outrem também nos inspira com compaixão e compreensão a nos tornarmos mais bem equipados para ajudar os outros.

Lembro-me de minha primeira visita ao Terceiro Mundo. Que choque perceber que nem todos viviam com os privilégios básicos que eu tenho. Quando eu estava deprimida, pensava que estar viva era horrível. Não percebia que podia ser muito pior nem reconhecia as coisas maravilhosas em potencial que eu podia fazer com a minha vida.

No pensamento budista, a consecução de um precioso nascimento humano é considerada muito rara. Podemos olhar para isso de três ângulos: sua causa, sua freqüência e sua natureza.

Diz-se que a causa do nascimento humano é a conduta ética – basicamente, praticar as dez ações benéficas e afastar-se das dez ações prejudiciais (ver Capítulo 11). Muitos seres, devido à ignorância e a padrões kármicos negativos, fracassam em manter padrões morais básicos e daí por diante passam por nascimentos inferiores, nos quais experimentam os resultados do karma positivo e do negativo. Como diz o ditado, "sem as pernas fortes da conduta moral não se consegue ficar em pé".

Se considerarmos o nascimento humano em termos de números, poderemos pensar que o mundo é superpovoado o suficiente sem que mais fardos lhe sejam acrescentados. Contudo, consideremos que haja uma média de cinco pessoas em uma casa; e se olharmos no espaço abaixo da casa veremos que milhares, senão milhões, de insetos vivem na terra, apenas naquele pequeno espaço. No entender budista, o número de seres nascidos nos reinos mais baixos da existência em estados infernais (um renascimento temporário) é como o número de grãos de poeira na Terra. O número de seres nascidos como fantasmas famintos é como a quantidade de areia numa tempestade de areia, e a quantidade de seres nascidos como animais é como os resíduos deixados num barril de vinho; enquanto o número de seres nascidos nos reinos mais altos (como os seres humanos ou deuses) é como a quantidade de poeira sob nossa unha. Podemos ver que de todos os seres nascidos no universo, o número dos nascidos no reino humano é bem pequeno.

Como humanos, podemos nos engajar no caminho espiritual e nos conectar à nossa verdadeira natureza. Temos muitas qualidades latentes, mas devido a visões equivocadas desenvolvemos uma baixa opinião de nós mesmos. Focalizamos somente nossas próprias incapacidades e nossos equívocos, e não as coisas em que somos bons. Pomos a culpa em eventos externos como os pais ou a sociedade, mas fazendo isso abandonamos nosso poder. Claro que todos fomos maltratados num momento ou noutro. Mas agora que crescemos, que somos adultos, saímos do ninho e precisamos aprender por nós mesmos a voar. Nossa felicidade é nossa responsabilidade. A principal causa de insatisfação é encontrada na mente. Portanto, se quisermos ser felizes precisamos observar nossos processos de pensamentos e adotar modos saudáveis de pensar, agir, e nos soltar de pensamentos e ações prejudiciais à nossa felicidade e satisfação.

Segundo o Budismo Tibetano, há oito libertações (estados de que necessitamos para ser livres) desejáveis para a prática do caminho espiritual:

1. *Libertação do renascimento nos reinos dos infernos* – Imagine que nosso pior pesadelo se tornou realidade, todos os nossos medos e equívocos refletiram-se novamente em nós. Os budistas dizem que a maneira como percebemos a realidade depende muito de nossa mente. Seres que nasceram com percepções infernais têm um intenso sofrimento devido ao ódio e à raiva que desenvolveram em vidas anteriores. O inferno é como o sofrimento que já vemos em alguns humanos, mas aumentado um milhão de vezes. Claro que, como ocidentais em que talvez o "medo do inferno" tenha sido inculcado quando criança, a última coisa que queremos ouvir é que o Budismo também concebe semelhante local. Mas os budistas não objetivam o inferno como um lugar com uma determinada localização; é mais um estado da mente. Pessoas nascem em estados infernais por um certo período, às vezes um dia, às vezes eternidades. Passam por constante dor e tortura de um tipo ou de outro. Esses sofrimento e dor constantes e insuportáveis fazem com que seja impossível até mesmo pensar sobre qualquer coisa exceto tentar escapar dos sofrimentos imediatos.

A causa do renascimento infernal é raiva/ódio.

2. *Libertação do renascimento como fantasma faminto* – Seres nascidos com essa percepção sofrem fome e sede inacreditáveis. Suas vidas inteiras são passadas tentanto preencher seus enormes estômagos através de uma boca do tamanho de alfinete. Nunca conseguem fazê-lo. Tais seres são tão obcecados por seus desejos constantes que não conseguem focalizar mais nada.

A causa para o renascimento como fantasma faminto é cobiça e avareza.

3. *Libertação do renascimento como animal* – Embora tenham uma vida melhor do que muitos seres humanos, os animais sofrem sob o fardo da ignorância, sendo-lhes exigido reagir a tudo por instinto básico em vez de usarem o intelecto para melhorar a vida. Os animais domésticos sofrem em escravidão, estando sob o controle de seus donos; animais selvagens sofrem o constante medo de perder suas vidas. Em geral, os animais simplesmente não têm a capacidade de entender o caminho espiritual, menos ainda a prática dele.

   A causa de nascer animal é a ignorância.

4. *Libertação do renascimento como um deus (ser celestial)* – Há reinos no universo onde os seres nascem com um corpo de luz e inacreditáveis prazeres. Mas de acordo com o Budismo é inútil nascer assim, porque quando gastamos todo o nosso karma positivo retomamos novamente o renascimento nos reinos mais baixos.

   Nascer como um deus é devido ao karma positivo, mas esse karma não é acumulado através da virtude espiritual; deuses nascem devido ao mérito obtido/dedicado à felicidade do mundo, não ao mérito dedicado à iluminação. Os deuses podem viver por milhares ou mesmo milhões de anos. Sua existência é tão extraordinariamente bem-aventurada que eles se tornam distraídos demais para praticar o caminho espiritual. Além disso, não sentem necessidade de nada, tudo é aparentemente perfeito e eles acreditam que permanecerá assim. Não percebem que, quando tiverem exaurido um vasto estoque de méritos (ações positivas), terão de deixar seus prazeres para trás.

   A causa de nascer como um deus são as boas ações não dirigidas ao caminho espiritual (também tingidas de orgulho ou inveja).

5. *Libertação do renascimento entre bárbaros* – Se nascêssemos entre guerreiros com pouca consideração pela vida humana ou pelos direitos humanos, seria muito difícil sobreviver. Seria mais difícil ainda praticar o caminho espiritual, já que ensinamentos espirituais não podem ser encontrados entre eles. Se crescemos em tal ambiente, não podemos nem sequer conceber a procura dos ensinamentos da libertação.

   A causa de nascer nessas circunstâncias poderiam ser agressões e violências habituais e karma misto (positivo e negativo).

6. *Libertação do renascimento com uma visão de mundo errônea* – Se somos parte de um culto com crenças fundamentalistas, haveria pouco espaço em nossa mente para quaisquer outras possibilidades. Teríamos sofrido uma lavagem cerebral tão grande que não questionaríamos nossas crenças. As pessoas que se agarram a opiniões extremadas não têm a mente muito aberta. Tendem a rebaixar o que é sagrado e a rejubilar-se com o que é nocivo à felicidade final.

A causa de nascer com pontos de vista errados é a adesão às opiniões errôneas numa vida anterior, acoplada à ignorância.

7. *Libertação do renascimento num éon sombrio* – Há muitos éons em que nenhum ser iluminado se manifesta para dar ensinamentos. Não porque não se importem conosco, e sim porque, freqüentemente, os seres não acumulam karma positivo suficiente para que um Buddha se manifeste e transmita os ensinamentos da iluminação.

8. *Libertação do renascimento com incapacidades físicas e mentais tão graves que somos incapazes de praticar o Dharma* – Algumas pessoas que nascem em corpos humanos têm mentes que podem não funcionar na total capacidade de uma mente humana. Se a mente não pode compreender os ensinamentos de Buddha, isso é um obstáculo. Não há muitos problemas com os deficientes físicos, cegos, surdos e mudos em praticar o Dharma. Estamos nos referindo aqui ao ser com grave deficiência mental.

O leitor pode considerar alguns desses conceitos inacreditáveis. Nesse caso, apenas mantenha a mente aberta e tente perceber como temos sorte, comparados com outras pessoas e animais.

Há também dez dons que nos são requeridos para conseguirmos praticar o caminho espiritual. Os primeiros cinco são necessários em nosso íntimo. Os outros cinco são condições externas que precisam estar vigentes.

1. *Ter nascido humano* – Como vimos, em outros estados da existência é impossível praticar o caminho espiritual.
2. *Ter nascido num local central* – Tradicionalmente, um local em que se possam encontrar monges e monjas plenamente ordenados, propagando a linhagem. Geralmente, é um lugar onde o Dharma pode ser encontrado ainda florescendo.

3. *Ter nascido com todas as faculdades de trabalhar suficientemente* – Significando que podemos compreender/praticar o Dharma e freqüentar os ensinamentos.

4. *Ter interesse no caminho espiritual e fé em Buddha/Dharma/ Sangha* – Se não temos fé absolutamente nenhuma no Buddha como um mestre iluminado, o Dharma como o atalho que indica um caminho para atingir aquele estado, e a Sangha como a comunidade de praticantes que compartilham o caminho conosco, então é muito difícil acreditar que o que dizem é benéfico. A mente aberta é suficiente para se começar; a fé pode crescer a partir dali. Mas, se formos totalmente céticos, será difícil descobrir benefícios em qualquer caminho espiritual, já que nossos ouvidos estão fechados e nossa mente tem opiniões fincadas em concreto. Posteriormente, a fé (baseada na investigação e na experiência) é necessária para obter-se profundo benefício dos ensinamentos.

5. *Impedir-se de cometer os cinco crimes hediondos* – Como esses crimes são de natureza muito séria, há obstáculos muito grandes em praticar o caminho espiritual. Tais atos são: ferir um Buddha, matar a própria mãe, matar o próprio pai, matar um Arhat e causar um cisma (grande divisão) na Sangha.

6. *O aparecimento de um Buddha (ser totalmente iluminado: alguém que abandonou tudo que precisa ser abandonado e que já tem, aperfeiçoadas, todas as qualidades que necessitam aperfeiçoamento)* – Como mencionado anteriormente, há muitos éons em que Buddhas não conseguem se manifestar (dos últimos 360 éons, um Buddha manifestou-se em quatro; os restantes 356 são chamados de éons sombrios ou vazios).

7. *O Buddha de fato ensinando o caminho espiritual* – É raro que os seres tenham mérito suficiente para entender os ensinamentos da iluminação. Somente depois que os deuses fizeram oferendas o Buddha consentiu em ensinar.

8. *A qualidade permanente dos ensinamentos* – Da mesma forma que o karma positivo dos seres degenera, os ensinamentos de Buddha degeneram. Há quatro estágios de degeneração pelos quais os ensinamentos passam. O primeiro é compreensão profunda – seres entendem o Dharma facilmente e atingem a iluminação muito de-

pressa. O segundo estágio é realização profunda – os seres praticam e atingem o resultado em uma vida. O terceiro estágio é a prática e instrução sem um resultado poderoso. O quarto estágio é o Dharma sendo mantido intacto na aparência mas não no significado (como quando se vê uma bela peça de arte tribal na galeria, mas a tribo há muito está extinta e o significado do artefato, perdido). Os seres neste mundo estão correntemente no terceiro estágio da degeneração, mas que o leitor não fique deprimido; encontramos um caminho espiritual bem na hora! Podemos ver a necessidade de praticar enquanto os ensinamentos ainda são cheios de significados e há mestres à volta para nos guiar no caminho.

9. *A oportunidade de praticar os ensinamentos* – Presentemente usufruímos a liberdade e as circunstâncias de podermos praticar! Temos interesse nos ensinamentos, comida/tempo/dinheiro suficientes para fazer retiros e assistir às aulas. Isso é muito precioso; muitos seres no mundo não têm a liberdade que temos de poder praticar.

10. *Apoio para os ensinamentos e seus seguidores* – Sem o apoio de seus seguidores, o Dharma não pode florescer. Se não há praticantes treinados e apoiados desde uma idade muito tenra, a linhagem não pode continuar. Sem um local para se encontrar e meditar, não há foco. Precisamos fazer o esforço de praticar, levar adiante a linhagem e realizá-la por nós mesmos. Caso contrário, ela morre conosco. Para os que são budistas, é também importante apoiar os centros de Dharma, monges, monjas e praticantes de qualquer maneira que pudermos, seja financeiramente ou dando nosso tempo.

Devemos ter tido muitas aspirações para alcançar esse estado, conquistar essas oito libertações e dez dons. Se não aspiramos, é improvável que alcancemos nossos objetivos, já que nossas intenções são os fatores primordiais que nos impelem através da vida. Mesmo se não acreditamos na possibilidade de nascer como animal, podemos ver como é duro reunir todas as causas e condições necessárias para encontrar o caminho espiritual. Quantas pessoas hoje em dia estão realmente trabalhando para se transformar praticando a espiritualidade de modo completamente devotado?

A preciosidade de nascer humano em condições para a iluminação é surpreendente. Apesar disso, seu valor só é proporcional ao valor que sentimos no caminho espiritual. Enquanto praticamos e ganhamos os frutos da meditação, o valor do caminho espiritual parece aumentar. Sentimo-nos gratos por termos preenchido as causas e as condições de chegar ao Dharma.

Meditação analítica sobre o precioso renascimento humano

O objetivo da meditação analítica é desenvolver modos mais saudáveis de ver o mundo e nós mesmos; mais especificamente, desenvolver qualidades espirituais como gratidão, entusiasmo pelo caminho espiritual, compaixão e sabedoria. Antes de termos compreensão direta, precisamos de compreensão conceitual. A meditação analítica significa examinar um determinado tópico na mente, quase estudando-o, mas indo mais fundo, pois numa sessão de meditação estamos livres das distrações normais da vida. Na meditação analítica, contemplamos verdades iluminadas a fim de desenraizar nossas opiniões errôneas e os padrões de comportamento que causam nosso sofrimento. Substituímos essas opiniões erradas por pensamentos e comportamento que causem felicidade.

Quando começamos a examinar profundamente nosso coração e mente, podemos ver que muitas opiniões que temos sobre quem somos e o estado do mundo são baseadas na suposição, – não na verdade. Nunca examinamos muito profundamente nossas opiniões. A meditação analítica nos permite examinar essas pressuposições para esclarecer o que é desnecessário e pouco sólido, e para estabelecer as bases firmes para o surgimento da paz e da felicidade. Embora a meditação analítica parta de um nível conceitual, quanto mais nos engajamos nela, mais profundo serão nossos *insights* – até que o Dharma seja incorporado em nossa vida e experiência.

Embora essas contemplações funcionem num nível intelectual, podemos descobrir que, quanto mais ponderarmos nela, mais profundamente chegaremos ao ponto necessário. Tais idéias podem inspirar estados espirituais profundos; afinal, são nossos pensamentos negativos que nos fazem infelizes. Quando nos voltamos para a meditação analítica, podemos contemplar os exemplos dados (no corpo principal dos ensinamentos em cada capítulo) e tentar realmente fazer com que a meditação evoque sentimentos genuínos em nós. Podemos aplicar os exemplos à nossa vida, para ver como são relevantes para nós. Se a qualquer momento um sentimento genuíno pelo tópico começar a surgir, simplesmente tire um momento para soltar-se da análise e repousar naquilo. Com a meditação analítica, estamos desenvolvendo modos de pensar que são a causa da felicidade. No Budismo, a prática é muito importante. Ser um estudioso brilhante não nos ajudará quando a morte bater à nossa porta. Somente as realizações espirituais que ganhamos por meio da prática nos ajudarão a combater o sofrimento e a tragédia. Portanto, é muito importante contemplar e implementar os ensinamentos (como o precioso nascimento humano) a fim de ter acesso aos estados espirituais muito reais da mente para os quais apontam os ensinamentos.

Se você se sentir à vontade após ler sobre amparo, pode recitar a reza de refúgio (p. 158). Caso contrário invoque, as bênçãos de todos que você considera sagrados e peça-lhes para abençoá-lo, para que você possa ter êxito nessa contemplação, ser inspirado e ter seu coração aberto. (No Budismo, a idéia de "bênção" significa que invocamos a sabedoria e compaixão de seres iluminados – que são também símbolos de nossa própria sabedoria profunda – e pedimos a eles que nos ajudem a realizar nosso potencial para compaixão ilimitada e sabedoria onisciente.)

Então, você pode pousar a atenção na respiração por um tempo, permitir à mente que diminua o ritmo e se torne mais calma.

Pode pensar sobre suas atuais condições, sua vida até agora. Tem havido muito sofrimento e dor, muitas ações inábeis, muita confusão? Você tem realmente levado uma vida que reflete suas aspirações mais altas? Ou tem sido aprisionado numa nuvem de ódio e depressão auto-induzida? Mesmo se sua vida estiver bem, pode haver a sensação de que poderia ter sido melhor. Decida livrar-se desse sentimento sombrio de desesperança.

Quando olhamos francamente para nossa vida, vemos que temos tido de passar por muitas experiências desagradáveis porque não tivemos escolha. Temos perambulado pela existência mundana vida após vida, como mendigos espirituais; procurando a felicidade em todos os lugares, tentando muitas coisas, mas jamais encontrando satisfação duradoura. Entretanto, todo esse tempo possuíamos tudo que precisávamos para atingir a felicidade; possuímos a jóia de nossa sabedoria interior, nossa natureza búdica.

Para ganhar um pouco de distanciamento sobre nossa vida, também contemplamos os problemas dos outros seres. Vemos como os outros vivem. Imagine-se como uma criança acorrentada a um fabricante de tapetes muitas horas por dia, forçada a trabalhar até ficar cega; ou espancada e faminta. Imagine-se como uma prostituta ou um mendigo por não ter encontrado outro modo de sobreviver e sustentar a família. Como seria nossa vida?

Poderíamos imaginar que vida teríamos se fôssemos uma pessoa morando num barco, ou com todos os nossos bens roubados, a esposa ou filha violentada, o irmão atirado pela amurada, e nosso navio afundando repetidamente empurrado para o mar pela polícia. Em tais situações de sofrimento desesperado, as pessoas não têm nenhuma liberdade para praticar. Imagine se tivéssemos nascido num país com um regime fundamentalista onde não houvesse nenhuma liberdade política ou espiritual, onde pudéssemos ser mortos por não usar determinada vestimenta ou agir de um determinado modo.

Imagine se fôssemos um bezerro ou cordeiro arrancado da mãe e empurrado para o matadouro, onde fôssemos abatidos para que comessem nossa carne. Observamos enquanto os que conhecemos são executados diante de nós, e não temos inteligência ou liberdade para mudar a situação. Se essa idéia é extrema demais, podemos pensar sobre o sofrimento dos que estão próximos a nós, e nos colocarmos em sua pele. Como seria ter um bebê doente, que nunca parasse de chorar? Ter tensões conjugais, estresse, depressão e ansiedade? Todos passamos por esses problemas, mas aqui estamos pensando naqueles cujo sofrimento é muito maior que o nosso.

Se de fato conseguirmos nos colocar em qualquer desses cenários, poderemos ver que, comparados a eles, temos muita sorte. Não é preciso ter medo de levantar pela manhã quando sabemos que estamos no caminho da felicidade final; usufruímos muita liberdade. Temos comida suficiente e há gente que nos ama. Podemos ir a qualquer lugar e sermos qualquer coisa. Depende de nós vermos além dos limites de uma vida engrenada unicamente na direção dos ganhos materiais.

Todos os seres possuem uma natureza pura e mesmo assim afogam-se no oceano de nascimento, velhice, doença e morte por tantas vidas. Dedique-se a fazer o máximo dessa vida humana, essa precisa e única oportunidade que temos. Nossa natureza é sabedoria; nosso potencial, a iluminação – compaixão pura, conhecimento onisciente, liberdade ilimitada, liberdade de qualquer tipo de limitação e auto-apego, capacidades surpreendentes para beneficiar os outros. Se sua natureza fosse negra como carvão e, por mais que a esfregássemos, continuasse negra, então não adiantaria trilhar o caminho espiritual. Mas olhe profundamente para os seres humanos. Todos nós aspiramos ser algo maior, melhorar. Respeitamos freqüentemente pessoas como Madre Teresa, Nelson Mandela e o Dalai Lama, que se erguem acima das condições difíceis e corporificam qualidades imemoriais. Mas, embora os respeitemos, poucos de nós reconhecem que nós mesmos podemos nos tornar versões deles. Nossa natureza é tão forte e pura como um diamante bruto; embora às vezes enterrada profundamente em nós, pode ser encontrada. Todos os seres podem se tornar iluminados se tiverem as condições corretas, mesmo se fizeram coisas negativas no passado. Nossa natureza de Buddha está amortalhada nas camadas da desilusão e do auto-apego que temos reunido imprudentemente desde tempos imemoriais, mas pode ser encontrada com os métodos corretos, asseguram-nos os ensinamentos.

Uma vez que se esteja consciente dessa preciosa oportunidade, pode-se aspirar a tirar o máximo dela. É um tempo raro aquele em que a porta da sabedoria está aberta para que passemos por ela. Se não fizermos esforços espirituais agora, como sairemos algum dia do oceano do sofrimento?

Se você se sente à vontade com as idéias debatidas até aqui, neste ponto pode passar em revista as oito liberdades e os dez dons requeridos para entrar no caminho espiritual, que são conquistados através de uma conduta ética e benéfica. Relembre a raridade do nascimento humano em termos do número comparado a outros reinos. (O número de seres nascidos nos reinos dos infernos é como o número de grãos de poeira na superfície da Terra. O número de seres nos reinos dos fantasmas famintos é como a quantidade de areia numa tempestade de areia. O número de seres nascidos nos reinos animais é como as borras num barril de vinho. O número de seres nascidos nos reinos mais altos, como deuses e humanos, é como a quantidade de pó sob nossas unhas.) Veja que o nascimento humano e a oportunidade de praticar o Dharma são raramente obtidos.

Reflita em como o nascimento humano pode trazer grandes benefícios – liberdade do sofrimento, indo da felicidade para maior felicidade, removendo o sofrimento do mundo e, eventualmente, trazendo a iluminação, que nos termos budistas é o mais alto potencial da humanidade.

Com essa única vida extraordinária podemos alcançar liberdade ilimitada, sabedoria, felicidade duradoura e amor dentro de nossas próprias mentes. Há muito que podemos fazer para transformar nosso sofrimento interno ao cultivar a sabedoria. Quando temos as necessárias sabedoria e compaixão desenvolvidas na própria mente e estamos sobre um solo espiritual firme, não há limite para o benefício que podemos levar aos outros. Resumindo, podemos pensar inspirados nas linhas seguintes:

> Em minhas intermináveis jornadas através do nascimento e da morte, numa ocasião assumi um nascimento humano, mas nunca realizei o verdadeiro objetivo da vida humana – a iluminação. Não estarei me desapontando, como voltar com as mãos vazias de uma ilha cheia de jóias, se deixar de aproveitar essa oportunidade sem preço, agora que a encontrei? Deste momento em diante vou me dedicar a fazer o máximo de minha vida, afastando as ilusões e aperfeiçoando a sabedoria e a compaixão, a fim de trazer imparcialmente grandes benefícios a todos os seres e a mim mesmo.

Embora seja fantástico que usufruamos os confortos e as vantagens de um ser humano, agora não é o momento de se deitar ao sol. A vida humana é como uma vela ao vento, facilmente apagável. Precisamos usar a vida em todo o seu pleno potencial agora. Não sabemos onde renasceremos ou em que condições. Precisamos trabalhar para nos preparar para a morte e finalmente para libertar outros e nós mesmos da ignorância que nos liga ao nascimento e à morte.

Agora, podemos ver a sorte que temos em nascer humanos, e quanto potencial temos, não precisamos ficar deprimidos. Temos todas as oportunidades de alcançar esse potencial. Se o fazemos ou não, depende de nós. A única diferença entre os Buddhas e nós é que eles não desistiram.

Essa vida humana é como um barco que usamos para atravessar o vasto oceano do nascimento e da morte. Se nos comovemos com isso, podemos fazer um voto a nós mesmos – o de não desperdiçarmos a vida, e que faremos esforços sinceros para praticar um caminho espiritual, para ser o mais benéfico possível a outros e a nós mesmos.

Contemplar o precioso renascimento humano dá inspiração e significado à vida. Podemos fazer nossa devoção a ele com essa simples prece:

Possam todos os seres encontrar renascimento humano.

Possam todos os seres atingir o renascimento humano com as condições para praticar o caminho espiritual.

Possam todos os seres com essas condições alcançar suas mais elevadas aspirações.

Possa eu me tornar um instrumento excelente e inoxidável através do qual todas as formas da experiência de seres sofredores possam ser removidas.

Possa eu atingir o resultado que preencherá as necessidades de todos os seres sencientes!

Práticas subsidiárias geralmente executadas antes da meditação

Tomando refúgio

Antes dos budistas meditarem, geralmente buscam refúgio – o que significa simplesmente tomar Buddha como mestre, o Dharma como caminho e a Sangha como seus companheiros de caminho. Tomar refúgio significa deixar de apoiar-se em coisas materiais/externas e distrações que nos proporcionam satisfação e passar a apoiar-se na sabedoria espiritual para encontrar nossa caminho através da vida.

Todos sofremos e nos sentimos confusos. Nossa mente é com freqüência uma confusão total e estamos constantemente à mercê da incerteza com relação às condições externas. Samsara não é um refúgio muito bom para nossas esperanças. Sempre acaba nos desapontando. Quando somos jovens, temos o amparo de nossa mãe; à medida que ficamos mais velhos podemos ter o amparo de um parceiro romântico. Mas as mães morrem, casamentos se desfazem, perdemos o emprego, não podemos mais pagar a hipoteca ou comer, ficamos velhos e doentes. Tudo que é criado posteriormente desmorona. Nossas vidas são muito incertas. O refúgio espiritual, no entanto, está sempre ali para nós. Quando tomamos refúgio em nossa verdadeira natureza – o conhecimento de que somos fundamentalmente puros; quando tomamos refúgio no modo de compreender e amar, um caminho para cultivar sabedoria, liberdade mental e felicidade; e quando tomamos refúgio naqueles que trilharam antes de nós o caminho espiritual – essas são as coisas que não nos trairão.

Como seres que têm doenças e sofrimentos, podemos encarar Buddha como um médico, o Dharma como remédio e a Sangha como enfermeiras que estão ali para nos ajudar. Se ficamos doentes, consultamos um médico. Ele pode saber como nos curar, mas, a não ser que tomemos o remédio que nos é receitado, nunca nos recuperaremos. Buddha conquistou acesso a um estado completamente desperto e feliz, mas não podemos nos colocar naquele estado. Ele pode oferecer bênçãos, mas somos nós que precisamos fazer o esforço para nos ficarmos como ele. Alguns simplesmente vão de ensinamento a ensinamento, colecionando-os e estocando-os. Nunca praticam o que lhes foi dado. Se fizermos isso, somos como alguém que tem muitas caixas de medicamentos no armário do banheiro. Ele pode decorar o armário, reverenciar, oferecer incenso e dizer: "Ah, como esse remédio é maravilhoso"; pode até rezar para que o médico o cure. Mas até tomar o remédio de fato (praticar os ensinamentos) nunca se tornará um ser espiritual curado e inteiro.

Num nível relativo, quando tomamos refúgio em Buddha, nós o tomamos como nosso guia espiritual. Num nível último, estamos nos refugiando em nossa própria natureza iluminada, como um Buddha representa nosso puro potencial. Todos têm o potencial para se tornar um Buddha. Refugiando-nos nele, estamos reconhecendo que temos bondade e sabedoria interiores. Então nos refugiamos no Dharma, que é o caminho que nos ajuda a realizar nossa natureza de Buddha, o caminho da iluminação. Buddha ensinou 84 mil métodos para iluminar seres de várias predisposições.

A seguir nos refugiamos na Sangha – os seres que vêm seguindo esse caminho de destemor através de todos os tempos, nossos ancestrais espirituais que agora passam o caminho de sabedoria para nós. Há três tipos de Sangha. Primeiramente, a Arya Sangha – inclui aqueles que entraram em um dos quatro níveis: O Que Entra na Corrente, O Que Volta uma Vez, O Que Não Volta e o Arhat (esses são os atalhos progressivos no caminho Theravada), e os Bodhisattvas – os que desenvolvem o objetivo altruísta de se tornar um Buddha para liberar inúmeros outros seres. A Arya Sangha inclui também todos os Buddhas. O segundo tipo de Sangha é o conjunto de monges e monjas que se dedicaram totalmente ao caminho espiritual e se esforçam por seguir os passos de Buddha. Na tradição Theravada, eles se amparam na Arya Sangha e na comunidade monástica. Finalmente, a Sangha também pode ser a comunidade espiritual nos rodeando – outros que partilham os mesmos ideais e o caminho conosco. Quando nos amparamos na tradição Mahayana (Grande Veículo), estamos nos referindo à Arya Sangha.

No Budismo Tibetano, invocamos a presença de todos os seres iluminados para virem ante nós na forma de Shakyamuni Buddha (o Buddha histórico). Buddha assemelha-se a um monge belo e jovem de pele dourada que se senta à nossa frente sobre um lótus e o disco da Lua (o simbolismo do lótus é que, embora seres iluminados se manifestem no mundo do sofrimento, não estão manchados por ele – da mesma forma que o lótus não é manchado pela lama de onde brota; o disco da Lua representa compaixão). Ele olha para todos os seres com olhos de compaixão.

Imaginamos que sentamos em frente a Buddha com nossa mãe à esquerda, nosso pai à direita, todos os que são ligados a nós atrás, e todos aqueles com quem temos dificuldades na frente (são os que mais nos têm a ensinar!). Imagine também que todos os seres a quem somos indiferentes estão sentados em torno de nós em forma humana. Em suma, estamos rodeados por todos os seres, todos se juntam a nós para buscar sinceramente amparo.

Tendo em mente a raridade dessa oportunidade e a motivação que temos para libertar a nós e ao mundo de todo o sofrimento, nos amparamos de todo o coração nas Três Jóias (Buddha/Dharma/Sangha) recitando a seguinte fórmula do refúgio:

Eu e todos os ilimitados seres sencientes, iguais aos confins do espaço,
Deste momento em diante até que a essência da iluminação seja firmemente obtida (recitar uma vez)
Tomamos refúgio no realizado e Abençoado Buddha,
Tomamos refúgio no Ensinamento Sagrado,
Tomamos refúgio na Nobre Sangha. (recitar três vezes)

Recitamos sinceramente a fórmula de refúgio três, sete ou vinte e uma vezes. Enquanto dizemos "Tomamos refúgio no realizado e Abençoado Buddha", pensemos nas qualidades da mente de Buddha – ilimitada compaixão, sabedoria, poder de ajudar os outros. Pedimos a Buddha para ser nosso guia. Enquanto dizemos "Tomamos refúgio no Ensinamento Sagrado", representado pela fala de Buddha, rezamos para poder compreender a essência dos ensinamentos. Enquanto dizemos "Tomamos refúgio na Nobre Sangha", pensamos sobre a Sangha de seres iluminados (a Arya Sangha), que está sempre lá para ajudar de modos visíveis e invisíveis (pense que eles são representados pelo corpo de Buddha). Solicitamos aos membros da Sangha que sejam nossos companheiros constantes ao longo do caminho.

Geralmente, essa prática nos inspira; mas é perfeitamente razoável ver que nem todos querem se tornar budistas, e não é necessário ser budista para beneficiar-se de certo modo da filosofia que o Budismo corporifica. Podemos pegar ou largar, dependendo de nossa preparação.

Capítulo 10

Dançando com a mudança e a morte – aprendendo com a impermanência, a morte e a reencarnação

Buddha dizia que de todas as pegadas de humanos e animais, a principal é a do elefante. Também entre as meditações, a principal é sobre a impermanência. Por quê? Porque, quando contemplamos a impermanência, ela coloca o resto de nossa vida num certo distanciamento. Ela nos mostra não apenas a preciosidade do momento e a fugacidade da vida, mas o que é realmente importante.

No tempo presente, agimos como se fôssemos ficar aqui para sempre. Não caminhamos suavemente sobre a Terra como faziam nossos distantes ancestrais. Caminhamos pesadamente, abrindo cicatrizes na Terra, para os que se seguirem a nós saibam definitivamente que estivemos aqui. Queremos ser jovens e saudáveis para sempre; alguns tentam desafiar as leis da gravidade. Mas, por mais que nos exercitemos, por mais dietas saudáveis e plásticas que façamos, eventualmente as rugas começam a aparecer, os cabelos brancos surgem e as coisas se deterioram. Isso é parte da impermanência.

Tudo em torno de nós é impermanente; tudo tem um ciclo de vida de nascimento, decadência, velhice e morte. A mudança está sempre se processando em torno de nós; apenas estamos em geral ocupados demais para notá-la. As estações nos mostram isso, nossos amigos e famílias também; até mesmo nosso corpo mostra as mudanças. Quando meditamos, podemos ver como as sensações do corpo vêm e vão. Poderíamos achar que é bastante óbvio que as coisas mudem; mas, embora as coisas sejam impermanentes, de modo geral achamos muito difícil aceitar isso. Não gostamos de perder o controle sobre as coisas, desejamos que fique tudo muito estável e confortável. Isso faz com que nosso ego se sinta no controle.

Apegamo-nos às coisas, às experiências e a outros seres. Queremos que as boas experiências durem e as más terminem tão cedo quanto possível. Mas, por mais intensamente que desejemos, as coisas nunca podem ser assim porque isso vai contra as leis da natureza. Tudo é impermanente porque gira em ciclos de ação e reação ou segundo a lei de causa e efeito conhecida como karma. Portanto, não importa quanto tempo desejemos que as coisas permaneçam as mesmas; elas durarão apenas tanto quanto o karma/resultado de nossas ações anteriores durar.

De certo modo, a impermanência é muito refrescante, pois nos mostra que podemos passar de infelizes e obscuros a plenamente despertos e iluminados. Se contemplarmos a impermanência, ela poderá reduzir nosso desejo por coisas a que normalmente atribuímos muita importância – como ter uma boa posição na sociedade, ser apreciado e respeitado, ter um bom emprego, boa casa, bom parceiro, uma renda alta etc. Claro que é bom ter essas coisas, mas elas não são o problema – o problema é o nosso apego a elas. Mesmo se desistíssemos de todas as nossas coisas materiais, o apego e os Oito Dharmas Mundanos ainda estariam presentes em nossa mente. São eles:

1. Querer ser feliz (ter prazer);
2. Não querer sofrer (ter dor);
3. Querer ganhar;
4. Não querer perder;
5. Querer a fama;
6. Não querer perder o prestígio;
7. Querer ser louvado;
8. Não querer ser criticado.

Passamos muito tempo tentando obter esses Oito Dharmas Mundanos, mas é improvável que eles nos ajudem num nível espiritual. São eles e o apego que nos aconselham a abandonar se desejamos provar da verdadeira libertação.

Se percebermos que um dia perderemos todas essas coisas para a morte ou circunstâncias infortunadas, então elas deixarão de tornar-se tão importantes. Perceber a impermanência pode também nos ajudar quando sofremos; se permanecermos no presente momento, conscientes de nossa respiração, conseguiremos desenvolver uma liberdade de mente e coração, conseguiremos nos soltar. Sabemos que mesmo a mais sombria nuvem de emoção passará. Isso não significa que devemos suprimir nossas emoções ou não senti-las. Sentimos as emoções e as reconhecemos, mas não mergulhamos nelas ou nos alimentamos delas, ou tentamos inflamá-las ou nos apoiamos nelas. Nós as observamos surgir, permanecer e se dissolver sem sermos atirados de um lado para o outro por elas. Como um surfista numa tempestade, é melhor cavalgar as ondas da impermanência. Não é de nosso interesse apegarmo-nos à impermanência; ela só nos fará sofrer mais quando não formos capazes de aceitar a lei da impermanência e nossa vida desmoronar em torno de nós.

Contudo, se adotamos a impermanência, a vida torna-se mais um jogo a ser jogado ou um desafio a ser enfrentado do que uma sentença a ser cumprida. Quanto mais tentamos controlar as coisas e nos agarrar a elas, mais nossa vida se torna uma prisão. Se pudermos abrir as janelas e portas da jaula e deixar o mundo entrar, aceitar a impermanência com serenidade, então seremos muito mais felizes. Como já vimos, os grandes sábios do mundo não foram aqueles que evitaram a impermanência e o sofrimento, foram aqueles corajosos o suficiente para enfrentá-los de coração aberto e aprender com eles.

A impermanência leva a outra coisa – a percepção da morte e como esta coloca nossa vida num ponto de vista distanciado. Sem incluir a verdade da morte, algo está incompleto em nossa vida. Nós a desperdiçamos, considerando garantido que as coisas sempre permanecerão como são. Com que freqüência contemplamos a impermanência ou ponderamos como nossas vidas são frágeis, e que morreremos um dia? Pode parecer um tanto pessimista contemplar a morte, mas é muito importante. Isso desperta nossa vitalidade espiritual e sacode o mal-estar de nossas emoções negativas. Contemplar a impermanência é a diferença entre viver numa confortável ignorância e realmente usar esta vida em seu potencial total; tornar-se verdadeiramente feliz e desperto.

Mesmo se não estamos interessados na morte, um dia ela chegará até nós. Com muita freqüência, nós nos divorciamos do que está acontecendo à volta; se a experiência do momento presente é forte demais ela pode ser dolorosa, pode rasgar a antiga fortaleza da ilusão e do egoísmo em nosso coração. Nós nos fechamos para a vivacidade da vida e apenas tentamos nos manter tão confortáveis e distraídos quanto podemos.

Geralmente choramos quando alguém morre num filme, mas de certo modo aquilo está distante de nós, não nos faz perceber que algum dia quem vai morrer seremos nós. Um dia nosso nome estará nos obituários dos jornais. Gente cujos nomes lá estão hoje talvez não esperassem estar lá há uma semana. Podem ter feito planos para o mês seguinte, o próximo ano. Provavelmente estavam rindo e amando no dia anterior, mas agora morreram.

Se percebêssemos verdadeiramente que podemos morrer amanhã, viveríamos de modo diferente. Sabemos de pessoas que tiveram experiências de quase-morte e posteriormente perceberam como cada ato que cometeram durante a vida tinha importância; que a vida era realmente um lugar para aprender e praticar uma compreensão maior.

A contemplação da morte

Há três pontos principais nessas contemplações: primeiro, a morte é certa; segundo, a hora da morte é incerta; e terceiro, o único benefício que podemos ter ante a morte é a prática e a realização espiritual.

A morte é certa

Jamais houve um ser que vivesse e não morresse. Pense nisso: todas as lendárias figuras históricas, apesar de seu talento, grandes feitos e riqueza, morreram; nossos avós e parentes mais velhos estão morrendo à nossa volta. Não há uma família que não tenha experimentado a morte de um ser amado, em um momento ou outro.

É como a história de Kisa Gotami da Therigatha (canções das Irmãs) – uma parte do Cânone Páli que celebra a realização e o estado de Arhat de muitas das primeiras monjas de Buddha. Kisa Gotami era uma mulher magra e doente e, nos dias de Buddha, o único propósito de uma mulher era ser uma boa esposa e produzir um herdeiro. Kisa casou-se numa família que a tratava muito mal. Todos a consideravam uma inútil. Ela precisava servir a sogra como uma escrava, mas finalmente engravidou. Levou a gravidez a bom termo e teve um menino.

Após ter esse filho, a vida de Kisa mudou dramaticamente. Todos começaram a tratá-la com bondade e respeito. Kisa ficou muito feliz, e amava muito o filhinho. Contudo, depois de um curto período, seu filho adoeceu e morreu. Kisa enlouqueceu de sofrimento, e não deixava que as pessoas enterrassem o cadáver do filho. Segurava-o nos braços e perambulava pela cidade perguntando a todos se tinham algum remédio que pudesse curar o menino. Por solidariedade, alguém sugeriu que ela fosse até Buddha; se ele não pudesse ajudá-la, ninguém poderia.

A mulher perturbada viajou até Buddha com o corpo inerte da criança nos braços e implorou a ele: "Oh, Iluminado, por favor, ajude-me a encontrar um remédio para salvar meu filho, certamente o senhor pode me ajudar!". Todos olharam para a mulher enlouquecida e se perguntaram o que Buddha diria.

Para surpresa deles, ele respondeu: "Vou ajudá-la, mas antes preciso que me traga um punhado de sementes de mostarda de uma das casas nessa cidade". Kisa ficou muito alegre; aquilo era muito simples, todos tinham sementes de mostarda. Buddha então especificou que as sementes tinham de vir de uma casa onde ninguém houvesse morrido. Kisa correu para encontrar algumas sementes. Na primeira casa a que chegou as pessoas lhes deram boas-vindas e ela pediu as sementes de mostarda, que lhe foram dadas. Ela então perguntou se alguém morrera na família, e eles se mostraram tristes. O cunhado deles morrera recentemente.

Ela foi para outras casas, mas em cada uma delas alguém havia morrido – uma mulher morrera de parto; um marido, devido a uma longa viagem; e um avô, de velhice. Kisa Gotami logo percebeu que não era a única a perder um ente querido, que a morte chega para todos. Então, voltou a Buddha. Quando ele perguntou se ela encontrara as sementes, ela respondeu que não encontrara uma casa em que ninguém houvesse morrido e que notara que o sofrimento da morte e da impermanência embebia tudo. Naquele momento ela pediu para ser admitida na ordem das monjas, para que pudesse se libertar do oceano de sofrimento. Essa história tem um final feliz. Kisa Gotami superou os grandes sofrimentos do nascimento e da morte. Tornou-se um Arhat, aquele que se libertou de todas as máculas, e também uma professora inspiradora e muito renomada.

Ninguém pode evitar a morte. Mesmo se nos trancássemos num quarto ou nos escondêssemos numa fenda, não conseguiríamos escapar dela. Desde o momento em que nascemos estamos na via expressa para a morte; nosso espectro de vida está continuamente fluindo como uma queda d'água.

A hora da morte é incerta

Os bebês morrem no ventre, crianças que engatinham morrem de doenças ou acidentes. Crianças, adolescentes, gente de meia-idade e idosos também morrem. O fato de termos saúde, força e um grande saldo no banco não significa que não possamos morrer amanhã. Não são apenas os velhos que morrem; não podemos contar como certo atingirmos uma idade avançada. A morte pode nos levar a qualquer momento; ela não discrimina. Não tem nenhum sentimento; não podemos suborná-la ou nos tornar amigos dela. A qualquer momento ela pode chegar para nós. Daí a importância da prática espiritual agora, de conhecer nossa própria mente, saber como funciona e descobrir nossa natureza de sabedoria imortal.

Freqüentemente adiamos as coisas – "Sim, quando eu me aposentar e tiver mais tempo, me tornarei muito disciplinado e meditarei". Mas temos de nos preparar para a morte agora – podemos não chegar até a aposentadoria!

As causas da morte são muitas, embora as causas da vida sejam poucas. É só visitarmos uma UTI de hospital para ver como é frágil o corpo humano. Ele é sujeito a doenças, muitas das quais sem cura. Podemos ser atingidos por elas a qualquer momento. Podemos ter um acidente em casa ou num carro ou atravessando a rua. Acidentes podem acontecer em qualquer lugar. O fluxo da mente consciente é facilmente separado do corpo.

Há muito mais causas de morte do que causas para sustentar a vida. Todas as coisas que nos sustentam – água, comida, abrigo, até aqueles que amamos – podem se transformar nas causas de nossa morte.

A única coisa que nos traz benefício no momento da morte é a prática e a realização espiritual

Não podemos levar nossos bens conosco, nem nossa família ou os amigos; não podemos levar nem nossos corpos. Só podemos levar conosco o fluxo da mente e as pegadas que deixamos através de nossas ações. Se usamos bem a vida, se a desenvolvemos através da prática espiritual – vivendo no momento presente onde está todo o potencial e beleza, domando a mente em vez de sermos aprisionados no desejo da permanência e de seguirmos com nossos hábitos neuróticos –, então a morte não nos dará medo. Grandes praticantes olham a morte como uma oportunidade de libertação. Mas, se não fizermos nenhum esforço para trabalhar com a mente na vida e não acumularmos nenhuma energia positiva, a morte não nos trará libertação, e sim um incontrolável renascimento em qualquer número de reinos.

Para o praticante espiritual, a morte é uma parte importante da vida porque mostra o significado da última. Esta é tão impermanente quanto uma bolha d'água, facilmente estoura. Às vezes parece que estamos aqui para sempre. Lembramos coisas e mesmo assim não nos vemos mudando. Na verdade, estamos sempre mudando. Eu não sou a mesma Irmã Yeshe do ano passado; minhas idéias, emoções e desejos estão mudando constantemente.

Preparar-se para a morte é essencial porque morremos do modo como vivemos. A hora da morte traz uma oportunidade preciosa. Se experimentamos a verdadeira natureza da mente em nossa vida, podemos ter a oportunidade de nos unirmos a ela na morte. Uma vez livres de nossos corpos grosseiros, a mente é nove vezes mais aguçada e sensível, segundo nos dizem os textos budistas. Se sabemos o que procurar, podemos atingir a iluminação. Isso de modo algum é fácil e depende muito dos esforços espirituais que fazemos para perceber a verdadeira natureza da mente durante nossa vida.

O processo da morte

Nossos corpos são feitos de elementos, especialmente terra, água, fogo, vento/ar e consciência. Quando esses cinco elementos se dissolvem uns nos outros, experimentamos a morte física. O que morre são os elementos, não nós; se estamos mortos, não haverá ninguém para experimentar o que vem depois da morte. Como diz a máxima, "nada se perde, apenas se transforma".

O primeiro estágio da morte é nosso elemento terra se dissolver em nosso elemento água. O moribundo tem a sensação de afundar, como se fosse puxado para baixo de uma montanha. Talvez peça que o segurem. Ele ouve o desmoronar das montanhas. Essas sensações são situadas no chakra do coração (um dos centros de energia no corpo).

A seguir, o elemento água se dissolve no elemento fogo. O moribundo vê algo como fumaça ou nevoeiro. Ele pode estar deprimido e perder a sensação de seu corpo. A boca e o nariz secam e ele sente que está sendo empurrado por uma onda. Em vez de interpretar isso como um afogamento, podemos lhe dizer: "Agora seu elemento água está se dissolvendo no fogo, deixe-o ir".

O elemento fogo dissolve-se então no elemento vento/ar e o moribundo experimenta uma visão como faísca. Esses eventos estão situados no chakra da garganta. O moribundo perde a capacidade de falar. O calor retira-se de seus membros e vai para o coração. Ele não consegue mais concentrar-se nem reconhece mais ninguém. O agregado da percepção se dissolve e o moribundo sente que está sendo queimado pelo fogo.

Então o elemento ar se dissolve no elemento da consciência. O moribundo vê uma luz bruxuleante. Isso está acontecendo à volta do chakra básico. As entranhas inferiores relaxam (a pessoa pode se sujar). O moribundo se sente soprado por um furacão. Sua respiração arfa e estertora. Ele respira uma última vez e sofre morte clínica. A consciência, porém, pode ir embora imediatamente ou levar dias para deixar o corpo.

A consciência então se dissolve no elemento branco (isso é algo que recebemos do esperma de nosso pai no momento da concepção). O chakra da coroa é amarrado como uma corda a outros canais de energia; eles se desamarram. O elemento branco está livre e desce do chakra do coração. O moribundo sente como se estivesse perambulando por uma ravina branca. Surge uma ofuscante luminosidade/luz. Para que não fuja e resista, podemos dizer a ele: "Esse é o elemento branco se dissolvendo". As noções de ódio cessam. Ajude-o a reconhecer essa oportunidade. É um bom lugar para ele meditar. (Embora a pessoa tenha acabado de morrer, sua consciência pode ainda escutar o que você diz – a mente dela está num estado muito sutil.)

Então, o elemento vermelho (que recebemos do óvulo de nossa mãe) se dissolve. A pessoa se sente como se perambulasse numa ravina vermelha. O elemento vermelho ergue-se do chakra básico para o coração. A mente da pessoa está presa entre os elementos branco e vermelho (exatamente como está presa na concepção). Diga a ela: "Não tenha medo, esse é o elemento vermelho se dissolvendo". Os conceitos relacionados ao desejo se dissolvem. Há o que se chama a radiante escuridão quase final. Estimule a pessoa a meditar cuidadosamente sobre isso se ela puder. Os elementos branco e vermelho se encontram. Há um blecaute se a pessoa que morre deixa de estar presente com a dissolução do corpo. Máculas relacionadas à ignorância (estados negativos da mente) e ao conceito de *self* e do outro se dissolvem.

O espaço brota como uma luz clara. Se a pessoa que morre reconhece a escuridão quase final, sua mente se torna tão vasta quanto o céu. Todos os seus elementos se dissolvem no elemento espaço universal. Tudo está além do pensamento – vasto e infinito como o céu, natural, bruto e não inventado. A mente deixa o corpo (geralmente, quando isso acontece um pouco de elemento branco [fluido corporal] ou vermelho [sangue] sai pelo nariz ou outro orifício).

A maioria dos seres não reconhece sua verdadeira natureza à luz clara que precede a morte, porque não a reconheceu em vida. Para a maioria, a luz clara surge por apenas um momento e eles então despertam num estado entre esta vida e a próxima (*bardo*). Inicialmente, é muito difícil para os falecidos perceber que morreram. Eles perambulam pela casa, mas ninguém os pode ver. Estar nesse bardo é como ser alguém sem teto numa cidade muito grande e estrangeira. Procura-se desesperadamente um local para descansar e se abrigar. Esses falecidos têm corpos feitos de energia e são transparentes. As pessoas geralmente passam até quarenta e nove dias nesse bardo, às vezes mais ou menos tempo dependendo de como seus karmas estão amadurecendo.

Os fluxos de mente dos falecidos (que vão de vida para vida) são sentidos de modo confuso; seus pensamentos viajam à velocidade da luz. Se pensam em algum lugar, estão imediatamente lá. É difícil controlar a mente.

Nesse bardo, os mortos não têm certeza da direção a seguir. Sentem-se famintos (um hábito residual), mas não podem comer; só podem devorar cheiros. Nos primeiros quarenta e nove dias, os atos da família e dos amigos podem de fato fazer uma diferença para eles. Se permanecerem calmos e realizarem atos positivos em benefício do morto, isso ajuda devido à conexão kármica que partilham. É também útil se grandes mestres ou adeptos praticam para eles e se o falecido tem fé. Isso é a única coisa que dá conforto e segurança, a não ser que os falecidos tenham conseguido o domínio de sua própria mente.

Por volta do final dos quarenta e nove dias, vários reinos da existência aparecerão ao morto como luzes de uma cor esmaecida. É muito importante escolher a reino certo. Pense no nascimento humano – é o lugar ideal para nascer a fim de progredir em direção à iluminação. Diz-se que sua luz é de um azul suave, de acordo com o *Tibetan Book of Dead/Liberation on Hearing in the Bardo*. Os mortos podem ter visões de lugares onde vão renascer e sentem-se compelidos a ir para lá, como se figuras amedrontadoras os estivessem empurrando naquela direção.

Podem ver coisas assustadoras que são reflexos de sua própria mente, do mesmo modo que as coisas assustadoras nesta vida são um reflexo de nossa própria mente.

Portanto, notamos como tudo é transitório quando nos lembramos da morte. Podemos ver como o que fazemos com nossa vida afeta nossa morte e para onde vamos depois da morte. Podemos usar os ensinamentos sobre morte para despertar para a vida, para apreciar como é precioso, impermanente e maravilhoso o nascimento humano. Podemos despertar para a vida com um novo significado.

Há práticas que podemos executar para prolongar nossa vida e aumentar o karma positivo, como salvar a vida de animais prestes a serem mortos, praticar generosidade, geralmente mantendo o nível dos votos que fizemos, ajudando os outros, assim como práticas de visualização Vajrayana como a Tara Branca (uma manifestação iluminada feminina representando paz e crescimento) e Amitayus (um Buddha vermelho, masculino, que promove a longevidade, entre outras coisas). Mas tais práticas não devem ser feitas por um motivo egoísta. Devemos olhar para nossa própria mortalidade e desenvolver compaixão e empatia por todos os seres que estão morrendo, pelos que vão morrer e por quem já morreu. Não adianta ter uma longa vida se a desperdiçamos. Devemos desejar ter um vida longa e saudável para desenvolver totalmente nosso potencial e estar a serviço dos outros. Também é bom orar para renascer em locais onde o Dharma é ensinado; podemos orar para que façamos uma conexão com um genuíno mestre espiritual e sejamos de grande benefício para outros e para nós mesmos.

Se ficamos abalados com esse discorrer sobre impermanência e morte, isso é bom! Temos de quebrar o gelo de nossa atitude *blasé* diante da vida, nossa ligação com o conforto e nossas opiniões errôneas. Mas é importante também manter as coisas de um modo um tanto distanciado. Logo que ouvi os ensinamentos sobre morte e impermanência, eu quis fugir e praticar numa caverna pelo resto da vida. Mas isso não é enxergar muito adiante. Eu não estava pronta. Não tinha mérito suficiente me respaldando. Só porque a vida é impermanente, isso não significa que devemos ser irresponsáveis, abandonar o emprego ou a família. Existe ainda a lei do karma – a de que todas as nossas ações têm um resultado. O que fazemos com a impermanência na mente é redespertar para o significado de nossa vida, para reafirmar como estamos vivendo e usando nosso tempo.

Meditação sobre a impermanência e a morte

Para meditar sobre a impermanência e a morte, podemos preparar a mente sentando numa postura confortável e desenvolvendo uma intenção positiva para nos engajar na meditação. Podemos orar para que essa contemplação abra nosso coração e mente para a sabedoria, que transcenda o invólucro estreito da noção do *self* que nos mantém separados do resto do universo. Podemos aspirar a conhecer e ser úteis a todos os seres, assim como desenvolver verdadeiramente bondade e liberdade interiores.

Comece observando o corpo. Nosso corpo é feito de tantas células flutuantes, tantos sistemas que interagem. Notamos a respiração, as batidas do coração e as funções digestivas Não há nada no corpo que permaneça o mesmo de um momento para o outro. Somos um rio de mudanças. Nossas percepções, sentimentos e pensamentos estão constantemente surgindo, permanecendo e se dissolvendo, exatamente como o nascimento e a morte de incontáveis universos.

Agora conduza a mente para as três contemplações sobre a morte. Não a estamos contemplando para sermos mal-humorados e sim para realçar nosso modo de vida, para nos fazer apreciar a vida e não desperdiçá-la.

Contemple em detalhe cada um dos pontos discutidos. Podemos aplicar a própria experiência a eles e fazer com que a meditação toque nosso coração. Se alcançamos uma realização ou experimentamos a verdade do tópico, podemos descansar naquela sensação antes de continuarmos.

1. *A morte é certa*

Lembre-se dos antigos santos, dos filósofos e até mesmo dos perpetradores do mal. Todos morreram. Sua vasta riqueza e seus seguidores não puderam poupá-los da morte. Considere isso cuidadosamente. Sabemos de alguém que seja imortal, que não teve a experiência da morte? Acabamos de ver que não estamos isentos da morte. *A morte se aplica a nós.*

Lembre-se daqueles que amamos e que faleceram, amigos e familiares. Todo o mundo está lentamente envelhecendo. Em 130 anos, todos que estão aqui agora estarão mortos. Nós estaremos entre eles. Nossos nomes estarão nos obituários, numa lápide. Conscientize-se dessa verdade; deixe-a penetrar o âmago do seu ser. Nosso espectro de vida é limitado.

2. *A hora da morte é incerta*

A morte nos atinge sem avisar. Não temos qualquer garantia de que teremos uma vida longa. Quem nos prometeu isso? Pegue um jornal. As pessoas vão trabalhar e não voltam para casa; gente saudável morre no auge de suas vidas, não apenas velhos em casas de repouso. Isso pode acontecer conosco.

Há muitas causas para a morte e poucas para a vida. Por maiores avanços que a ciência faça, ainda não descobriu uma cura para a morte. Ainda existem muitas doenças que podem nos roubar a vida. O corpo humano não é invencível; pelo contrário, é muito frágil. Podemos contrair facilmente uma doença ou nos ferir num acidente.

3. *A única coisa que pode nos beneficiar na hora da morte é a prática espiritual*

O tempo que nos é concedido está constantemente escoando, mas a quantidade de tempo que passamos praticando qualquer caminho espiritual é muito pequena. A maioria de nós passa mais tempo dormindo e comendo do que meditando!

O grande yogue tibetano Milarepa disse: "Minha religião é morrer sem vergonha". Muita gente em nossa sociedade tem medo da morte. Ou a ignoramos completamente ou a transformamos numa adorável fantasia, mas a morte não é uma coisa nem outra. Ela é real. Pode chegar sem aviso, pode ser dolorosa, mas também pode ser um momento profundo. Morremos do modo como vivemos. Se levamos uma boa vida, se desenvolvemos a mente e não desperdiçamos nosso potencial espiritual, temos chances de morrer bem.

Se devotamos a vida predominantemente ao ganho material, a morte pode nos chocar porque nossas posses e prazeres não vão nos ajudar. Nosso vínculo com as coisas materiais será um obstáculo para que morramos em paz. O Novo Testamento diz: "Onde seu tesouro está, ali estará também seu coração". Não há nada de errado em ter dinheiro, precisamos dele para sobreviver e executar nossas responsabilidades. Mas uma vida orientada principalmente para o materialismo não é muito útil no momento final.

Na hora da morte, nossos corpos, fiéis companheiros pela vida afora, finalmente nos abandonam. Visualize isso: quando estivermos no leito de morte, para onde se voltará nossa mente? Nossos amigos e familiares não podem nos seguir na estrada que temos de trilhar agora.

Tente obter uma aguda noção da fragilidade da vida humana. Não temos qualquer garantia de quando ela terminará – é instável como uma bolha de sabão ou uma vela ao vento, e está fluindo constantemente em direção à morte como uma queda d'água. Uma vez que perdermos a preciosa oportunidade de obter iluminação que esta vida concede, quando acharemos outra?

No momento da morte, apenas nosso desenvolvimento espiritual pode ir conosco, assim como nossas ações kármicas (ações que realizamos com intenção consciente durante a vida). Somente as atitudes de compaixão, bondade amorosa e sabedoria nos darão paz mental, assim como o conhecimento de que não desperdiçamos a vida. Tentamos aqui fazer essa contemplação sincera e pessoalmente aplicável a nós mesmos. Vemo-nos nessa situação. Vemos que nenhuma das coisas materiais mencionadas antes pode nos ajudar quando deixarmos esta vida. Somente o desenvolvimento interior e os atos positivos são de valor duradouro; tudo o mais é transitório. Como Jesus dizia, "aquele que nasceu da carne é carne, e aquele que nasceu do Espírito é espírito". Se ponderamos e vivemos com a consciência de que o desenvolvimento espiritual é o objetivo principal de nossa vida, esse desenvolvimento interior é a única coisa que pode nos ajudar quando morremos; isso nos dará vitalidade espiritual para não desperdiçarmos a vida, e sim viver em busca de sabedoria, compaixão e paz duradoura.

Finalmente, dedique a energia positiva desta meditação para que todos os seres possam fazer o máximo de suas vidas humanas e ser guiados em direção à duradoura felicidade.

Capítulo 11

As leis de causa e efeito – explicando o karma

Acabamos de entender que o conceito de karma é central à compreensão de como ganhar iluminação. Desde a década de 1960, a palavra "karma" vem permeando a consciência geral. Mesmo nas firmas hoje em dia ouvimos gente dizendo coisas como "estou com um mau karma hoje". Mas o karma continua sendo um tópico muito mal compreendido. Karma não é destino; é o oposto do destino. A lei do karma é que plantamos as sementes e colhemos os frutos. É muito útil conhecer sobre o karma porque podemos descobrir os padrões habituais que seguimos e que causam nosso sofrimento. Devemos também sublinhar que as interpretações hindu e budista de karma são diferentes.

Normalmente passamos pela vida de um modo entediado. Não pensamos de fato nas conseqüências de nossas ações, fazemos o que julgamos nos trazer felicidade; essa é geralmente nossa motivação. Mas com freqüência, mesmo quando estamos bem motivados, o resultado não é o que gostaríamos. Por que acontece isso? Porque nossas ações nem sempre têm discernimento. Como guia para viver com discernimento, o Budismo Tibetano menciona dez ações não virtuosas que deveriam ser evitadas, já que causam sofrimento, e dez ações virtuosas que deveriam ser cultivadas, já que causam felicidade. Agora podemos examinar esses atos e ver que não há apenas um resultado de nossas ações, mas vários. Quando deixamos cair um seixo num lago imóvel, não há apenas uma única onda concêntrica, mas várias.

Podemos ver causa e efeito na natureza; retraçar a cadeia de causa e efeito até o que primeiro fez surgir a vida humana. Na natureza, nenhuma ação não tem conseqüência. O karma também é assim – para cada ação há um efeito correspondente, mas várias coisas são levadas em conta na determinação da gravidade do ato e o conseqüente efeito que receberemos. Primeiro e primordialmente está a nossa *motivação*. Se matamos por raiva e ódio com a premeditação de tirar a vida de nossa vítima, então é um ato muito negativo. Se matamos ao defender nossa própria vida, então é menos negativo. Se atropelamos alguém acidentalmente, é muito menos negativo, porque não tínhamos intenção de matar essa pessoa.

A segunda coisa para determinar a gravidade de um ato é *o ato em si*. Obviamente, tirar a vida de outro ser é muito mais sério do que roubar ou mentir. Mas nada é preto ou branco, porque o poder do ato é alimentado de fato por nossa motivação.

A terceira coisa é *o poder do objeto no qual a ação é feita*. Por exemplo, se matamos um iluminado, isso é muito mais sério do que matar uma pessoa comum. Por quê? Porque seres iluminados acumularam um grande estoque de energia positiva – são uma corporificação de nossa verdadeira natureza. São objetos muito poderosos de karma. Além disso, porque os humanos têm mais mérito (estoque de boas ações/bom karma) do que os animais, é uma ofensa mais séria tirar uma vida humana do que a de um animal. Entretanto, tirar a vida de um animal é também negativo.

O karma funciona da mesma forma para atos positivos. Se nossa motivação é levar a iluminação para todos os seres, isso dá à nossa ação muito mais poder do que se a estivéssemos fazendo para nos sentirmos bem. Se praticamos a generosidade tendo por objeto um ser iluminado, isso é muito mais poderoso do que apenas dar algo a um ser comum.

O karma cria boa parte de nossa realidade. A maioria das coisas que experimentamos agora são os frutos das sementes que plantamos muitas vidas atrás. É muito complicado e nunca podemos dizer quando o karma amadurece. Todos carregamos uma enorme bolsa de karma conosco que está apenas esperando para amadurecer. Uma vez que um ato é cometido, seu potencial cresce. Ele não pára de crescer até que amadureça como resultado, ou lastimemos tê-lo cometido. Da mesma forma que, ao depositar dinheiro no banco, nosso karma recebe juros. Portanto, uma palavra cruel de muitas vidas atrás pode nos causar grande sofrimento no futuro. Há a história de uma pessoa que simplesmente amaldiçoou alguém e renasceu 500 vezes como sua própria maldição.

Quando cometemos um ato, ele nos traz várias conseqüências. O primeiro resultado é chamado de *resultado principal*. Geralmente é o efeito primário de nossas ações, não os resultados mais sutis ou secundários. Por exemplo, se matamos, em algum estágio renasceremos nos estados infernais da existência onde sentimos dor inacreditável. Isto é, desde que ainda não tenhamos realizado a iluminação! Há histórias de assassinos que sentiram grande remorso, praticaram diligentemente e atingiram a iluminação em uma única vida – nesse caso, não haveria mais renascimento descontrolado. No Budismo, as percepções infernais são temporárias, mas mesmo assim podemos permanecer naquele estado por muitos éons – é como ficar preso nos piores pesadelos, onde nossos piores temores são concretizados.

O segundo resultado é chamado de *resultado similar à causa*. É o resultado secundário de nossa ação negativa/positiva – não apenas experimentamos o principal resultado (sofrimento ou felicidade), também experimentamos efeitos similares às ações que executamos. Por exemplo, se matamos, quando renascermos como ser humano, podemos ter uma vida curta com muita doença, ou ser assassinados, ou sofrer uma morte horrível semelhante à que causamos.

O terceiro resultado é a *propensão para a mesma ação*. Como cometemos esse ato antes, torna-se mais fácil para nós fazê-lo no futuro; podemos até ter o impulso de matar, por exemplo.

O quarto resultado é *resultado do dono*. Basicamente, isso significa que numa ou em muitas vidas futuras poderemos nascer num ambiente que reflita resíduos de nosso ato; isto é, se matamos, nasceremos numa terra seca e árida onde as coisas são inóspitas. Poderemos ter dificuldade de encontrar comida, abrigo e o necessário à vida.

Outro exemplo desses quatro resultados é se exercermos uma má conduta sexual, como enganar o parceiro. Nesse caso, o resultado principal será renascermos na próxima vida como um animal para quem essas relações sexuais sejam sobretudo baseadas no instinto. O resultado similar à causa pode ser que, quando nascemos humanos, teremos relações e amizades difíceis e que não durarão muito. Poderemos também sofrer a infidelidade de um parceiro. A propensão (hábito) similar à ação pode ser de que achemos difícil permanecer numa relação de compromisso e julguemos fácil enganar o parceiro. E o resultado do dono pode ser nascermos num local muito sujo e poluído.

Por que temos karma?

O karma é criado através de qualquer ação feita com desejo ou apego ao ego, causada pela ignorância da nossa verdadeira natureza. Uma vez que compreendamos totalmente a verdadeira natureza da mente (o oposto a apenas ter um vislumbre da natureza da mente, que pode acontecer mesmo no início do caminho espiritual), o karma cessa de funcionar, já que não há mais nenhum *self* sólido e independente para criá-lo. Isso acontece depois de muita prática diligente e pode levar muitos anos ou vidas!

Há três coisas que fazem uma ação kármica completa – motivação (que é primária), realização do ato e conclusão (júbilo no ato ou arrependimento dele). Como já discutimos, a motivação é o fator-chave para determinar a gravidade do karma – portanto, o karma começa na mente (que impulsiona ações ao corpo e à fala). Se simplesmente pensamos em matar alguém, mas não o fazemos, tal pensamento ainda tem um resultado – mas não é tão forte quanto realmente pretender matar, cometer o ato e concluí-lo sentindo-se contente de tê-lo feito. Isso seria um ato kármico "pleno", o que seria muito mais sério.

Já que mesmo nossos pensamentos podem criar efeitos para nós, é aconselhável estar atento para que tais pensamentos não contenham nenhum dano (ou que olhemos profundamente qualquer pensamento danoso que surja e deixemo-lo ir), porque mesmo o menor efeito positivo ou negativo dá frutos – como as muitas gotas que enchem uma panela. É aconselhável também lastimar as ações negativas que cometemos – dizer algo como "lamento profundamente todas as ações não virtuosas que já fiz" (o que cobre ações que nem mesmo nos lembramos de ter feito!). Isso ajuda a reduzir seu poder e impede que elas acumulem "o juro do karma" (o resultado de um ato cresce até amadurecer como resultado).

Podemos dizer que a mente é como um livro vazio. Então começamos a inscrever nele nossas contas. Todos os vestígios do que fizemos são mantidos nesse livro. Posteriormente, precisa haver um equilíbrio. As ações que entram precisam ser equilibradas com os resultados que saem. Todas as ações que cometemos tendo a ignorância como raiz (apego ao *self*), sejam boas ou más, terão efeitos até que compreendamos plenamente a vacuidade (nossa verdadeira natureza).

A mente é também como uma esponja, muito impressionável. Podemos usá-la para beneficiar ou causar dano. Podemos ver que, se realizamos ações freqüentemente, o hábito residual estará ali para o futuro. Esse comportamento habitual é visto em coisas como fumar e beber; uma vez que começamos, fica mais fácil fazê-lo e nos tornamos viciados. Podemos ver como adquirimos hábitos que nos causam sofrimento. Fazemos essas coisas habituais repetidamente porque estamos ansiando por satisfação. Cometemos tais atos repetidamente, e mesmo assim, de algum modo, a satisfação que tiramos deles é apenas fugaz. Há um pano de fundo básico de sofrimento e insatisfação. O desejo é como um prurido que temos de coçar repetidamente. Inicialmente nos sentimos melhor, mas a seguir o local fica em carne viva. Não teria sido melhor não começar a coçar? Já que agora temos alguma idéia de como o karma funciona, talvez possamos parar e dizer: "Espere um pouco, qual é o resultado da minha ação? Como isso me afeta agora ou no futuro? Como afeta os outros?".

Às vezes algo realmente horrível acontece e nos atinge em cheio. Pensamos: de onde veio isso? O que fiz para merecer isso? Imaginamos por que essas coisas terríveis podem acontecer subitamente. O Budismo ensina algo chamado origem interdependente, um modo de dizer que nada surge sem causa. Tudo que surge está ligado a outra coisa numa cadeia de eventos. Uma semente torna-se uma flor com a ajuda de chuva, solo e sol. A chuva pode remontar a muitas coisas, e assim por diante. Tudo tem uma causa. Não há ninguém mais que possamos censurar se vemos que criamos a maioria das causas de nossa existência. Se acreditamos no karma, aceitamos a responsabilidade pelas coisas que nos acontecem como resultado de nossas ações passadas positivas e negativas.

Há muita incompreensão sobre o karma – muita gente pensa que se acreditamos nele também acreditamos no destino, e que não podemos mudar as coisas porque "está escrito". "Podemos deixar essa gente morrer de fome porque é o karma delas." Não é o caso. Quando percebemos que cada intenção que pomos em prática tem um efeito de longo alcance – não apenas agora, mas também no futuro –, vemos a importância de tudo que fazemos. Notamos que podemos mudar nossa vida porque criamos suas circunstâncias. Deveríamos fazer tudo que pudermos por pessoas em circunstâncias infortunadas. Se elas têm necessidades, podem ter criado o karma para que nós as ajudássemos! Assim, o karma é o oposto do destino. O karma é motivação e resultado, ação e reação. Disso podemos concluir que, se queremos algo, precisamos criar as condições para que isso se concretize.

Quanto ao karma, poderíamos nos perguntar por que às vezes gente que mente e engana dá a impressão de ir adiante na vida, enquanto gente trabalhadora e honesta não chega a lugar nenhum. O karma nem sempre tem uma retribuição imediata. Pode levar muitas vidas para amadurecer. Portanto, embora pratiquemos virtude agora, pode levar muito tempo para que isso tenha um efeito. Realmente, depende de como o ato que cometemos se ajusta a tudo o mais que temos feito. Se é apenas outro pequeno ato negativo que exaure todo o mérito ou bom karma que deixamos, ele pode causar muitos outros karmas (ações anteriores) amadurecerem, o que poderia causar uma catástrofe para nós. A gravidade de roubar pela segunda vez é, para o ofensor, maior do que da primeira vez.

Purificando o karma negativo

Geralmente uma de três coisas, ou todas as três, nos motivam quando cometemos uma ação não virtuosa – apego, aversão ou ignorância (de ações positivas e negativas, do que é hábil e não é). Qualquer ato motivado por uma dessas três coisas é considerado não virtuoso. Mais uma vez, as três podem ser remetidas à nossa ignorância básica – de não compreender a maneira como realmente existimos.

Como falsamente acreditamos que o ego existe de fato, temos apego àquilo que achamos atraente, que sentimos confirmar a existência de nosso ego. Temos aversão ao que nos faz duvidar de nós mesmos, ou ao que faz com que nosso ego sinta-se "nulo". Ou temos a sensação de que determinada coisa não tem nada a nos oferecer, portanto a ignoramos. Basicamente, um ato positivo/neutro está livre dessas três ilusões. Como o resultado de nossas ações pode ser tão grande, é nosso interesse purificar atos negativos e cultivar os positivos.

Quando falamos em purificar ações negativas, nós nos referimos aos *Quatro Poderes Oponentes* da confiança, arrependimento, ação remediadora e promessa.

1. *O poder da confiança* implica tomar refúgio numa fonte iluminada. Se não nos sentimos à vontade visualizando Buddha, podemos invocar as energias positivas, iluminadas do universo para que venham e testemunhem nossa prática.

2. Com *o poder do arrependimento* pensamos em todas as coisas negativas que fizemos por ignorância ou apego ou aversão. Pense numa ocasião determinada – quando magoamos alguém ou agimos por confusão. Lastime-o tê-lo feito – o ato causou sofrimento a outros e a nós mesmos. Todos cometemos muitos atos negativos em nossa vida devido ao descuido. Precisamos ser francos com nós mesmos, reconhecer toda aquela negatividade; é ela que causa nosso sofrimento. Atos negativos perdem seu poder quando os lastimamos.

3. *O poder da ação remediadora* exige um ato que reflita essa nova resolução para purificar a negatividade. Por exemplo, se matamos, podemos salvar a vida de alguns animais destinados ao abatedouro (comprando peixes vivos nos mercados ou minhocas para pescaria, destinados a morrer, é uma maneira prática; devemos nos certificar de colocar o animal novamente em seu ambiente apropriado). Podemos então dedicar o mérito de nossas ações positivas à iluminação e purificação de todos os seres. Se somos descuidados com os sentimentos dos outros e falamos asperamente, podemos cultivar uma fala bondosa e gentil. Aspiremos a usar a fala para criar harmonia e inspiração. Se cometemos má conduta sexual, podemos praticar restrições e fidelidade no futuro, e pedir desculpas àqueles a quem prejudicamos. Geralmente aqui diríamos o mantra de um Buddha (Vajrasattva).

No Budismo Vajrayana (o aspecto esotérico do Budismo Mahayana, ver Capítulo 4) há uma prática denominada Vajrasattva, na qual visualizamos um aspecto da mente iluminada que representa purificação e imaginamos que ela lava nossas negatividades. Combinado com os quatro poderes, especialmente remorso genuíno, pode ser uma prática poderosa. Entretanto, não é recomendável exercer essa prática sem a bênção/iniciação de um mestre qualificado. Quando nos sentirmos prontos, poderemos solicitar isso de um Lama (Mestre).

4. Com *o poder da promessa,* decidimos não repetir o ato enquanto sentirmos que podemos nos abster. Imagine que as forças benevolentes do universo ouvem nossa confissão sincera e nossas ações negativas estão completamente purificadas.

Com esses quatro poderes oponentes, pode parecer fácil purificar os atos negativos. Torna-se fácil também desenvolver uma atitude displicente – "Ah, se fizermos isso, podemos purificá-lo depois". O karma não funciona desse modo. É como o garoto que gritava ter visto um lobo. Mais cedo ou mais tarde, passamos a não ser acreditados; nossa confissão não tem mérito, não é considerada genuína. Não demonstramos remorso se quebramos repetidamente os dez atos virtuosos. Diz-se nas escrituras budistas: "Se uma perna da conduta moral está quebrada, não podemos ficar de pé". Se quebramos o osso da moralidade repetidas vezes, ele não colará bem.

Criados numa sociedade cristã, muitos de nós podem se cansar desse "complexo de culpa". Segundo o Budismo, a culpa é uma emoção inútil, mas a consciência não. Se não temos qualquer escrúpulo em cometer atos negativos, se nada nos detém, sofremos muito. Um senso de consciência e remorso por nossos atos negativos é bom se nos impedir de repeti-los no futuro, mas ficar culpado o tempo todo sem fazer nada para purificar suas negatividades passadas não é muito construtivo ou saudável. Portanto, no Budismo, somos incentivados a lastimar nossas ações negativas anteriores, tomar medidas para purificá-las e soltá-las. Claro que todos temos um vasto estoque de negatividade que acumulamos desde os tempos imemoriais; por isso, essa purificação demanda muito tempo – vidas, na verdade. Devemos ter consciência disso e evitar ações negativas no futuro.

Muitos atos que cometemos são neutros por natureza. Por exemplo, dirigir, escovar os dentes, tomar um banho de chuveiro. Como o tempo é importante e queremos ser tão produtivos quanto possível, é bom transformar atos neutros em positivos. Quando comemos, por exemplo, podemos abençoar a comida e estabelecer nossa motivação: "Possa eu comer esse alimento para trazer paz duradoura a outros e a mim mesmo praticando no caminho espiritual." Quando tomamos uma chuveirada, podemos imaginar toda a nossa negatividade lavada também, e que estamos sendo preenchidos com bem-estar e bondade amorosa (ver Capítulo 12).

O melhor modo de levar a vida de uma forma pacífica, sagrada e feliz é viver no momento presente, sem permitir que a mente devaneie em lembranças do passado ou fantasias sobre o futuro, a menos que estejamos planejando conscientemente algo. Toda a vida acontece no momento presente. Podemos pensar que estamos vivendo, mas no geral a mente faz uma coisa e o corpo, outra. Perdemos muito de nossa vida porque a mente está em outro lugar. Alegria e sabedoria são encontradas no presente. Se o fluxo da mente permanece no presente, nós nos sentiremos calmos e imperturbáveis, capazes de lidar com habilidade com qualquer coisa que surgir porque não estamos presos em percepções passadas.

Se permanecemos com consciência no momento presente, é provável também que não realizemos nenhuma ação da qual venhamos a ter remorso. Freqüentemente dizemos ou fazemos coisas porque não estamos com a mente clara; ela está presa a alguma outra coisa. A melhor maneira de honrarmos a nós mesmos e aos outros com a atenção e o respeito que merecemos é permanecer no presente, conscientes do que estamos fazendo mental, física, emocional e verbalmente. Podemos usar nossa respiração como uma âncora para o momento presente, ou podemos estar totalmente no presente em qualquer ação que estejamos executando. Quando dirigimos, podemos ficar conscientes do ato de dirigir. Quando comemos, podemos ficar conscientes do ato de comer – o cheiro e a sensação de ingerir o alimento, mastigar, engolir. Vamos achar que a vida se torna diferente e vibrante como o mundo da infância. Distração = estresse e confusão. Momento presente = momento desperto.

O melhor ato positivo é quando o doador percebe sua ausência de ego (verdadeira natureza), a vacuidade do ato que está executando e a vacuidade do beneficiário daquele ato. Se temos a intenção de aproximar a mente da iluminação em tudo o que fazemos, isso é mais poderoso do que simplesmente dizer: "Quero ser feliz". O objetivo é mais elevado. A diferença entre a felicidade desta vida (que é como um sonho, facilmente perdida) e a aspiração à paz duradoura da iluminação é que uma é temporária e não confiável, como areia escorrendo entre os dedos quando a seguramos, enquanto a felicidade do caminho espiritual, embora mais difícil de cultivar, pode nos conduzir cada vez mais alto até ficarmos plenamente despertos. A felicidade temporária surge e desaparece. A felicidade espiritual pode também passar inicialmente, mas é uma semente plantada na mente, a semente do despertar e de uma alegria maior. A alegria/felicidade interior que não depende de circunstâncias externas é, no final, mais satisfatória do que a alegria temporária externa, que é tão fugaz.

Podemos ajustar a motivação de acordo com o que sentimos que é apropriado para nós. Podemos pelo menos ser honestos sobre qual é de fato nossa motivação e, se necessário, ajustá-la a algo um pouco mais positivo. O karma coloca tudo em nossas mãos. Os atos que executamos como humanos têm muito mais poder porque somos dotados de inteligência. Podemos criar qualquer situação e renascer em qualquer número de reinos; podemos ser ou fazer qualquer coisa. A contemplação do karma nos encoraja a usar a oportunidade que esta vida nos concede para criar algo positivo.

Meditação sobre o karma

Contemple a natureza; examine profundamente todas as condições da natureza. Se olharmos profundamente, veremos que nada surge sem muitas causas e condições. As coisas são completamente interligadas. Um fato não pode existir sem os outros fatores; uma ação tem muitas conseqüências. Por exemplo, se um animal na cadeia alimentar se extingue devido à poluição ou à caça, isso afetará toda a cadeia alimentar. Os animais que ele costumava matar podem sofrer uma explosão populacional e devorar excessivamente a vegetação, liquidando relvas e moitas. Muitas plantas estão arriscadas a morrer. Os animais numa posição mais alta na cadeia alimentar podem morrer de fome porque aquele animal era sua única fonte de nutrição. Diversos cenários como esse podem ser montados. Da mesma forma, nossas ações têm resultados amplamente disseminados. Imagino se os cientistas que trabalharam para liberar a energia nuclear se perguntaram sobre as conseqüências de seus atos. Será que imaginaram a enorme devastação que tal energia causaria – os corpos nus e queimados de crianças, adultos e animais, a aniquilação de cidades e culturas inteiras, assim como seu efeito negativo no meio ambiente e na saúde? Ou pensavam apenas em beneficiar a humanidade com uma nova fonte de poder?

A mente é como um rio, um momento mental leva ao próximo. Pensamentos e emoções surgem rapidamente e se desvanecem, mas deixam vestígios carregados pela mente. Se um momento leva ao próximo, é lógico que não pode haver nenhum ponto inicial, pois algo não pode vir do nada – as coisas só surgem devido a causas e condições. Vemos isso na ciência. Nada simplesmente aparece sem uma causa. Se seguirmos essa linha de raciocínio, é exeqüível dizer que devemos ter estado em algum lugar antes desta vida, o primeiro momento mental no fluxo da vida necessitava de um momento mental anterior. Podemos observar nossa própria mente fluindo constantemente no tempo, mas o que experimentamos no passado permanece na memória. É difícil cometer uma ação ou algo acontecer a nós sem alguma reação, sem que isso deixe um gosto posterior em nossa mente. As coisas por que passamos nesta vida podem parecer aleatórias, mas não é possível que surjam de nossas ações passadas? Podemos todos examinar a mente e ver o efeito que emoções negativas e positivas têm em nós; constatar os vários resultados de agir sob a influência dessas emoções. Não é razoável dizer que os resultados de nossas ações positivas e negativas voltarão a nós?

Podemos pensar sobre as conseqüências de nossas ações e examinar as dez não-virtudes. Somos incentivados a ser sinceros com nós mesmos; cometemos tais ações? A maioria das pessoas, sim. Contemple os resultados dessas ações.

As dez não-virtudes são:

1. Matar;
2. Apossar-se do que não é dado (roubar);
3. Má conduta sexual;
4. Mentir;

5. Discurso divisor;
6. Discurso ofensivo;
7. Fofoca e conversa ociosa;
8. Cobiça/apego/inveja;
9. Maldade/raiva; e
10. Ignorância (adotar visões errôneas).

Se cometemos quaisquer desses atos, é certo que sofreremos o resultado deles, a não ser que tomemos medidas para purificar nosso karma negativo.

Pense em como os quatro resultados – o resultado principal, o resultado similar à causa, a propensão à ação similar e o resultado residual – se aplicam a cada uma das dez não-virtudes. Veja como o sofrimento que tivemos no passado pode ser resultado do cometimento de uma dessas dez não-virtudes. Peguemos uma não-virtude que seja um hábito particular nosso e contemplemos em detalhes os resultados de agir dessa maneira. Não importa se acreditamos ou não na vida após a morte; nossas ações têm também resultados imediatos. Torne esses exemplos pessoais. Podemos contemplar as épocas de nossa vida em que realmente sofremos devido a algum ato imprudente. Desenvolva um firme senso de que nossas ações produzem resultados, e que o único modo de acabar o sofrimento é reformar nossos hábitos de corpo, fala e mente.

Se julgar apropriado, pense de acordo com as seguintes linhas:

> Tenho sofrido muito devido às minhas ações passadas, e continuarei a sofrer no futuro se não abandonar as dez não-virtudes e começar a implementar as dez virtudes (opostas às dez não-virtudes). Se eu não criar algum karma positivo, a felicidade sumirá de mim agora e no futuro. Todas as boas coisas da vida, coisas que gostaria de criar para mim mesmo, como amizade, amor e segurança financeira, advêm do karma positivo – ações benéficas de corpo, fala e mente. Dedico-me a cultivar ações virtuosas do corpo, da fala e da mente da melhor forma que puder.

As dez virtudes são:

1. Valorizar a vida/salvar vidas;
2. Generosidade (doar bens materiais, doar proteção espiritual e inspiração, doar o Dharma);

3. Praticar a moralidade sexual (numa relação amorosa e comprometida com um adulto);
4. Dizer a verdade (na medida em que não magoe ninguém seriamente ou o afaste do caminho espiritual);
5. Unir os outros em harmonia por meio da fala (evitar divisões na comunidade espiritual);
6. Praticar um discurso bondoso, encorajador;
7. Usar o discurso de modo significativo e construtivo – não falar mais do que o necessário (por exemplo, passar horas fofocando e desperdiçando tempo quando poderia estar praticando o Dharma; fofocas e conversas ociosas podem nos levar a desenvolver ódio, apego e ignorância);
8. Cultivar a libertação do apego, da cobiça e do desejo a fim de que a mente fique livre para experimentar sua própria clareza natural, rejubilando-se com a felicidade dos outros;
9. Cultivar compaixão e bondade amorosa por todos os seres; e
10. Cultivar sabedoria em relação ao modo como as coisas realmente são (*insight* da vacuidade e da causa e efeito).

É também possível contemplar os resultados dos atos positivos olhando os quatro resultados do karma, o que pode ser mais encorajador do que sempre contemplar os resultados de atos negativos. Por exemplo, se praticamos generosidade, no futuro provavelmente renasceremos num status mais alto como humanos ou seres celestiais (resultado principal); teremos riqueza, felicidade e abundância em muitas vidas futuras (resultado similar à causa); no futuro não sofreremos de avareza, estaremos inclinados à generosidade e a não nos apegarmos às coisas (propensão similar ao ato); o meio ambiente em que nascermos será abundante e confortável (o resultado residual). É muito encorajador contemplar o resultado de atos virtuosos desse modo. A razão de todos os atos negativos serem enfocados antes é simplesmente nos despertar para uma aguda consciência de que tais atos têm um resultado e que devemos deixar de criá-los. Mas isso é também importante para nos incentivar a fazer coisas benéficas – já que são a fonte de toda a felicidade. Se você dedicar o mérito de seus atos positivos à iluminação, o resultado será o melhor que possa desejar – o estado de Buddha!

Agora podemos usar os quatro poderes remediadores. Para o poder da confiança podemos invocar as energias sábias, benevolentes do universo e pedir-lhes que sejam nossas testemunhas (podemos visualizar Buddha; caso contrário, apenas tenha a noção de que uma força de benevolência está ali).

Contemplando as negatividades específicas e gerais que cometemos nesta vida, o que realmente lastimamos ter feito, podemos exercitar o poder do remorso. Sentimos o grande peso e o fardo desses atos. Eles têm o poder de nos causar um tremendo sofrimento. Podemos lamentar tê-los feito nas profundezas do coração – e ver quanta infelicidade causamos a nós mesmos e a outros; desejávamos felicidade, mas como isso deu errado; como nossas ações ou motivações não eram boas.

Usa-se o poder da ação remediadora, tradicionalmente, quando dizemos o mantra Vajrasattva, mas como não temos essa capacidade podemos recitar o mantra do Buddha da compaixão, Avalokiteshvara. Imaginemos nosso coração enchendo-se de bondade amorosa e enviando luz e felicidade a todos aqueles que prejudicamos, inclusive nós mesmos. Lastime sinceramente e deseje bem a todos os seres. A compaixão é o maior antídoto à negatividade. Se desejarmos, visualizemos Avalokiteshvara na nossa frente, simbolizando nossa compaixão inata. Ele é feito de luz – uma figura branca, jovem e sorridente, com longo cabelo negro, uma coroa, braceletes, braçadeiras, tornozeleiras, um colar e um cinto cravejado de jóias. Belas sedas revestem suas pernas e ombros, ele tem quatro braços; os primeiros dois braços seguram uma jóia junto ao coração (simbolizando a compaixão); a segunda mão esquerda segura um lótus; e a segunda mão direita, um rosário. Avalokiteshvara olha para você com uma incomensurável compaixão. Veja as luzes do arco-íris irradiando-se de seu corpo, dando-nos bem-estar e purificando todas as ilusões. Se isso nos parece um tanto estranho, podemos simplesmente imaginar uma luz branca curativa preenchendo nosso corpo e os corpos dos outros, e calmamente recitar o seguinte mantra para nós mesmos por alguns minutos.

Om Mani Peme hum

"Om Mani Peme hum" é um mantra sânscrito para o Buddha da compaixão. Considera-se que contém não só a vibração iluminada de todos os Buddhas, mas também todo o ensinamento de Buddha (existem comentários elaborados sobre ele). Traduzido literalmente, significa "Salve a jóia no lótus". Considera-se que Avalokiteshvara reside num lótus. A jóia no centro do lótus (também presente em nossa mente) é a compaixão não dual (pois, se tivermos tudo isso, nossos desejos serão satisfeitos) e a vacuidade.

Se recitar mantras não é seu estilo, você pode simplesmente contemplar as coisas que fez e seus efeitos negativos, e determinar-se a não fazê-las novamente. Tente desenvolver um genuíno remorso e faça um esforço para mudar o seu modo de ser. Talvez queira fazer trabalho voluntário ajudando os outros uma quinzena. Há muitas maneiras de compensar nossas ações errôneas no passado, desenvolvendo a mente, meditando e fazendo trabalho voluntário. Através dessas ações positivas, com a motivação e os métodos corretos, podemos corrigir nós mesmos e o mundo.

Usando o poder da promessa, lastimamos totalmente cada ação negativa feita. Nós as fizemos por ignorância, sem de fato saber o que fazíamos, como estávamos ferindo outros e a nós mesmos, ou estávamos esmagados por uma ou outra emoção negativa. Então juramos usar o melhor de nossa capacidade para nos afastar dessas ações negativas pelo tempo que julgarmos possível. Pode ser um ano, uma semana ou uma hora – o que pudermos conseguir.

Imagine que, ao terminarmos de recitar o mantra, a força benevolente estará muito feliz conosco. Sinta que mediante nosso remorso e atos positivos fomos perdoados. Agora imagine que Avalokiteshvara, ou a luz benevolente, se dissolve em nós e somos preenchidos com bem-estar e compaixão. Surgimos como seres espirituais renovados, prontos para começar de novo. Finalmente, podemos dedicar o mérito de nossas ações à iluminação e à purificação de todos os seres, e assim seremos capazes de evitar a negatividade no futuro.

Parte Três

O espírito da compaixão – o caminho do Bodhisattva

Como um cisne no lago
Ou uma onda no mar
Compaixão e sabedoria
Estão dentro de nós!
Como o fulgor de uma estrela
E o rápido surgir da aurora
Compaixão e sabedoria
Nascem naturalmente.

Aquela que ama os outros
Como a si mesma
Virá repetidamente
Libertá-los do nascimento.
Como a mãe que ama
Seu único filho,
O Bodhisattva ama todos os seres,
selvagens e domésticos.

Só com o samsara esgotado
Desistirei do meu trabalho,
Quando nenhum ser for mais sujeito
A renascer e ao sofrimento.
Bhodichitta, o elixir,
Metal bruto em ouro transforma
Bodhichitta, a sabedoria,
Finalmente o samsara dobrará.

Irmã Yeshe, 2003

Capítulo 12

Um coração tão vasto quanto o espaço – equanimidade e bondade amorosa

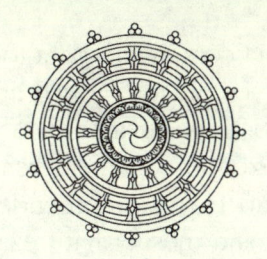

No Budismo Tibetano, a compaixão (embora esteja naturalmente em todos nós) pode ser realçada e aperfeiçoada pela meditação analítica.

De modo geral, há quatro estágios:

1. *Serenidade* – significa igualar o amor que temos por nós mesmos ao amor que temos pelos outros. Sem valorizar os outros tanto quanto a nós mesmos e ver como são as idéias de "amigo" (baseadas no apego), "inimigo" (baseadas na agressão) e "estranho" (baseadas na ignorância), é dificil desenvolvermos mais amor altruístico e benéfico. Quando não temos nenhuma serenidade, estamos unindo as sementes do sofrimento – agressão, apego e ignorância/ilusão.
2. *Bondade amorosa* – o desejo de que todos os seres estejam bem e felizes, com as mentes repletas de bondade amorosa ou "grande amor".
3. *Compaixão* – seguindo a bondade amorosa, o desejo de que todos os seres estejam livres do sofrimento surge naturalmente. Querendo bem a todos os seres, é natural que não desejemos que sofram. Seu sofrimento toca profundamente nosso coração e nos motiva a ajudar a libertá-los do vasto oceano do sofrimento.

4. *Bodhichitta* – com a atitude do Bodhichitta cultivamos o desejo de nos tornar totalmente iluminados para libertar todos os seres. Aquele que tem essa atitude é conhecido como Bodhisattva.

Meditação sobre igualar o *self* e o outro

Antes de meditarmos na compaixão para todos os seres, é importante estabelecer uma base de serenidade. Nosso amor é normalmente muito emocional e preconceituoso. Reserva-se para uns poucos escolhidos, e somente quando estão fazendo o que queremos! O verdadeiro amor é compreensão, vai além do ego. Compreende a base que todos partilhamos, e que todos temos a mesma natureza fundamentalmente pura, até os piores seres. Todos queremos ser felizes e utilizamos vários métodos para conseguir essa felicidade. Podemos tentar entender o condicionamento social e físico que nos influencia. Quando entendemos a verdadeira natureza de todos os seres, e como estão distanciados dessa natureza, apegando-se desesperadamente a qualquer meio para ser feliz, não podemos odiar ninguém porque entendemos o motivo de serem da maneira que são (isso não significa que aprovemos suas ações, que não censuremos seu comportamento e não tentemos reabilitá-los).

Podemos separar nosso ódio da pessoa (que tem o potencial para o bem e para o mal) de suas ações. Podemos desaprovar as ações de alguém, mas tentando ver o "inimigo" de um modo compassivo e holístico, tentando entender as condições que o levam a fazer aquilo. Ninguém é inerentemente mau; alguns podem ter um hábito kármico para a negatividade, mas a maioria das pessoas age apenas por ignorância e ego, buscando felicidade. Podemos tentar ver o que está motivando os "inimigos". Eles podem ter sofrido abusos na infância. Podem ter muita ilusão na mente, o que os faz sofrer muito. Finalmente, terão de agüentar o resultado de suas ações. Não há nenhum propósito em odiá-los; isso nos fere mais do que a eles. Podemos examinar nossa raiva e ódio. Sente-se e respire profundamente com isso por algum tempo; abrace sua raiva conscientemente. Não se apegue a ela ou a apóie com justificativas. Não se agarre a ela, pois isso é muito doloroso. Deixemos que nossa respiração seja uma brisa tranqüila, acalmando as chamas quentes da raiva. Eventualmente, se pudermos ver as causas de nossa raiva e dar compreensão a nós e a nosso inimigo, essa raiva esfria e desaparece. Claro que isso leva tempo.

Começamos a equalizar visualizando nossos entes queridos e contemplando toda a sua bondade. Permitimo-nos sentir o amor e o cuidado natural que temos por eles. Por que os amamos? Porque nos demonstram amor, porque compartilhamos ideais e paixões em comum? Porque nos fazem felizes? Se aquela pessoa nos fizesse algo terrível, poderíamos ainda amá-la? A maior parte do tempo nosso amor é condicional.

Agora imagine um inimigo, ou alguém que achamos desagradável. Não queremos ficar perto dele, não aprovamos seu comportamento, suas opiniões; ele pode nos ter prejudicado de alguma forma. Nosso desagrado baseia-se em quê? Às vezes, é apenas o modo como ele nos olha, como faz com que nos sintamos inseguros, incertos. Esse desgostar não é eterno. No passado, tal pessoa pode ter sido nosso melhor amigo, um cônjuge ou um familiar. Pode ter havido um tempo em que éramos estranhos. Podemos odiar essa pessoa, mas há outros que a amam, que não podem viver sem ela (aqui, faça uma pausa para examinar o próprio ódio e ver se ele é lógico, permanente ou imutável). Esses rótulos são impermanentes. Nós os passamos adiante segundo o modo como a pessoa nos trata. "Amigo", "inimigo", "estranho" – tais rótulos dependem muito de nós, de nossos egos. Gostamos de algumas pessoas porque estas confirmam nosso ego, o que nos dá bem-estar. Desgostamos de outras pessoas porque nos fazem sentir mal e inseguros. Ignoramos a maioria porque ela não provoca nem uma coisa nem outra.

Há de fato algo inerentemente bom ou mau por baixo dessas etiquetas? Todos têm potencial para o bem e o mal; é sobretudo devido ao nosso ego que não vamos adiante. Se toda a raiva dentro de nós fosse purificada, ninguém nos perturbaria. Seria como tentar insultar um cadáver – nenhuma reação! Tente ver o futuro: e se nosso "inimigo" começasse a ser simpático conosco? E se começasse a dar sinais de compartilhar as mesmas opiniões que nós? É possível pensar que nos tornássemos amigos. Imagine um cenário em que isso pudesse acontecer e reconheça que seus sentimentos de ódio podem mudar.

A seguir, vemos toda essa gente que consideramos estranhos. Não concedemos um pensamento a eles porque não nos beneficiam ou prejudicam. Mas são apenas amigos que não conhecemos. Poderiam ser as pessoas mais belas do mundo. Não sabemos, não podemos ver suas vidas passadas. Fizemos alguns juízos superficiais baseados em sua aparência ou uma ação. Felizmente, aqueles que nos amam não são tão displicentes ao nos avaliarem, ou seria pouco provável que alguém nos amasse!

Finalmente, vemos que essa paixão, agressão e indiferença não nos são muito úteis. Claro que é útil estabelecer o que é benéfico e o que não é, quem é boa companhia e quem nos levará a fazer o que lastimaremos. Mas, além disso, é de nosso interesse manter a mente aberta em relação às pessoas. Afinal de contas, são apenas mães de que não nos lembramos. Em incontáveis vidas elas nos serviram do mesmo modo que um benfeitor nesta vida. Quem sabe, nossa mãe nesta vida poderia ter sido o inimigo em uma vida passada. Nosso inimigo nesta vida poderia ter sido o amante que morreu para nos salvar numa vida anterior. Ter paixão, agressão e indiferença para com as pessoas perturba a mente. A maior felicidade e alegria vem de um coração purificado, aberto e sábio. Uma mente cheia de equanimidade com todos os seres traz grande bem-aventurança e nos capacita a uma negociação melhor com as dificuldades que surgem.

Uma mente cheia de paixão, agressão e indiferença é como um gás volátil, altamente inflamável, pronto para explodir a qualquer momento. Com a mente cheia desses três venenos, a vida é de fato dolorosa. Nunca assumimos responsabilidade por nossa felicidade ou cura interior; nossa felicidade continua dependente de condições externas. A vida assim é muito instável – constantemente vítima de nossas emoções, oscilando entre o alto e o baixo, a felicidade e a depressão.

Em todo monastério budista tibetano há um quadro da roda da vida. Há um quadro dos estados infernais da existência – os reinos do fantasma faminto, os reinos do animal, dos humanos e dos deuses. Todas esses reinos surgem devido às nossas raiva, avareza, ignorância, desejo e orgulho. A roda da vida é sustentada por um feio demônio com dentes e unhas muito grandes. Ele é chamado de Yama, o senhor da morte. A ignorância de nossa verdadeira natureza é que nos mantém girando interminavelmente nesse ciclo de infelicidade, vida após vida, um estado emocional depois do outro, sofrimento após sofrimento. Como canta k.d.lang, "Constant craving" ("Anseio constante"). No meio dessa roda estão três animais: um galo, uma serpente e um porco. Eles representam o apego, o ódio e a ignorância. Esses três venenos estão no centro de todo o nosso sofrimento. Causam-nos muito tormento e nos fazem cometer muitas ações nocivas à nossa felicidade.

Se queremos terminar nosso sofrimento, se queremos paz e felicidade duradouras, precisamos nos livrar do desejo, da raiva e da ignorância (de como as coisas realmente existem). Esses estados negativos da mente são como uma prisão afastando-nos de nossa pureza natural e ilimitada. Eles impedem que nosso coração se abra para os outros, impedem-nos de desenvolver genuínos amor e alegria. Assim, podemos chegar a algumas conclusões:

- Embora o ego possa surgir com algumas razões justificáveis quanto ao fato de se ligar a alguém, ou odiá-lo, ou ser indiferente a ele, isso é basicamente um modo estreito de ver as coisas. Não conduz ao desenvolvimento da felicidade ou à compaixão da liberdade mental dentro de nós.
- Podemos ver que tal paixão (não inspiração)/desejo, raiva e ignorância devem ser abandonadas a qualquer custo.

Com isso em mente, tente desenvolver a sensação de que essas etiquetas de "amigo", "inimigo" e "estranho" são muito instáveis. Até nosso inimigo quer felicidade e não sofrimento. São iguais a nós nesse aspecto. O que nos torna mais merecedores da felicidade que eles? O que nos torna melhor que eles? Por que, quando somos parecidos em tantas coisas, eles são menos merecedores de nosso amor que nós? Também não nos prejudicamos regularmente e cometemos erros? Não somos também motivados a procurar a felicidade da mesma forma que eles? Mesmo que nosso inimigo ou aquele de quem desgostamos seja totalmente mau, ele colherá os resultados que plantar. Não é preciso que o odiemos; isso nos prejudica mais do que a ele. Veja que ele está sofrendo de ignorância, criando tanto karma negativo para si mesmo, está tão embriagado de egotismo e sofrimento que não tem controle sobre si mesmo. Como é consumido por seu sofrimento e não sabe como lidar com ele, isso transborda em quem está à sua volta. Há uma parte boa dele em algum lugar. Em algum lugar existe alguém que o ama, que o considera maravilhoso, que mal pode esperar que ele chegue em casa à noite. Desenvolva bondade amorosa por ele, deseje-lhe o bem – esse é o nosso maior interesse. Desfazer-se do ódio e permitir que surjam o amor e o perdão nos torna pessoas felizes.

Podemos dedicar qualquer energia positiva que ganhamos pela prática à iluminação de todos os seres, e orar para que todos eles passem a habitar na paz da equanimidade, livres do apego de considerar alguns queridos e outros distantes.

Bondade amorosa

Bondade amorosa é o desejo de que os outros sejam felizes. Surge de nossa própria paz e do senso de interligação com tudo. Esse amor não é possessivo; é generoso e sábio, não busca controlar, e sim entender e apreciar, e amar as coisas em seu estado natural. A bondade amorosa também se manifesta internamente como uma consciência que pode abraçar seja lá o que surgir no momento presente com um coração aberto e espaçoso.

Às vezes, nossas vidas são tão ocupadas que esquecemos o que é verdadeiramente importante. Esquecemos que a razão de sairmos todo dia para trabalhar é concretizar sonhos, ou porque amamos nossos filhos e queremos que sejam felizes e bem cuidados, ou porque queremos continuar a viver e praticar um caminho espiritual e precisamos de dinheiro para isso. Quando estamos controlados pela confusão e pelo apego ao *self*, é difícil ver além de nossas preocupações.

Mesmo assim, é possível viver de um modo conectado à nossa bondade natural. É uma jornada pessoal na qual sabemos que as práticas espirituais trabalham por nós, mantêm-nos inspirados e de coração aberto. A orientação de um mestre qualificado que já tenha trilhado o caminho antes de nós pode ajudar. Mas, no final, somos nós que precisamos dar os passos necessários naquele caminho.

Bondade amorosa é, basicamente, entrar em contato com a liberdade e a felicidade de nosso coração, um amor que é puro, que quer dar e curar. Podemos acessar a bondade amorosa quando nossa mente está livre de distrações, não focalizada em algo negativo. É por essa razão que um nível básico de moralidade e meditação é tão crucial para uma vida feliz. Se somos esmagados pela culpa ou por emoções negativas, é difícil entrar em contato com nossa bondade interior – que dirá partilhá-la com outros.

A bondade amorosa permite que nos tornemos calmos, felizes, generosos e tenhamos o coração aberto. Qual é a necessidade de controlar e possuir quando temos uma interminável fonte de felicidade dentro de nós? A bondade amorosa tem o poder de nos transformar, assim como à nossa conexão com os outros. Há muitos modos de desenvolver a bondade amorosa; Buddha recomendava alguns no Sutra da Bondade Amorosa:

Discurso sobre o Sutra da Bondade Amorosa

Isso é o que deve ser feito por alguém experimentado em bondade,
E que conhece o caminho da paz.
Deixe que sejam capazes e retos, diretos e suaves no falar.
Humildes e não presunçosos, contentes e facilmente satisfeitos,
Livres de deveres e com uma vida frugal.
Pacíficos e calmos, sábios e engenhosos, não orgulhosos e exigentes por natureza.
Que não façam coisa alguma que o sábio reprovasse mais tarde.
Desejando que na alegria e na segurança possam todos os seres se sentir bem.
Não importa como forem, se fracos ou fortes, sem omitir niguém,
Os grandes ou poderosos, medianos, menores ou pequenos,
Os visíveis e os invisíveis, os que vivem perto e os que vivem longe,
Os nascidos e os que vão nascer – que todos os seres se sintam bem!
Não deixe nenhum enganar o outro, ou desprezar qualquer ser em qualquer estágio.
Não deixe ninguém prejudicar o outro através da raiva ou lhe desejando o mal.
Do mesmo modo que a mãe protege com a vida o filho, seu filho único,
Com um coração ilimitado deve-se proteger todos os seres vivos;
Irradiando bondade sobre o mundo inteiro;

Espalhando-a para os céus e para baixo até as profundezas
Para fora e para o ilimitado, liberto de ódio e má vontade.
Seja parado ou andando, sentado ou deitado, livre da sonolência
Deve-se sustentar essa lembrança.
É a isso que se chama permanência sublime.
Não se prendendo a opiniões fixas, aquele de coração puro, tendo a visão clara,
Liberto de todos os desejos dos sentidos,
Não mais nasce neste mundo.

Aqui podemos ver o conselho prático de Buddha sobre como implementar a bondade amorosa. Uma observação: esse Sutra pertence à tradição Theravada, na qual o praticante busca terminar os penosos renascimentos numa existência mundana, e sua própria libertação. Na tradição Mahayana, à qual o Budismo Tibetano adere, o praticante é movido pelo sofrimento do mundo e busca tornar-se um Buddha plenamente iluminado para resgatar o mundo do sofrimento. Alguns praticantes da Theravada também se devotam a tornar-se Buddhas.

Geralmente, o Sutra da Bondade Amorosa é recitado todos os dias em muitos monastérios Theravada pelo mundo afora. Sua essência é também ensinada e contemplada por inúmeros mestres tibetanos. No Sutra, Buddha usou a mãe como um exemplo de bondade amorosa porque é geralmente a mãe aquela que mais nos ama, que mais se doou a nós. Como ocidentais, podemos ter problemas em contemplar a bondade materna – muitos consideram os pais um pouco confusos. Eu sei que me sentia assim, sem dúvida. Às vezes, achava que minha mãe era a pessoa que menos me compreendia no mundo. Eu não tinha contato com meu amor por ela; sentia apenas que ela tentava me controlar. Não percebia que ela agia assim por me amar de todo o coração e querer a minha felicidade. Como ferimos quem nos ama por falta de compreensão! Como é fácil o amor virar ódio; os dois sentimentos são fortes. Amar é compreender profundamente; sem compreensão, não pode haver amor verdadeiro. Se não entendemos os que afirmamos amar, somos facilmente perturbados quando fazem coisas de que não gostamos ou com que não concordamos. Quando dediquei tempo para ver o que motivava minha mãe, sua visão das coisas, pude entender que eu estava partindo seu coração. Sua motivação era pura, mesmo que seus métodos não fossem muito hábeis.

Quando sentimos ódio ou ciúme, ou mesmo intenso apego romântico em relação às pessoas, há uma oportunidade de tentar entender como elas vêem as coisas. Podemos lhes permitir dizer o que há em seus corações, sem afastá-las. Podemos ouvir conscientemente com todo o coração, a fim de sermos verdadeiramente amorosos.

A bondade amorosa enriquece nossa experiência. É como o óleo que impede a fricção de nossa vida e faz com que as coisas deslizem suavemente. Quando temos um pouquinho de bondade amorosa, o mundo interior parece um lugar melhor. Ela nos permite aceitar graciosamente qualquer dificuldade que surja e reagir com habilidade e compreensão, não com irritação.

Meditação em bondade amorosa

A meditação sobre a compaixão e a bondade amorosa é feita geralmente em diversos estágios. Para alguns, ela vem naturalmente; para outros, é mais difícil. Não há necessidade de nos fustigarmos por não conseguirmos obter nenhum senso de compaixão. Essas coisas levam tempo; o fato de estarmos tentando já é maravilhoso em si.

A prática da bondade amorosa pode aliviar todas as feridas do sofrimento e do ódio. Pode nos curar e permitir que beneficiemos grandemente os outros. Experimenta-se um jorro natural de bem-aventurança e alegria ao desenvolver estados compassivos da mente.

Podemos começar sentando com as costas retas. Deixamos nossa mente aquietar-se. Podemos recitar a reza do refúgio da página 158 e fazer antes um pouco de meditação de permanência serena (Capítulo 6).

Para desenvolver a bondade amorosa, dentro da tradição tibetana Mahayana, começamos visualizando nossa mãe – mas, como muitos ocidentais têm auto-estima baixa, talvez seja bom começar desenvolvendo bondade amorosa por nós mesmos.

Podemos nos imaginar como criança ou como somos agora. Somos cheios de potencial, não importa o que temos feito nem o que tenha dado errado. Tente conduzir a mente para a bondade natural, a inocência e pureza originais que sabemos estar dentro de nós. Nunca é tarde demais para começar de novo – embora o oceano do sofrimento seja vasto, se olharmos para trás veremos a praia.

Então, enviemos uma energia boa, quente e curativa para nós mesmos enquanto somos permeados por um senso de bem-estar, como se fôssemos abraçados pelo próprio amor. Essa meditação pode parecer um pouco estranha no início, até artificial, mas experimente-a. Os budistas a vêm usando com êxito há 2.500 anos. Pode levar algumas sessões, mas posteriormente funcionará. As nuvens tempestuosas do pensamento e da emoção ficarão mais claras e a luz de nossa inata sabedoria e bondade amorosa brilhará.

Nas palavras de Jack Kornfield, dizemos suavemente para nós mesmos:

Possa eu estar preenchido de bondade amorosa.

Possa eu estar bem.

Possa eu estar calmo e tranqüilo.

Possa eu estar feliz.

Repetimos essas palavras calmamente até nos sentirmos cheios de felicidade e calor. Podemos executar essa prática por dez ou quinze minutos todos os dias por algumas semanas, para lhe dar uma oportunidade completa. No início, sentimentos de impaciência e irritação podem surgir – mas, seja o que for, receba-o num espírito de paciência e gentileza. Não nos zanguemos com nós mesmos. Podemos fazer alguma meditação de permanência serena se isso acontecer, e então, quando a mente se acalmar, começaremos a meditação de bondade amorosa de novo.

À medida que nosso senso de bondade amorosa por nós mesmos crescer, poderemos expandir essa meditação incluindo um benfeitor, alguém que nos tenha dado um amor genuíno. Deseje-lhes bondade amorosa, que estejam bem e felizes, calmos e à vontade. Evoque o mesmo senso de bondade amorosa para eles.

Depois disso, podemos estender o sentimento a outros entes queridos, amigos, conhecidos e até estranhos e gente difícil. Fazemos isso gradualmente, e só quando nos sentimos prontos. Podemos executar essa prática em qualquer lugar – a caminho do trabalho, no almoço e assim por diante. Simplesmente repetimos as frases ("Possa eu estar preenchido de bondade amorosa", "Possa eu estar bem" e assim por diante) silenciosamente em nossa mente – é uma grande prática numa fila de espera!

Quando conhecemos gente que tem praticado bondade amorosa e Bodhichitta (aspirando a tornar-se um Buddha para resgatar todos os seres de seu sofrimento) por muitos anos, isso emana deles. São muito inspiradores; radiantes como o sol. A genuína bondade amorosa e a compaixão podem ir longe para consertar o mundo e nossos próprios problemas. Possa você ter êxito em cultivá-la!

Capítulo 13

Cultivando o genuíno coração da ternura – compaixão e Bodhichitta

Os ensinamentos que cobrimos até agora são comuns às tradições Theravada, Mahayana e Vajrayana. Contudo, deste capítulo em diante, focalizaremos o Mahayana e o Vajrayana à medida que os ensinamentos da compaixão nos impelirem para o caminho Bodhisattva.

Aquilo de que o mundo mais necessita agora é a compaixão. Se todas as pessoas fossem Bodhisattvas, que cultivam tanto o coração da compaixão quanto a Bodhichitta (o desejo de se tornar um Buddha para libertar todos os seres do sofrimento), não haveria guerra, racismo ou pobreza. Esse é o objetivo de um praticante Mahayana: tornar-se um Bodhisattva. Mas a verdade é que, embora todos desejemos um mundo melhor, um lugar de paz, felicidade e segurança para nossos filhos, o mundo não é assim. É muito fácil pôr a culpa nos outros pelo estado das coisas; sentir que não há nada que se possa fazer para aliviar o sofrimento maciço da Terra. Mas, na realidade, as sementes da paz estão dentro de nós. O mundo exterior é um reflexo de nosso mundo interior. Todas as invenções que usufruímos, a tecnologia que usamos, as roupas que vestimos, começaram na mente de alguém. Se temos paz em nosso coração, isso pode refletir-se no mundo externo.

Podemos achar difícil acreditar que temos algo a ver com os conflitos em Israel ou no Terceiro Mundo. Mas se examinarmos nosso coração, se dedicarmos tempo para observar a próxima vez em que estivermos com raiva, magoados ou ofendidos, poderemos ver que as sementes jazem em nosso coração; que a raiva e o sofrimento são em parte faces da humanidade – todos compartilhamos isso. Nossa raiva não é diferente da raiva de nosso inimigo; pode ter causas diferentes, mas é uma experiência compartilhada. Podemos entendê-la. Temos apenas de examinar nosso próprio coração para ver o calor e a tremenda energia que podem motivar incontáveis atrocidades. Se verdadeiramente conhecemos nossa própria mente e nossa própria raiva, talvez possamos entender por que há ódio, violência, guerra e racismo no mundo.

A compaixão é o tópico mais maravilhoso de se comentar, sendo especialmente enfatizado na tradição tibetana. Fala-se muito sobre compaixão, mas descubro que ainda é a coisa mais difícil de se praticar de fato. Qual é a definição budista da compaixão? É apenas sentir pena de alguém? Levar um filhote de animal para casa ou pagar um café para um bêbado? A compaixão significa muito mais do que isso. Quando falamos sobre compaixão de uma perspectiva budista, estamos nos referindo a uma transformação radical do coração que nos permita abandonar nossas estreitas atitudes egoístas e voltar-se para uma perspectiva elevada, sábia e de coração aberto.

Sabedoria e compaixão devem ser inseparáveis. No Budismo, a sabedoria geralmente significa o conhecimento direto das coisas como elas são (vacuidade), e o conhecimento do que adotar e do que abandonar. Aqui me refiro à inteligência e à lógica também. Sem compaixão, apenas com lógica e inteligência, podemos fazer coisas terríveis. Sem sabedoria, a compaixão pode se tornar emocional demais – podemos virar "idiotas compassivos", podemos agir por um senso de compaixão, mas nossas ações não têm discernimento nem habilidade, e em termos últimos não serão do interesse de nós mesmos nem dos outros. Os tibetanos não diferenciam o coração da mente. É engraçado que quando apontamos para os outros ou para nós mesmos instintivamente indicamos o peito, o lugar do coração. Ocidentais tendem a diferenciar o coração da mente. Pensamos na mente como algo residindo no cérebro, e o coração como residindo em algum ponto do peito. Talvez seja a hora de unir sabedoria e compaixão; elas formam uma equipe maravilhosa.

A meditação de bondade amorosa do capítulo anterior baseia-se simplesmente no método Theravada de desenvolvê-la (no tema de bondade amorosa, a maioria das tradições budistas tem uma abordagem bastante semelhante). A meditação neste capítulo segue a abordagem mais tradicional e analítica do Budismo Tibetano (abarcando os métodos Mahayana e Vajrayana), nos quais a bondade amorosa e a compaixão estão estreitamente relacionadas.

Nesse estilo tradicional, pensamos inicialmente em alguém que nos ama muito e tem mostrado bondade (referimo-nos a essa pessoa como um benfeitor). Baseados nisso, desenvolvemos um senso de gratidão e bondade amorosa – o desejo de que os outros sejam felizes. Então, reconhecemos como eles já sofreram por pensar em nós e não em si mesmos, e reconhecemos seu sofrimento geral porque lhes desejamos bem-estar; não podemos suportar seu sofrimento, portanto desenvolvemos compaixão/grande amor – o desejo de que todos os seres sejam libertados do sofrimento. Numa mente movida pela bondade amorosa, a compaixão surge naturalmente. O sentimento de tristeza e o desejo de que outros possam estar livres do sofrimento agita a sincera empatia em nós. Reconhecendo a inconfiável natureza da felicidade temporária, buscamos retribuir a bondade de nossos entes queridos de um modo duradouro, colocando-os na iluminação (baseados nisso, desenvolvemos Bodhichitta – o desejo de se tornar um Buddha a fim de iluminar todos os seres). As meditações sobre bondade amorosa, compaixão e Bodhichitta fluem umas das outras.

Nesse processo tradicional, os ensinamentos são dados primeiro de um modo extenso e a seguir nós mesmos passamos em revista cada ponto, aplicando cada exemplo à nossa vida. Finalmente, temos uma forte contemplação que nos faz resumir tudo e tomar uma resolução... Podemos parecer competitivos, mas isso é feito para que os ensinamentos penetrem verdadeiramente o coração.

Ao praticar meditações contemplativas, não devemos nos limitar ao que está escrito sobre a meditação; temos de ler o que está lá como um guia e então repeti-lo para nós mesmos em meditação, ver com o olho da mente todas as coisas que nossos benfeitores têm feito por nós. Devemos aplicar cada exemplo dado neste livro e moldá-los especificamente a nossas próprias experiências. Tentamos invocar um sentimento de gratidão, cuidados e compaixão para com nossos benfeitores, o que abre os diques da compaixão para todos os seres. Se a qualquer momento sentimos a compaixão surgir, podemos repousar nisso por um tempo; se parecer adequado, podemos então desejar o bem a nossos benfeitores e nos dedicar a nos tornarmos um Buddha em benefício deles.

Não seria realista achar que podemos resolver os problemas dos outros apenas meditando sobre a compaixão. Enquanto estivermos ainda presos a nossas dificuldades e limitados por ilusões, é muito difícil ajudar os outros. É por isso que nos esforçamos pela iluminação. Até ficarmos iluminados, a ajuda que podemos oferecer é limitada, mas não significa que não devemos tentar oferecer ajuda adequada onde pudermos. É também importante tentar desenvolver sabedoria sobre o modo como as coisas de fato existem em conjunto com a compaixão, ser capazes de realmente ajudar os outros com habilidade.

Podemos começar acalmando a mente e desenvolvendo uma boa motivação. Como previamente mencionado, é importante lembrar que quando contemplamos qualquer tópico, nós o personalizamos. Pensamos sobre os pontos que surgem em nossa mente e os aplicamos a exemplos em nossa própria vida. Mais uma vez, a qualquer momento que o senso de compaixão surgir, tire um momento para descansar nele e desejar o bem de todos os seres.

Na meditação tradicional sobre a compaixão e Bodhichitta há vários estágios, mas, como descrito em *The Three Levels of Spiritual Perception*, de Deshung Rinpoche, eles podem ser unidos em quatro.

Meditações sobre compaixão e Bodhichitta

1. Reconhecimento de nossa mãe ou benfeitor

Geralmente, quando exploramos a compaixão consideramos alguém muito bondoso e verdadeiramente amoroso conosco. Quanto à bondade amorosa, a pessoa escolhida é habitualmente a nossa mãe. Se temos problemas com a mãe, podemos pensar em alguém que tenha sido uma mãe para nós – pai, avó/avô, tio, mestre, melhor amigo, alguém que realmente tenha cuidado de nós. Podemos até usar nossos próprios filhos como objeto da compaixão, tendo em mente quanto os amamos e como queremos o melhor para eles, reconhecendo o sofrimento por que passam e cultivando a intenção de libertá-los do sofrimento. Podemos pensar em todos os seres como nossos filhos; afinal de contas, em vida após vida todos os seres provavelmente foram nossos filhos. Essa contemplação pode ser um pouco confrontante para os que têm uma relação difícil com a mãe, mas eu os incentivo a tentar, já que isso pode alterar sua vida.

Fechando os olhos, trazemos à mente nossa mãe ou benfeitor. Visualizemos essa pessoa como melhor nos lembramos dela e pensemos: "Esta é minha amorosa mãe/benfeitor".

∞ ∞ ∞

Aqui, faça uma pausa por um momento para ver o benfeitor à sua frente, olhando para você com olhos amorosos. Sinta o amor da pessoa por você e deseje-lhe o bem.

2. **Reconhecimento de nossa mãe/bondade de benfeitor**

Mesmo se nossa mãe unicamente nos deu à luz, já fez uma grande coisa. Já examinamos que grande oportunidade essa vida encerra – como podemos atingir nosso potencial mais elevado: iluminação. Dando-nos um corpo humano, nossa mãe nos deu uma rara passagem para a mina de ouro espiritual que a vida representa. Não nos abortou; permitiu que seu corpo nos incubasse por nove longos meses. Fomos como um peso de chumbo em sua barriga, empurrando seus órgãos internos e causando grande desconforto. Então ela passou pelas dores do parto; muitas mulheres dizem que não há maior dor. Nossa mãe arriscou a vida para nos fazer nascer, e algumas pagaram um alto preço por isso. Cada célula de nosso corpo, cada membro e nervo foi formado com a ajuda do corpo da mãe. Se admiramos a beleza de nosso corpo, temos de agradecer à nossa mãe!

Quando nascemos, a mãe nos alimentou e cuidou de nós; quando crianças indefesas, certamente teríamos morrido sem a intervenção dela ou dos cuidados de alguém que exercesse suas funções. Ela nos alimentou com seu próprio seio, cantou-nos canções de ninar, limpou nossas fraldas sujas e acalentou-nos por noites de insônia e doença. À medida que crescíamos, ela não poupou esforços para assegurar nossa felicidade e bem-estar.

Tudo que usufruímos agora neste corpo foi fornecido somente através da bondade dela. Isso em si é uma grande doação. Esse corpo humano é como o barco que podemos usar na travessia do oceano de samsara (o ciclo de sofrimento da existência). Sem a bondade materna, não seríamos capazes de praticar o caminho espiritual. Na verdade, não seríamos capazes de fazer coisa alguma que usufruímos atualmente sem que nossos pais nos tivessem provido inicialmente de um corpo.

Podemos visualizar nosso benfeitor claramente e pensar na dor que sofreram para assegurar nossa felicidade. As crianças às vezes aceitam sem pensar o esforço que os pais fazem por elas, como têm de trabalhar duro para sustentá-las, alimentá-las e vesti-las, educá-las e ensiná-las tudo que precisam saber para crescerem adequadamente. Nossa mãe/benfeitor passa muito do tempo que pode conosco a cada dia. O tempo que poderia usar desenvolvendo sua própria mente e usufruindo sua própria vida, ela nos concedeu. Não há quase nenhum momento do dia em que uma mãe não esteja pensando no filho, em nosso bem-estar. Talvez ela trabalhasse até suas mãos ficarem em carne viva, até a exaustão, sempre pensando nos filhos. Tudo que considerava indulgente demais, excessivo demais para ela, julgava certo para nós. Ficaria sem roupas novas, férias, conforto – apenas para melhorar nossa vida. Era sempre a última a sentar à mesa e a primeira a levantar-se. Sempre procurava estar lá quando precisávamos dela e, mesmo quando não estava, queria estar.

Observe que, por mais complicada que tenha sido a relação com sua mãe, ela fez o melhor que podia. Mesmo se ia para o trabalho, provavelmente tentava dar ao filho uma vida melhor do que a dela quando criança. Na infância, dificilmente pensamos como é duro para os pais oferecer constantemente paciência e orientação.

Nosso benfeitor/mãe instilou-nos valores morais que são úteis anos depois. Ela nos observou quando aprendíamos a andar, certificando-se de que não nos feríssemos. Quando passamos pelas dificuldades da adolescência, provavelmente fizemos da vida de nossos pais um inferno. Mas eles agüentaram firmes, mesmo se não podiam nos entender. E ainda se preocupam conosco, com nosso bem-estar, com o nosso futuro. Quando olho para minha mãe agora, posso ver seu amor por mim em seu corpo que se tornou mais flácido e foi machucado pelo parto, em sua saúde que se deteriora. Tudo em sua vida foi dedicado aos filhos. Sua preocupação, seu amor e seus cuidados por mim são óbvios.

Antes de eu fazer essa contemplação, não conseguíamos ficar na mesma sala por mais de uma hora sem discutirmos. Agora, no entanto, procuro entender seu ponto de vista e sinto-me preenchida com amor e gratidão por ela. Não é a mãe perfeita (mas chega perto!). O que a torna tão maravilhosa é seu amor sem *self*. Percebo agora que ninguém jamais me amará tão pura e devotadamente como minha mãe.

Se o benfeitor que escolhemos é o nosso pai, podemos ver como trabalhou para nos sustentar enquanto crescíamos – como estava lá para oferecer conselho, como chegava em casa cansado do trabalho e mesmo assim ainda tinha tempo para nós. Mesmo se seu pai era raivoso e distante, tente entender o sofrimento por que passava. Muito pouca gente tem a intenção de magoar os filhos, mas criar filhos é muito difícil e nem todos têm as habilidades necessárias para fazê-lo. Muita gente patinha na situação como pode. Pense no condicionamento social a que nossos pais foram submetidos. Provavelmente, tiveram uma infância complicada também. Então, fizeram o melhor que puderam.

Agora podemos tirar um momento para contemplar mentalmente todos os exemplos específicos de bondade que se relacionam com nosso benfeitor e nossa situação de vida em particular. Podemos pensar em todas as pequenas coisas que essa pessoa fez para nos demonstrar amor. Deu-nos os presentes da vida e um corpo humano, e nos modelou de tal modo que valorizaríamos um encontro com o Dharma/caminho espiritual. Pense sobre a generosidade que nossos entes queridos nos mostram, energética e fisicamente – sua doação interminável, sem *self*. Podem ter trabalhado em empregos de que não gostavam para nos sustentar; podem ter nos ensinado quase tudo que sabemos.

Sem seu amor e apoio incessante, não seríamos quem somos hoje. Eles devotaram a melhor parte de sua vida a nós; na verdade, foi quase devido a nós que envelheceram. Mesmo se nosso benfeitor não fez tanto por nós, pense em como essa pessoa estava lá para nos ajudar em momentos cruciais de nossa vida. Não seríamos as pessoas que somos hoje sem o amor, a influência e o apoio que nos deram. Podemos permitir que um sentimento de gratidão e amor surja em nosso coração.

༄ ༄ ༄

Faça uma pausa aqui para pensar detalhadamente em todo o cuidado, orientação e amor que seu benfeitor lhe demonstrou, baseado nos exemplos dados aqui. Encaixe os exemplos na sua vida pessoal; deixe que uma sensação de sincero amor e gratidão se erga em relação a ele e comova-se com a grande generosidade dele, os cuidados que teve com você. Reconheça que, pelo menos uma vez na vida, você foi verdadeiramente amado por alguém. Deseje que esteja bem e feliz; e que essa pessoa possa encontrar a felicidade relativa e última de que precisa. Compartilhe com ela seus bons votos, energia e intenções. Esse é o pensamento da bondade amorosa.

3. **Reconhecimento de que devemos retribuir à bondade de nossa mãe/benfeitor**

Sejam lá quais forem as imperfeições de nossa mãe/benfeitor, essa pessoa habitualmente tem boas intenções no fundo do coração. Mesmo se cometeu erros, queria principalmente que fôssemos felizes. Sempre fez o melhor que pôde. Depois de tudo que recebemos de nossos entes queridos, não é a hora de lhes retribuirmos? Eles nos alimentaram e vestiram por tantos anos – o fato de estarmos vivos hoje é devido principalmente a seus cuidados. Como podemos retribuir tal doação sem *self*?

Deve surgir o desejo de retribuir essa bondade, de ajudá-los e desejar-lhes o bem. Nossa mãe/benfeitor não apenas nos serviu nesta vida; em muitas ocasiões do passado essa pessoa também foi nossa mãe/benfeitor. Todos os seres têm servido como nossas mães um momento ou outro – tivemos vidas. Vezes incontáveis nossos pais nasceram nos reinos mais baixos porque tiveram de cometer atos negativos para cuidar de nós – até matar ou roubar. Trouxemos a eles tanto sofrimento quanto alegria. O leite que bebemos por muitos tempos de vida dessa única mãe (considerando que ela tenha sido sua mãe anteriormente) excede os oceanos deste mundo. É realmente hora de retribuir a bondade dela. Só uma pessoa muito egoísta pensaria: "Ora, ela deu, eu peguei" – e se afastaria.

Olhamos para nossa mãe/benfeitor e podemos ver que essa pessoa não é muito feliz. Em sua preocupação conosco, ela deixou de avaliar a própria situação espiritual. Desenvolveu as qualidades que lhe trariam paz e felicidade duradouras? Está livre da depressão, da solidão, da velhice e da morte? Tanto quanto continuar a renascer na existência cíclica devido à ignorância, essa pessoa que é a mais próxima de nós sofrerá irremediável dor, e continuará a criar mais karma negativo para sofrimento no futuro. Existe apenas uma saída, que é a da iluminação, mas ela está interessada nisso? Tem inclinação espiritual? Talvez não. Tudo bem. Não podemos forçar a pessoa a assumir a espiritualidade; é algo que tem de vir de sua vontade. Só devemos contar a ela sobre o caminho espiritual se nos perguntar; e, mesmo assim, contar apenas o que está preparada para ouvir.

O que podemos fazer para ajudar nossos entes queridos? Ainda estamos nos afogando no oceano de samsara. Podemos verdadeiramente desejar que estejam bem e felizes, e orar para o que consideremos sagrado a fim de que encontrem um caminho espiritual que lhes traga a liberdade última.

Podemos também rezar para que nossa mãe possa se libertar do sofrimento; esse pensamento naturalmente segue-se da bondade amorosa. Desejando sua felicidade, não podemos suportar seu sofrimento. Pense: "Quando olho para minha mãe/benfeitor que tem sido tão bondosa e amorosa comigo, dando-me tanto de seu tempo e energia, posso ver que ela não tem toda a felicidade que merece. Oro para que ela a encontre e se liberte de todo o sofrimento." Esse é o pensamento da grande compaixão.

∾ ∾ ∾

Aqui faça uma pausa para ter uma noção de quanto sua mãe fez por você, veja como ela sofre e a necessidade de retribuir toda sua bondade. Deixe-se tocar por seu sofrimento (contemple os sofrimentos específicos que você sabe que ela tem) e deseje-lhe que se liberte dessa carga; sinta-se impelido a fazer algo a respeito.

Podemos pensar ou dizer a nós mesmos algo assim:

> Minha bondosa mãe ajudou-me quando eu era desamparado. Sem seus cuidados eu não estaria vivo hoje. Ela passou toda a vida trabalhando para meu benefício, ignorando seu potencial espiritual. Passou noites sem dormir preocupando-se comigo. Trabalhou até a exaustão. Devotou a melhor parte de sua vida e vitalidade a mim. Raramente se permitia um momento livre em que não se preocupasse com meu bem-estar e felicidade.

Muito do amor, dos cuidados, do tempo e dos recursos de minha mãe me foi dado. Sei que desistiria até da própria vida para salvar a minha. Após todos esses cuidados, anos de paciência, orientação e apoio, não chegou o momento de eu retribuir essa bondade?

Quando olho para sua situação, vejo que ela não está muito feliz. Minha mãe é vítima de condições voláteis, doença, velhice e morte. Ela sofre perdendo os que lhe são caros, e enfrenta eventos que não gostaria que ocorressem. Meu ente querido tem depressão, insegurança e solidão que podem surgir a qualquer momento.

4. **Meditação sobre como retribuir a bondade da mãe/benfeitor – a lógica que leva à Bodhichitta**

Então, como podemos dar a nosso ente querido um benefício duradouro? Quando pensamos em retribuir a bondade do benfeitor temos de olhar para a eternidade inteira. Como já vimos, o dinheiro é finito. Tudo o que fizermos pelo ente querido é temporário. Se o alimentamos, algumas horas depois estará com fome de novo. O auxílio externo é como um Band-Aid; ajuda nos sintomas, não na causa subjacente. A causa subjacente é a ignorância, a percepção errônea de como os outros e nós mesmos existimos.

Enquanto nossos benfeitores permanecerem ignorantes e não praticarem o caminho da libertação, continuarão a girar em sucessivos sofrimentos. O dinheiro ou férias são apenas Band-Aids temporários que não diminuem seu sofrimento fundamental. O único modo de assegurar sua felicidade duradoura é levá-los à iluminação – o único lugar onde o sofrimento não existe.

Quando contemplamos com sucesso a bondade de nossa mãe ou benfeitor muitas vezes, podemos estender essa meditação e ver que todos os seres foram nossa mãe num momento ou outro, e nos amaram profundamente. Essa mesma meditação pode ser modificada para contemplar-se a bondade passada de amigos, estranhos e inimigos, e usada para estender nossa compaixão a todos os seres em toda a parte.

Esses seres vêm cuidando de nós vida após vida, aliviando nosso sofrimento. Como podemos deixá-los e ir em busca da própria paz? Podemos seguir um caminho que trará paz e benefício para outros e para nós mesmos – o caminho do Bodhisattva. O único modo de realmente terminarmos o sofrimento dos outros e de nós mesmos, e de nos tornarmos Buddha. Até então, não podemos de fato ajudar nossos benfeitores de um modo duradouro. Só um Buddha sabe exatamente de que os seres necessitam para a libertação. Não conhecemos a história kármica de nossos benfeitores, que métodos exatamente acharão mais úteis. Só os Buddhas têm o poder, a compaixão e a sabedoria de liberar totalmente os seres. Podemos aspirar a atingir esse estado para beneficiar mais os outros e a nós mesmos. Baseados nessa lógica, desenvolvemos Bodhichitta – o desejo de nos tornar plenamente iluminados para ajudar todos os seres.

"Bodhi" significa iluminado, "chitta" significa mente. Portanto "Bodhichitta" é uma atitude iluminada, o desejo de atingir a iluminação para levar todos os seres para esse estado. Uma vez que nos comovemos com o sofrimento daqueles em torno de nós e vemos a única coisa que é de benefício duradouro para todos os seres, cada ato que fazemos é permeado da sublime intenção de Bodhichitta.

∾ ∾ ∾

Tire um momento para refletir – como é possível ajudar realmente a pessoa que tem sido tão bondosa com você? Reflita nos sofrimentos específicos que sabe que ela tem. Veja que ela está girando interminavelmente no samsara, renascendo permanentemente sem escolha. Nunca terá paz duradoura até que atinja a iluminação – qualquer outro tipo de felicidade é apenas um breve alívio antes que a dor da existência comece de novo.

Se o que temos dito até aqui se ajusta a você, cultive sinceramente a determinação de se tornar um Buddha para libertar todos os seres. Pense em algo de acordo com tais linhas e repita as seguintes palavras consigo mesmo:

> Desejar que o bondoso benfeitor se liberte do sofrimento e seja feliz é uma bonita idéia, mas devo realmente fazer algo para colocá-lo na felicidade que sei que merece. Dinheiro é útil, mas jamais cortará a raiz fundamental do sofrimento de meu ente querido, que jaz em sua mente.
>
> Se eu fosse iluminado, teria poder e sabedoria necessários para colocá-lo naquele estado também. A fim de que meu ente querido experimente a alegria e a liberdade da mente desacorrentada (iluminação), preciso conquistar esse estado eu mesmo para poder levar meu benfeitor para lá.

De agora em diante, comprometo-me a seguir o caminho de um Bodhisattva por ver que é o único modo de me libertar, e a outros, do sofrimento. Esforçar-me-ei para atingir a iluminação a fim de libertar minhas bem-amadas mães (todos os seres) do oceano do sofrimento. Até então, oro para que todos os seres iluminados guardem e protejam meus amados benfeitores e me ajudem no esforço de lutar pela iluminação para o benefício de todos.

No caminho do Bodhisattva, nosso nível de compaixão pode ir de zero a cem por cento; o importante é que continuemos nos esforçando, nunca desistamos em nosso coração dos seres sencientes. Esforcemo-nos para nos tornar um Buddha em seu benefício, por percebermos que esse é o melhor caminho para ajudá-los e a nós mesmos. No nível da Bodhichitta relativa, desejamos nos tornar um Buddha para libertar todos os seres do sofrimento. Isso é conhecido como: "desejando o pensamento-iluminação" ("pensamento-iluminação" é outra tradução para Bodhichitta). Engajar-se em atos compassivos, emular Buddha (se nossa capacidade for suficiente) e praticar as Seis Perfeições (generosidade, moralidade, paciência, esforço entusiástico, concentração e sabedoria; essa é a versão Mahayana das Dez Perfeições mencionadas no Capítulo 3) conhecidas como "engajar-se no pensamento-iluminação". Envolvemo-nos em atos compassivos de grande amor altruísta, como uma obra de caridade. Mas a obra de caridade não pode ser um fim em si. Bodhichitta exige que a meditação e o desenvolvimento interior sejam primordiais e essenciais, pois como podemos de fato ajudar os outros se iludimos a nós mesmos?

Finalmente, dedicamos qualquer mérito positivo obtido à esperança de que nos tornemos um ser plenamente iluminado para beneficiar todos os seres do mundo: um Buddha (aquele que abandonou tudo que é necessário abandonar e aperfeiçoou todas as qualidades iluminadas).

Podemos também recitar algo assim: "Dedico o mérito produzido por essa prática, e tudo que eu alcançar um dia, à perfeita iluminação de todos os seres. Possam o sofrimento, a guerra e a fome ser rapidamente aniquilados e possa o Dharma espalhar-se para o final de cada direção".

Se praticarmos essa meditação uma vez por semana, de quarenta minutos a uma hora, poderemos lentamente notar uma mudança em nós mesmos.

Alguns pensam que se tiverem compaixão (que não é apenas ter pena de todos!) esquecerão de si mesmos e sofrerão. Claro que não é preciso dizer que, se estamos trabalhando para o benefício e a iluminação de outros, ainda temos de cuidar de nós mesmos. Autodenegração é bem pouco saudável, assim como o outro extremo, o egoísmo e a auto-obsessão. Aqui buscamos o caminho do meio. Sabemos que quando desejamos o bem de todos os seres estamos incluídos neles. A auto-estima é importante, mas o auto-apego/obsessão/egoísmo não é.

Quando reconhecemos que todos os seres são iguais a nós, podemos continuar e trocar o coração que nos considera a coisa mais querida por aquele que considera os outros os mais queridos, vendo que eles são muitos e nós, poucos. Podemos contemplar as falhas de viver apenas para nós mesmos. Temos pensado em nós como número um desde tempos imemoriais e isso não nos levou a nada. Alguém que vive para beneficiar outro, permeado com um senso de compaixão, é uma pessoa feliz. Como diz o Dalai Lama, se somos verdadeiramente pessoas egoístas, se só nos importamos conosco, então é nosso interesse desenvolver a compaixão por todos os seres. Pois o divino segredo aqui é que, desenvolvendo compaixão por outros, esforçando-nos por seu bem-estar, estamos nos beneficiando também. A compaixão alivia a mente e traz alegria ao coração. Ela nos permite perdoar e seguir com nossas vidas. A compaixão é a causa da felicidade relativa e última, de agora até a iluminação. Quem desenvolve a compaixão, diz o famoso texto Mahayana "O Caminho de Vida do Bodhisattva", "Manifestar-se-á no mais profundo inferno como um cisne deslizando sobre um lago de lótus".

Bodhichitta final

Temos falado sobre o desejo de tornar-se um Buddha a fim de libertar todos os seres – isso é Bodhichitta relativa (que é composta de Bodhichitta desejadora e Bodhichitta engajadora). Há também a Bodhichitta final, que é a compreensão da vacuidade ou compaixão sem objetivo (significando despido de um *self* sólido, permanente, separado). Se entendermos a Bodhichitta final, conhecemos a natureza ilusória daqueles que estamos tentando ajudar, de nós mesmos e do sofrimento. Com a compreensão da bodhichita final (que chega através da acumulação de bastante mérito e contemplação da vacuidade), nossa prática da compaixão é revigorada. Com essa perspectiva da natureza final das coisas, não estaríamos tão perturbados quando algo que planejamos para ajudar os outros não funciona. Em vez de terem uma "compaixão idiota" ou serem muito orientados para um objetivo em nossa compaixão, todo o nosso ser e as nossas ações demonstram uma profunda compreensão e empatia, e tudo que fazemos a partir desse "estado de graça" automaticamente abençoará os outros e a nós mesmos, e nos moverá para mais perto do estado de Buddha.

Compreender a natureza da vacuidade abre um novo mundo para os Bodhisattvas. Toda a dor que vem de relacionar-se com o mundo de um modo sólido e dualista se dissolve. Tudo se torna o jogo da sabedoria, da aparência e da vacuidade. Movido por grande compaixão por aqueles que não entendem como as coisas existem, os seres que estão presos no invólucro do estado do *self*, ego e sofrimento, um Bodhisattva penetra os véus finais dentro de sua mente e se torna um Buddha – alguém plenamente capaz de ajudar todos os seres. Cheio de ilimitada alegria, compaixão, sabedoria e onisciência, um Buddha pode emanar incontáveis formas para ajudar os outros e sabe exatamente do que precisam para despertar.

Lidando com a raiva

Se não conseguimos desenvolver amor por nossos inimigos ou mesmo se o conseguimos e se nossa aversão a eles volta devido a seus atos de pouco discernimento, podemos pensar nas falhas de agir por raiva.

Nada queima mais a mente que a raiva; nada tem o poder de destruir o mérito (karma positivo) como a fúria. Achamos que nos sentiremos melhor se prejudicarmos outros, mas a raiva queima mais a mente – nossos inimigos recebem um momento da nossa raiva, mas nós temos de carregá-la por meses, até por anos. A raiva é pior do que qualquer inimigo externo; este pode apenas privar-nos de nossa vida neste renascimento, enquanto a raiva leva a esferas de grande sofrimento repetidamente.

A alternativa de culpar coisas externas por nossas sensações más é olhar para dentro, por sob todas as nossas justificativas de "eles me fizeram isso". O que está por baixo dessas autojustificativas a que nos apegamos? Claro que podemos nos sentir muito feridos – as situações variam, mas as emoções são as mesmas, elas têm o mesmo poder. Examine esse poder, o poder que está em nós. Sob todas as nossas autojustificativas está um coração ferido, o genuíno coração da ternura. Conscientizarmo-nos dessas feridas pode nos ajudar a perceber nosso parentesco como todos os seres. Estes se sentem assim às vezes. Podemos usar nosso sofrimento para nos abrir e conectar com o resto do universo. Começamos por encontrar Bodhichitta, o coração da compreensão.

Se não podemos fazer nada mais, podemos evitar gente difícil como último recurso. Se somos incapazes de processar nossa raiva, é aconselhável dar um tempo, ir até o banheiro e fazer um pouco de meditação com respiração. Não é bom para nós ficar presos na própria raiva. Podemos observá-la, sem ficar encarcerados nela ou suprimi-la. Fique com ela, reconheça-a; podemos tentar ver além da história de "eles me fizeram isso". Veja que essa raiva é apenas raiva, provavelmente muito semelhante à que a "pessoa difícil" sente. É realmente desconfortável, não é? Há um poder tremendo na raiva – podemos examinar profundamente a energia e ganhar *insight* (ver meditação de *insight* no Capítulo 6). Mas vivenciar a raiva em sua forma grosseira só nos prejudicará, tornando-nos infelizes. Deixe que a raiva passe um pouco, para que possamos nos compor e então podemos sair de novo.

Claro que às vezes temos de usar a ira com discernimento. Esta não é motivada pela raiva ou, por um motivo egoísta, e sim puramente pelo bem-estar do outro; por exemplo, quando temos de disciplinar uma criança ou comunicar a alguém que seu comportamento é inapropriado. Não devemos exibir ira com discernimento quando estamos com raiva, somente quando estamos compostos.

Depois que nos acalmamos, pode também ser útil avisar a pessoa de que estamos tendo um problema com ela. Mas devemos nos responsabilizar por nossas próprias emoções e perceber que, mesmo que possamos dizer ao outro calma e gentilmente o que sentimos de um modo responsável e não condicional, o outro pode não ter a sabedoria/discernimento para nos ouvir ou entender; mesmo que o faça, pode não conseguir dar o que precisamos.

Se aprendermos a observar nossas emoções, sem vivenciá-las ou suprimi-las, estaremos prestando ao mundo e a nós mesmos um grande serviço. Ficaremos felizes, capazes de aprender das energias que a vida está nos enviando. E nos tornaremos espiritualmente adultos, capazes de cuidar de nós mesmos. Um grande poder e sabedoria surgem quando somos capazes de usar a energia de nossas emoções sem aceitar suas formas corrompidas. Se formos capazes de processar a energia de nossos pensamentos, da raiva, da inveja, da luxúria e do desejo sem vivenciá-los, mas simplesmente observando-os, nós nos tornaremos sábios. Por meio desse processo, lentamente nos transformaremos em guerreiros espirituais.

Há inúmeros casos de sofrimento e raiva no mundo, inúmeros espinhos a entrar em nossos flancos. Se formos habilidosos em vez de tentar fazer o mundo curvar-se às nossas necessidades (como cobrir a superfície da Terra com couro para que não tenhamos de caminhar sobre espinhos), e, se conseguirmos processar nossas próprias emoções e trabalhar internamente (removendo as sementes do ódio, da raiva e da ilusão), será tão bom como se o mundo inteiro estivesse livre de espinhos (o que é o mesmo que forrar nossos próprios pés com couro).

Quando "abrimos a fonte" da compaixão em nós, ela pode encher a mente de alegria e bem-estar. A compaixão é o sublime antídoto que purifica a vida nos confins de um ego muito sombrio e estreito. Após meditar com sucesso sobre a compaixão e a Bodhichitta, tenho certeza de que a maioria de nós saberá de que modo preferimos viver!

Não podemos consertar o mundo maluco e imperfeito fora de nós, mas podemos mudar nossa percepção do mundo. Aquele com um coração compassivo e bondoso encontrará a felicidade onde quer que vá, pois permite que as coisas sejam como são com amor e entendimento. Ele se desprenderá do apego ao *self* e, em vez disso, examinará profundamente o coração de tudo. Circunstâncias e pessoas que antes eram obstáculos e inimigos parecem agora apenas oportunidades para aprender e amigos para ajudar a nos mover ao longo do caminho.

Capítulo 14

Colocando-nos no lugar dos outros – a prática do Tonglen

Uma vida espirital plena inclui o belo e o feio, e podemos aprender muito observando os dois. A compaixão não é o desesperançado sentimento de que não podemos fazer nada pelos outros; não é ter pena deles. É compreender como os outros vêem as coisas, um senso de parentesco com sua experiência, uma conexão pessoal de coração que tem também a sabedoria de conhecer o que é melhor. É conhecer o sofrimento dos outros, desejar libertá-los dele e a seguir assumir responsabilidade pessoal por seu despertar através de sua própria transformação interna. Todos os seres não iluminados girarão incessantemente no samsara porque estão presos na ilusão de um *self* separado. Sem reconhecer que têm as sementes do estado de Buddha dentro de si, eles vagueiam para longe de sua própria bondade interior, como viciados em felicidade, tentando preencher o vazio interior com tudo que não é o mais intrinsicamente deles – a iluminação. Vendo a situação de todos os seres desse modo, a compaixão surge naturalmente. Ela tem de começar conosco, conhecendo-nos a nós mesmos. Só podemos ter uma genuína compaixão pelos outros na medida em que tenhamos examinado nosso próprio sofrimento e nos conectado com ele em nosso coração.

O mestre vietnamita Thich Nhat Hahn disse: "Sem compreensão, não pode haver verdadeiro amor". Sempre guardei isso. É fácil falar do verdadeiro amor; é uma bonita idéia. Todos gostariam de sentir amor; ninguém quer conscientemente ser consumido pela raiva. Mas para experimentarmos o verdadeiro amor pelos outros e por nós mesmos, e nos libertarmos da raiva, precisamos olhar profundamente – ser corajosos o bastante para confrontar toda a confusão dentro de nós. Somente quando entendemos a dor em nós podemos desenvolver ternura e empatia pelo sofrimento dos outros. Compreendendo a nós mesmos, passamos a entender os outros. Aos sermos bondosos com os outros (se isso for feito com a adequada compreensão), nos beneficiamos também.

Sabemos agora que o mundo está intimamente ligado. As ações de uma civilização afetam outra – a poluição num país atinge os pulmões de outro, a riqueza de um contribui para a pobreza de outro. Se continuarmos presos em nosso ego e deixarmos continuamente de encarar nosso "lado escuro", o mundo exterior continuará a parecer inimigo e não conseguiremos nos conectar com o que acontece nele.

Na meditação de permanência serena (concentrando-se na respiração, ver Capítulo 6), aprendemos a tocar levemente nossos pensamentos com a respiração. Aprendemos que os pensamentos surgem, permanecem e se dissolvem e, se formos capazes de nos soltar deles, não temos de ser condicionados por eles. Podemos superar a ditadura das emoções. Podemos observar todos os nossos venenos – raiva, inveja, medo, desejo e nostalgia – e deixá-los ir embora. Então podemos começar a reconhecer a ternura e a qualidade viva sob todas as exibições teatrais de nossa mente. Podemos começar a desenvolver o centro da compreensão.

Na prática do Tonglen, pegamos todas as circunstâncias indesejadas da vida e as transformamos no caminho da iluminação. O sofrimento que preferiríamos não ter torna-se uma causa para que o coração se abra e para que a compaixão e a compreensão surjam.

Tonglen significa "dar e receber". No Tonglen visualizamos dar felicidade, amplidão e alegria a outros na forma de uma brilhante luz/energia que se irradia de nosso corpo enquanto exalamos. Em vez de nos apegarmos à felicidade, nós a compartilhamos com o mundo – isso a torna maior e muito mais significativa. Nosso amor pode passar de ser limitado e exclusivo a permear tudo. Quando nos conectamos com amor genuíno e altruísta, vemos que ele é verdadeiramente ilimitado. Shakespeare o descreveu bem em *O Mercador de Veneza*:

A qualidade da piedade não é imposta;
cai como a chuva suave do céu
No solo lá embaixo. É abençoada duplamente:
Abençoa a quem dá e a quem recebe.

No Tonglen também recebemos, ou nos abrimos, para nosso próprio sofrimento e o sofrimento dos outros. Como já vimos previamente, quando nos abrimos para o sofrimento podemos aprender muito. Quando a resistência ao nosso sofrimento desaparece, ele se torna muito menos doloroso – é mais interessante e cheio de *insight*. Tonglen é o remédio que supera o veneno do apego ao ego e nos ajuda a entender a vacuidade – pois, ao compartilharmos nossa alegria e nos abrirmos para a dor dos outros, cai o véu de apego ao *self* e a ilusão e nos tornamos parte de tudo, parte do quadro maior. Quando isso acontece, nos relacionamos com os outros e com o mundo de um modo naturalmente elevado.

Se nunca iniciarmos o caminho espiritual, se sempre o adiarmos até nos tornarmos uma pessoa santificada, jamais entraremos nele. Precisamos trabalhar com as imperfeições que estão em nós. Não há momento mais ideal de penetrar no caminho espiritual do que agora. Neste exato instante. Toda essa bagunça, o bebê chorando, nosso trabalho estressante, nosso inimigo ofensivo, nossa crise de meia-idade – todas essas circunstâncias nos convidam a atravessar o portal do despertar. Não há situação que não seja trabalhável. O lugar em que estivermos neste momento será o lugar perfeito para dar início à jornada do despertar. A meditação é para gente confusa. Como vamos finalmente nos tornar a pessoa que aspiramos ser se nunca limpamos o que está na mente? Nossas ilusões são o composto da vida espiritual. Ainda que sejamos a pior pessoa do mundo, tudo bem. Apenas comece.

Esse é o método básico do Tonglen: quando algo é doloroso ou indesejável, nós o inalamos, não o empurramos para longe. À medida que sensações e emoções desagradáveis surjam, nós a inalamos e tornamos nosso coração amplo como o mundo, para nos ligarmos com o que todos os humanos sentem. Todos sabemos o que é sentir dor em suas muitas formas. O Tonglen é uma experiência muito pessoal, mas pode nos conectar com todos os seres através da compreensão de que, embora as situações variem, todos às vezes se sentem assim.

Em nossa prática da meditação Tonglen é também importante ter um curto momento de Bodhichitta final ou vacuidade. Quando percebemos que tanto nosso sofrimento quanto nós mesmos não somos sólidos ou permanentes, e sim energia fluindo, dinâmica, dependente de muitas causas e condições, as coisas se abrem um pouco mais. Com a visão da vacuidade nós nos aproximamos da iluminação. Num local onde surge muito sofrimento, precisamos que o espaço seja arejado; portanto, não identificamos o sofrimento como sendo tudo que somos. Nosso "material" é como as nuvens flutuando através de um vasto céu azul. O céu não se aborrece se tem nuvens; deixa-as ir e vir sem se apegar a elas. O céu é nossa sabedoria e bondade fundamentais; as nuvens, o que nos obscurece temporariamente. Quando permitimos que todo o nosso "material" surja, passamos a ver que, assim como sentimos, os outros também sentem. Um tremendo fluxo de compreensão e ternura pode vir dessa experiência.

A lógica do Tonglen vira completamente nosso ego de cabeça para baixo. Temos nos protegido por tanto tempo, fortalecendo-nos e endurecendo o coração para evitar as mágoas, protegendo-nos da crueza da realidade. Mas isso ajudou? Não continuamos sendo feridos? Sofrendo?

Se estamos compartilhando nossa sensação de bem-estar e felicidade na expiração, transcendendo o que for que a tenha causado, deixando-a irradiar-se para todos os seres ou inalando o sofrimento, estamos superando nosso apego àquilo que é desejável ou não. Estamos abrindo o coração aos ventos da sabedoria e da iluminação, e deixando o remédio da Bodhichitta derramar-se através de nós.

O objetivo do Tonglen é nos permitir transcender o apego a um estreito *self* a fim de nos tornarmos um membro verdadeiramente desperto, vivo, maduro e responsável da família humana. Além das meditações dos dois capítulos anteriores, Tonglen é outro método para desenvolver a compaixão e a Bodhichitta relativa, e verdadeiramente abrir nosso coração ao entendimento e aos cuidados com os outros. Ele também nos faz olhar profundamente para o nosso sofrimento e o dos outros, e trabalha diretamente no desmonte do ego, levando-nos a perceber a natureza última das coisas (vacuidade – Bodhichitta final).

Pelo processo de inalar o que é indesejável e compartilhar o que é contentamento, quebramos a causa do sofrimento – nosso estreito invólucro do *self* e do egoísmo. O Tonglen não é aniquilação completa. Ele desperta todas as qualidades dentro de nós. Ajuda-nos a reconhecer nossa união com todas as coisas e nossa sabedoria e compaixão naturais. O Tonglen nos ajuda a nos ver de um modo completamente novo – não como uma entidade estreita e independente, mas como algo que está intimamente ligado a todos os seres.

Praticando o Tonglen, podemos transformar nosso sofrimento e tragédias pessoais no remédio que abre o coração. Conscientes de nosso próprio sofrimento, nós o usamos como um trampolim para reconhecer que não estamos sozinhos no sofrimento – todos os seres sofrem como nós, embora nem sempre isso seja aparente. Todos possuem um coração terno, mesmo que esteja envolvido por uma armadura. Todos os seres se ligam a nós por meio da rede de ação e conseqüência. Nosso sofrimento pessoal pode ajudar a nos abrirmos para os outros com amor e compreensão genuinamente altruístas, e quando temos amor e compreensão altruístas ficamos cheios de contentamento e determinação. Nossos estreitos egos são deixados para trás e amadurecemos como guerreiros espirituais – os que se esforçam pela liberdade última de todos os seres, pela iluminação.

Meditação sobre o Tonglen

O primeiro estágio do Tonglen é permitir que um curto e intenso momento de amplidão ou Bodhichitta final entre em nossa mente. Isso simplesmente permite um breve momento de conexão com a clareza, a pureza e a tranqüilidade interior em nosso coração/mente. Temos esse vislumbre de amplidão a fim de reconhecer nossa bondade básica, ver que não somos tão sólidos ou separados como geralmente pensamos. Esse vislumbre é como alguém abrindo todas as portas e janelas de uma velha casa mofada para que os ventos da sabedoria e o reconhecimento da natureza pura entrem (reconhecendo a amplidão e a bondade sob os pensamentos e o apego ao ego). Esse vislumbre é curto e refrescante, é algo simples e não artificial.

O segundo estágio é trabalhar com o veículo da respiração. Inalar o nosso sofrimento e/ou o sofrimento alheio na forma de uma energia pesada e escura (como fumaça preta) e exalar contentamento e amplidão na forma de refrescantes raios de luz (como luar líquido). O preto está entrando com a inspiração e o branco está saindo com a expiração. As duas energias entram e saem através de todos os poros do corpo.

A fim de inalar o nosso próprio sofrimento e, uma vez estabelecida a compaixão por nós mesmos, o sofrimento dos outros, precisamos ter em mente uma época em que sofremos muito, quando emoções negativas como depressão e raiva nos esmagavam, quando as coisas eram escuras e pesadas. Isso é o nosso veneno interior, nossas neuroses. No Tonglen estamos basicamente inalando a Primeira e Segunda Nobres Verdades – o sofrimento e sua causa, que é o apego ao *self*/ignorância de nossa verdadeira natureza. Quando estamos num espaço escuro e pesado, completamente encoberto pelas emoções, estamos presos no calabouço da ignorância. Não temos consciência de nossa sabedoria interior e falta de solidez. Em vez disso, estamos presos no pântano da mente confusa. Essa energia tipo alcatrão – todos os nossos sofrimentos, todas as nossas questões, problemas e dores – é o que inalamos.

Se de fato nos conectamos com nosso sofrimento sincero, reconhecemos que ele, assim como é real para nós, é real também para os outros. Aqui aproveitamos um momento para perceber que os outros sentem o mesmo que nós. Nossa própria consciência do sofrimento pessoal pode tornar-se um ponte para nos ligar ao sofrimento de todos os seres. Podemos inalar nosso sofrimento e o sofrimento de todos os seres, pois estes sofrem exatamente como nós. Nossos corações vulneráveis e feridos são uma condição compartilhada por todos os seres em toda a parte. Se inalamos o sofrimento do mundo, nosso próprio sofrimento não piora; isso torna mais leve nosso fardo e abre nosso coração, pois ninguém tem de se agarrar mais a tais sofrimentos. É apenas o sofrimento de todos os seres, o coração da ternura que todos partilhamos, o composto confuso e rico do despertar. Portanto, inale o material escuro e pesado de todos os seres, assim como o seu. Inale o sofrimento dos que estão doentes, dos que sofrem de pobreza, solidão e depressão, exatamente como nós.

Conecte-se ao sofrimento como algo muito real e sincero, mas não se apegue a ele. Deixe-o entrar e sair, transformado em branca e brilhante inspiração, como uma brisa entrando por uma janela e saindo por outra.

Não há nada de sólido para se apegar no sofrimento, nenhum estreito *self*. No vasto e terno coração da Bodhichitta, o sofrimento do mundo pode entrar por um tempo, tomar uma xícara de chá, ser consolado e partir de novo. Inalamos o escuro e o pesado de um modo muito amplo; isso não nos asfixia, e sim nos abre para os outros e para o universo. Não se apegue à matéria escura ou se identifique com ela; simplesmente reconheça-a, observe-a e sinta-a; então, deixe-a partir novamente.

Há vezes também em que experimentamos liberdade e contentamento ilimitados, liberados do controle de nossos comentários mentais. Então sentimos luz, brilhante e alegre. Normalmente somos muito egoístas com a nossa felicidade. Tentamos segurá-la e prolongá-la pelo máximo de tempo possível enquanto afastamos o sofrimento. Isso pode parecer lógico na superfície, mas, quando o examinamos, vemos que realmente não funciona tão bem. No minuto em que tentamos segurar a felicidade, ela escoa como areia através dos dedos. Como a natureza da verdadeira felicidade, amor e inspiração é a plenitude e a libertação do apego, no minuto em que tentamos retê-la e controlá-la, ela começa a morrer – sufocamos nossa felicidade.

Compartilhar a felicidade e a inspiração com o universo inteiro as amplia para nós. Quanto mais as compartilhamos, maiores ficam. Quanto mais as soltamos, mais as ganhamos. Quanto mais deixamos o sofrimento entrar, menos assustador ele se torna e mais podemos nos curar e conectar-nos genuinamente com os outros.

Empurrar para longe o nosso sofrimento e o dos outros apenas lhes dá mais poder. Como os míticos monstros debaixo da cama, se não olhamos, podemos começar a acreditar que estão lá. Se olhamos, vemos que não há nada de muito assustador. Inalando a energia escura e pesada, nos tornamos amigos das partes esquecidas de nós mesmos e dos outros – reconhecemos que não há nada na vida com que não possamos aprender.

Talvez haja a preocupação de que inalar todo esse material escuro possa ser prejudicial à saúde. Mas apegar-nos ao ego e às emoções negativas é que é realmente prejudicial. O processo de inalar a energia escura e pesada e irradiá-la de luz começa a desatar a mente da ignorância, reverte a lógica do ego. O ego quer possuir tudo de bom para si e empurrar para longe tudo que é doloroso. Praticando o Tonglen, estamos reconhecendo nossa confusão interior e soltando-a no ilimitado e terno espaço da Bodhichitta. Esse é o melhor remédio do universo.

Primeiro, deixe que ocorra um vislumbre de amplidão em sua mente, o instante em que você vê ser tão vasto quanto o universo. Então lembre-se de uma época em que sofria profundamente. Pode ter sido traído, ferido, estar com raiva; ou ser uma criança que não se sentia amada. Seja qual for o cenário que escolher, tente realmente conectar-se com a dor – sinta-a em seu coração, mas não se afogue nela. Inale-a como uma substância negra, quente, enfumaçada; permita que a dor toque seu coração e o comova. Então, tocado pela profunda compreensão de que todo sofrimento e confusão é impermanente, deixe que a bondade, a amabilidade e a amplidão irradiem paz na forma de uma luz brilhante e fria que encha todo o seu corpo. Faça essa visualização pelo tempo que julgar adequado para você.

O terceiro estágio lida com o objeto específico da compaixão genuína. Aqui imaginamos um ser (humano ou animal) que queremos ajudar. Desejamos àquela criatura tudo que é bom e sábio, qualquer coisa que sentimos poder melhorar suas circunstâncias, até mesmo um cobertor ou uma refeição quente. Podemos fazer isso por qualquer um – o maluco que come restos das latas de lixo, o cordeiro no abatedouro, nosso amigo deprimido, até por nós mesmos, pelo sofrimento que sentimos.

Tente tornar real o sofrimento de seu objeto. Use a própria experiência para conectar-se de um modo muito verdadeiro com tal sofrimento. Abra de fato seu coração para ele; como ele sofre? Você pode sentir que não pode colocar-se em sua situação, mas somos todos humanos, todos sentimos dor – as lágrimas de todo o mundo são salgadas. Derrube a parede em seu coração e perceba que o outro sofre e sente como você.

Tentamos sentir com sinceridade nosso sofrimento e o dos outros no coração. Tirando o sofrimento do outro, nós o inalamos e ele se dissolve na vacuidade (nós o soltamos). Então, irradiamos toda a nossa felicidade, alegria e bem-estar. Compartilhamos isso com o objeto de nossa compaixão, dando a ele o que precisa – amor, segurança, apoio, sabedoria espiritual e bem-estar. Não que haja menos felicidade para nós; nossa felicidade cresce para incluir outros. Dê aos outros o que precisam de acordo com o que mais os ajudaria.

Quando nos conectamos sinceramente com a nossa principal dor, podemos ter empatia por todos que sentem da mesma forma. A dor não pertence a nós, está no coração de todos os seres, na vulnerabilidade que significa estar vivo. Se pudermos perceber que todos os seres se sentem assim às vezes, e nos deixarmos tocar por tal conhecimento, iremos além de nosso pequeno *self* e nosso coração se expandirá para incluir o mundo inteiro. Esse é o genuíno coração da ternura – a verdadeira compaixão.

Faça aqui uma pausa para visualizar a inalação do sofrimento específico de alguém e envie-lhe alívio. Veja-o à sua frente enquanto você inala a energia quente e pesada, e irradia a luz e o brilho. Imagine no final que o sofrimento dele está removido.

O quarto estágio do Tonglen toma nosso desejo de aliviar uma instância específica do sofrimento de um ser e o usa como trampolim para entender o sofrimento de todos os seres em toda a parte. Quando temos uma ternura sincera no coração pelo sofrimento de um ser, podemos estendê-la para incluir todos os seres que sofrem dessa forma. Assim, nossa compaixão anterior por uma pessoa torna-se agora difusa. Por exemplo, começamos a inalar o sofrimento e exalar alegria para um amigo deprimido e depois estender isso a todos os seres que sofrem de depressão, ou podemos começar com nossa própria sensação de dor e então estender isso para nos conectarnos com todos os seres que sentem dor, num desejo de aliviá-la. Enquanto temos essa consciência de nosso sofrimento, simultaneamente inalamos o sofrimento de todos os seres que sentem dor como nós. Então exalamos frescor e felicidade, o que quer que as beneficie. O que sentimos por uma pessoa podemos estender a todos.

Examine a dor enquanto a está inalando; perceba que não está só ao se sentir assim; todos sentem isso às vezes. Inale seu sofrimento e o de todos os seres que sofrem da mesma forma que você. O sofrimento não pertence mais a você; não precisa retê-lo. Pode abrir seu coração a ele sem que ele o condicione. Ao exalar, conecte-se com o que for o oposto de seu sofrimento – amor, generosidade de coração, compreensão, alívio ou alegria – e irradie essa luz refrescante para todos os seres que sofrem exatamente como você. Compartilhe seu contentamento, consolo e amplidão com eles. Imagine que, no final dessa parte da meditação, seu sofrimento e o dos outros foi quase removido, e que eles estão cheios de alegria e amplidão, que a energia escura e pesada foi substituída por você ter sido suficientemente corajoso para abraçá-la.

É importante praticar o Tonglen em sua totalidade. Se praticarmos apenas um estágio e não o outro, isso pode ter um alcance grande ou pequeno demais.

Tire um momento para estender os bons desejos e empatia que teve por si mesmo, ou por aqueles que sofrem como você, para todos os seres. Faça de seu coração algo tão grande como o espaço e inclua todos os seres – deseje-lhes coisas boas, pois eles também sentem profundamente, e também só desejam a felicidade. Conecte-se com todos os seres, inale suas aflições e irradie paz para eles.

Então, como sempre, dedique o mérito dessa prática para que possa se tornar um compassivo guerreiro espiritual e se esforce pelo benefício e iluminação de todos os seres. Aspire a tornar-se plenamente iluminado para salvá-los do sofrimento. O sofrimento tão real para nós é igualmente experimentado por outros. Para mim, esse é sempre um método seguro para desenvolver a compaixão. Não temos escassez de experiência para tornar o coração terno, para que ele se abra.

> *Possa a mente de Bodhichitta, sublime e preciosa*
> *Enraizar-se onde ainda não o fez.*
> *Possa aquilo que já surgiu não diminuir,*
> *Mas aumentar cada vez mais.*

O Tonglen é como administrar a poluição espiritual. Podemos usá-lo para o que quer que achemos difícil ou indesejado. Quando processamos nossas próprias emoções negativas, estamos aliviando o mundo de um grande fardo, rompendo o ciclo destrutivo de uma pessoa ao passar sua raiva para outra. Boa parte do sofrimento do mundo surge porque as pessoas não sabem como lidar habilmente com suas emoções. Ou as vivenciam ou as suprimem, e nem uma coisa nem outra é útil.

Quando combinamos nosso próprio sofrimento com o sofrimento do mundo, estamos retirando a poluição espiritual do mundo e mandando-a de volta fresca como o ar da floresta. Não estamos assumindo o fardo do mundo; estamos apenas conscientes do sofrimento da Terra, da qual somos parte. É preciso uma tremenda quantidade de energia para manter nossas ilusões, apegar-se a elas, ser uma pessoa deprimida ou ressentida. Aqui estamos simplesmente fazendo amizade com as partes mais feridas de nós mesmos. Quando nos tornamos amigos de nós mesmos e não mais resistimos à "noite escura da alma", aumentamos nossa empatia e compreensão dos outros. Por meio desse processo, nossa dor é usada como ponte para entender o sofrimento alheio.

Por fim, pensei que poderia incluir uma reflexão da Abençoada Mary MacKillop (1842-1909), da Austrália:

Sempre senti a compassiva presença do amor eterno.

Quando grassa a tempestade,

Quando as perseguições ameaçam,

Calmamente arrasto-me para seu profundo abismo.

Lá, abrigada em segurança,

Minha alma está em paz.

Embora meu corpo seja atirado de um lado para o outro nas ondas
                        tempestuosas de um mundo gelado e egoísta.

Se nossa intenção é pura e temos caridade no coração,

Não precisamos temer.

Parte Quatro

O guerreiro espiritual na vida cotidiana

Iluminar

Posso falar qualquer língua que quiser
Pois a alegria está em meus lábios,
Está no meu coração.
Está no ar que respiramos.
Esse ar penetra em meu espírito,
Dentro da Terra
Longe de minha mente,
Nas profundezas de meu ser.
Ninguém pode negar
Tudo é amor
Como sempre será.

Irmã Yeshe, 1993

Capítulo 15

Guia no caminho do Vajrayana

Visão pura e transformação do desejo

A religião encara habitualmente o desejo e a "mundanidade" como um obstáculo ao caminho espiritual e o faz corretamente. Muitos de nós estão completamente perdidos no círculo vicioso de buscar constantemente saciar os desejos e ver tal sede jamais satisfeita. Temos de usar enorme quantidade de energia para buscar essa saciedade, e quando a obtemos ela é fugaz. O objetivo do Tantra é utilizar o desejo como método para o despertar.

Na tradição Vajrayana, o Guru é essencial para explicar a linguagem oculta dos Tantras e passar adiante a experiência viva da linhagem. Sem o Guru, o Tantra é impossível. Hoje em dia, uma espécie de fascínio, e também ceticismo, envolve os termos "Tantra" e "Guru". Em certos lugares, "Guru" tornou-se quase um palavrão, infelizmente devido a falhas na conduta ética de um pequeno número de mestres (alguns não budistas e alguns budistas). Muita gente agora associa as palavras "Guru" e "Tantra" a cultos e práticas sexuais esquisitas. Isso é muito triste. Talvez aqui possamos recolocar as palavras em seu verdadeiro significado para diferenciarmos o que é genuíno e o que não é.

No Tantra, empregamos práticas muito específicas. Elas utilizam a bem-aventurança que normalmente surge da satisfação de vários desejos para compreender a vacuidade. Uma vez que compreendamos totalmente o vazio, a idéia do desejo se torna impossível. Devo deixar bem claro que a prática do Tantra não é fácil, e requer tremendo discernimento, inteligência e integridade. O Vajrayana não defende a indulgência, simplesmente encorajá-nos a reconhecer a energia básica de nosso desejo e, em vez de permitir que ele embote a mente, tenta levar alguma luz e clareza a ela para que a sabedoria surja.

Como já observamos, habitualmente nos relacionamos ao prazer tentando nos agarrar a ele. Isso aumenta nosso apego e infelicidade, como coçar. O que buscamos com o Tantra é permitir que a mente se torne mais ampla e não nos apeguemos ao desejo; em vez disso, devemos cultivar a sabedoria a partir dele. Transformamos nossas atividades diárias e percepção impura na pura percepção de um ser iluminado.

Todos temos bondade fundamental (natureza de Buddha). O Tantra budista vem do reconhecimento de nossa bondade fundamental. Em vez de trabalharmos para a iluminação que está tão distante no futuro, o Tantra pega o resultado (iluminação) como caminho. Trazemos a iluminação para o aqui e agora cultivando a visão pura, vendo as coisas como um ser iluminado as veria. O objetivo do Tantra é superar a cobiça, a ignorância e a aversão e nos fornecer um reconhecimento direto de nossa natureza búdica.

Há *Quatro Classes do Tantra* em que nos engajamos para transformar nossas ilusões – Kriya (Ação) Tantra, Charya (Desempenho) Yoga Tantra (União) Anuttarayoga Tantra e Anutara (Yoga Mais Elevado) Yoga Tantra. O Kriya Tantra é adequado para os que se ligam a rituais externos e à limpeza; ele purifica o desejo de olhar. No Kriya Tantra, encara-se a manifestação iluminada da Divindade (que é realmente nossa própria pureza tomando uma forma que podemos reconhecer) como se encara um rei. Se um rei vem nos visitar, criamos um bom ambiente, o convidamos a entrar, fazemos muitas oferendas e o louvamos, e através desse ato de devoção nós e o rei nos tornamos próximos. Por meio do relacionamento com a Divindade, eventualmente percebemos que a Divindade é nossa própria natureza.

O Charya Tantra vai mais além do que o Kriya Tantra. Começa-se por internalizar um pouco mais a prática; a Divindade e nós mesmos não estamos tão separados. O Charya Tantra purifica o desejo de rir (com um parceiro potencial). O Yoga Tantra vê a Divindade mais como um amigo. No Yoga Tantra (que purifica o desejo de ficar de mãos dadas e abraçar) e no Anuttarayoga Tantra (que purifica a união com um parceiro), os rituais externos e a limpeza não são tão importantes; o reconhecimento de que nossa verdadeira natureza é a iluminação se torna mais direto. Por fim, o Anuttarayoga Tantra internaliza completamente a realização de nossa verdadeira natureza; não há nenhuma separação entre a Divindade e nós mesmos.

Dependendo de sua inteligência e predisposição cármica, o discípulo pode começar com o caminho Theravada, progredir através do Mahayana, entrar nas quatro classes do Tantra e trabalhar seu caminho até a iluminação plena. Ou pode começar com o nível mais alto do Tantra e alcançar a iluminação por uma rota mais direta.

Em suas práticas mais avançadas, o Tantra budista atrela a energia sexual à realização da iluminação. Nesse nível muito avançado, pode-se praticar com um consorte qualificado ou um consorte visualizado. Mas muito pouca gente está pronta para essa prática. Na verdade, quando perguntaram recentemente ao Dalai Lama quem ele achava estar pronto para praticar com um consorte desse modo, ele respondeu que não conseguia pensar em ninguém.

O veículo Vajrayana não deve ser interpretado erroneamente para que as pessoas pensem que promiscuidade, indulgência e imoralidade sejam um comportamento adequado. A prática Vajrayana só pode trabalhar apropriadamente se tem os dois veículos como seu apoio. Isto é, devemos ter uma base firme de ética e altruísmo. Se praticarmos o Vajrayana com motivação imprópria, ele não funcionará, ou só conduzirá à adversidade.

Embora parecendo iguais na superfície, o Tantra hindu e budista são muito diferentes na prática, métodos, significados e resultados. Os hindus acreditam em Deus e num *self* ou alma (*atman*) e praticam o Tantra para realizar a união com Deus. No Tantra budista, as Divindades não são consideradas deuses externos, e sim manifestações de nosso potencial iluminado.

Os budistas não aceitam a idéia de Deus; eles crêem que somos responsáveis por nossas próprias vidas através das ações do karma que criamos. Acreditam que todos os seres têm uma natureza basicamente pura, temporariamente obscurecida pela ilusão e pelas emoções negativas. Entretanto, essa verdadeira natureza não pode ser chamada de "alma", já que não é sólida ou definível pelos parâmetros normais de *"self"*. É um tópico muito complicado; vamos apenas dizer que num nível relativo (oposto ao nível último em que todas as coisas são vazio), os budistas afirmam que carregamos nosso *continuum* mental – o conjunto de nossas ações (karma), percepções e hábitos – de vida para vida. Esse *continuum* mental está constantemente mudando. O objetivo do Tantra budista é nos ajudar a reconhecer e a cultivar nossa natureza iluminada.

As qualidades de um guru Vajrayana

O Vajrayana encara o papel do mestre de modo um tanto diferente da tradição Mahayana (como visto no Capítulo 4). Enquanto um mestre Mahayana é considerado um Bodhisattva, um mestre Vajrayana, ou Guru, é considerado Buddha em pessoa. Há uma máxima que diz: "As bênçãos dos Buddhas estão por toda a parte e o Guru é a lente de aumento que aproveita sua luz". Se quisermos acender o fogo da iluminação na grama seca da mente, precisamos de uma lente de aumento para concentrar os raios do sol, caso contrário levaria muito tempo para acender o fogo. O Guru é como uma lente de aumento – se encontrarmos um Guru genuíno e fizermos esforços diligentes para implementarmos as instruções ensinadas, atingiremos a iluminação mais rapidamente.

A palavra "Guru" tem vários significados e é usada somente em relação a um mestre Vajrayana (Guru não é um termo usado no Mahayana). Deriva das palavras em sânscrito *guna*, que significa (boas) qualidades, e *rutsi*, que significa acúmulos (de boas qualidades). Portanto, um significado para "Guru" é alguém cheio de qualidades. Outro significado é "Gu" – "ru secreto – meditação/samadhi (alto nível de mente concentrada). Portanto, o Guru é aquele que carrega o samadhi secreto (as meditações secretas da tradição Vajrayana).

A palavra tibetana para Guru, pronunciada por aí talvez excessivamente hoje em dia, é "Lama". "La" significa elevado, nobre, pertencente ao celestial. "Ma" vem de mantra. Um Lama é alguém que pronuncia mantras (sílabas contendo a essência da iluminação ditas para realizar tal estado), e que pratica continuamente. "Man" vem de uma palavra que significa mente, e "tra", de proteger; portanto, os mantras protegem a mente das percepções impuras comuns e ajudam-na a permanecer no reconhecimento de sua pureza natural. O significado geral de "Lama" é "não há nada mais elevado".

Antes da invasão comunista, quando os estrangeiros iam ao Tibete, a idéia da devoção ao Guru era tão forte que os estrangeiros denominavam o Budismo Tibetano de "Lamaísmo". Isso pode ser um tanto engraçado mas mostra a ênfase dos tibetanos na importância do Guru. Se encontramos um Guru qualificado e desejamos praticar o Vajrayana, somos quase tão afortunados quanto os que viveram na época de Buddha.

No Vajrayana, os mestres devem possuir várias qualidades específicas para serem apropriadamente qualificados de Gurus. São elas:

- Terem sido levados à maturidade espiritual pelo aprofundamento de suas capacidades (quando são iniciados na prática de uma Divindade tântrica e obtêm o reconhecimento da pureza natural de sua mente) vindo de uma linhagem contínua que possa remontar a Buddha (um mestre budista de qualquer tipo deve ter uma linhagem autêntica e permissão de seu mestre para ensinar);
- Manterem os votos envolvidos com o aumento de suas capacidades;
- Serem calmos e disciplinados, com poucas emoções prejudiciais;
- Terem dominado todos os estágios da prática do Vajrayana (base, caminho e resultado);
- Obterem sinais de sucesso nos estágios de abordagem (sinais que indicam que se está prestes a ganhar realizações e domínio da prática – como a enganadora aurora antes do nascer do sol) e completude (realmente ganhar realizações);
- Libertarem-se eles próprios, tendo experimentado a verdadeira natureza da realidade;
- Estarem cheios de compaixão; preocuparem-se unicamente com a felicidade e libertação de todos os seres;
- Serem completamente devotados ao caminho espiritual, não se preocupando com ações mundanas que só trazem benefício nesta vida;
- Demonstrarem grande cansaço ante o ciclo de nascimento, morte e ilusão e levarem os outros a sentir o mesmo;
- Cuidarem de seus discípulos e ensiná-los segundo suas necessidades; e

∾ Terem seguido as instruções de seu Guru e terem as bênçãos de uma linhagem autêntica.

No Vajarayana, transformamos as impurezas de nosso corpo meditando na forma de um ser iluminado, ou *Yidam*. Um Yidam é uma Divindade meditacional pessoal com características iluminadas específicas (há diferentes Divindades para adequar-se às diversas naturezas dos que meditam). Transformamos as impurezas de nossa fala numa fala iluminada ao recitar mantras, e transformamos as impurezas da mente meditando sobre a mente de um ser iluminado.

Transformar corpo, voz e mente ao meditar na forma de um ser iluminado pode soar um pouco fora de propósito, mas pense a esse respeito. Embora sejamos criaturas habitando um mundo físico, o modo como vemos o mundo depende muito de nossa percepção dele, de nossa mente. Temos um certo modo de nos vermos: "sou mulher, australiana, branca, monja budista" e assim por diante. Nós nos identificamos com nosso corpo como sendo nós, nossas vozes, pensamentos – todos eles são nós. Mas, se perdemos uma perna, uma parte de nós desaparece? Podemos ser "nós" mesmos se estamos mudando constantemente? Os cientistas nos dizem que a cada momento, cada célula do corpo está num fluxo constante. Mudamos constantemente; nossos pensamentos surgem, permanecem e se dissolvem, seguidos de novos pensamentos igualmente efêmeros. Nosso corpo está gradualmente envelhecendo; a cada ano há uma nova ruga ou cabelo branco. Nós nos identificamos não apenas com nosso corpo, mas também com nossas percepções de como existimos. No Vajrayana, trocamos nossa autoimagem comum pelo amplo reflexo de um ser iluminado.

Neste momento, seres iluminados diriam que estamos sofrendo de percepção impura; isto é, não estamos completamente felizes ou preenchidos. Nossa mente está toldada de emoções negativas e confusão. A maioria das pessoas nunca acessou a luminosidade e a alegria naturais inerentes às suas mentes. Na verdade, a maioria de nós não sabe como limpar a mente, como cuidar dela.

Com um pouco de treinamento do Theravada e do Mahayana, podemos entrar na visão da experiência como é descortinada pelos que meditam. Basicamente, isso significa reconhecer que não estamos aqui para sermos indulgentes com nós mesmos, e sim para evoluir espiritualmente. Então, temos de rever as prioridades de nossa vida, porque tudo que buscamos alcançar é como um sonho, como castelos na areia. O desenvolvimento espiritual é a única coisa que podemos levar conosco quando deixarmos este mundo.

A partir desse ponto, podemos aspirar à nossa iluminação ou nos esforçar para o despertar de todos os seres, porque estamos movidos pelo reconhecimento de que todos estão na mesma situação que nós – sofrendo as misérias de uma mente iludida, soprada de um lado para o outro pelos ventos das incertezas e do karma. Aqueles que podem são encorajados a ser generosos em seu caminho espiritual – incentivados a esforçar-se não apenas pela própria libertação do sofrimento, como pela libertação e felicidade de todos os seres em toda a parte. Assim se tornam Bodhisattvas – seres que se esforçam pela iluminação a fim de conquistar as necessárias qualidades para ajudar todos os seres a realizar seu verdadeiro potencial.

Portanto diga agora que somos Bodhisattvas, somos movidos pelo próprio sofrimento e pelo sofrimento de todos os seres que são como nós, estamos mobilizados para sair do sofrimento. O que fazer? Podemos nos esforçar por três grandes éons (um tempo muito longo!) a fim de obter as qualidades necessárias para nos tornarmos um Buddha. Os que estão permeados de compaixão iluminada não se preocupam muito sobre quanto tempo levará para se tornarem um Buddha – estão totalmente comprometidos em ajudar todos os seres, por mais tempo que leve. Mas alguém de mente aguçada pode dizer: "Certamente haverá um modo mais rápido e eficaz para fazer isso". Felizmente, a resposta é sim, mas não significa que seja mais fácil!

Podemos comparar o método Mahayana de alcançar a iluminação a tomar um barco: fazemos uma progressão firme e estável rumo à iluminação. Se o Mahayana é como um barco, o Vajrayana é como um avião a jato. Os jatos são fabulosos para nos levar aos lugares rapidamente, mas também são um pouco arriscados. Nem todos podem pilotar um jato. Para aprender isso precisamos de muitos anos de treinamento apropriado e experiência com um mestre qualificado. Se tentarmos pilotá-lo sozinhos, cairemos logo – para cima rapidamente, para baixo com a mesma velocidade.

Se somos um praticante Vajrayana e praticamos sem a instrução própria, isso é como tomar pílulas e não ler o rótulo, ou pilotar um jato sem aprender a fazê-lo. Finalmente, precisamos de um mestre.

Portanto, como sabemos quando alguém se torna o seu Guru? Acontece imediatamente? Para algumas pessoas, sim; estas teriam forjado uma forte relação com o Guru em suas vidas passadas. Para elas, somente ouvir o nome do Guru faz com que fiquem arrepiadas, mas, para a maioria de nós, encontrar um Guru leva muitos anos de exame e busca. É essencial examinarmos o Guru, pois, como disse Padmasambhava, "não examinar o mestre é como tomar veneno, não examinar o discípulo é como pular de um precipício" (citado por Patrul Rinpoche em *The Words of My Perfect Teacher*).

Em geral, devemos evitar tomar por Guru aquele que não tem as qualidades já mencionadas. Devemos evitar mestres inchados de orgulho, sem compaixão, ou que assumem um ar religioso para se beneficiar, beneficiar a linhagem de sua família ou a seus dependentes. Devemos evitar mestres que agem como santos loucos, embora tenham pouca realização genuína e pouco estudo. Devemos evitar mestres que quebraram seus votos (Vinaya, Bodhisattva ou tântricos) e evitar adotar um mestre apenas porque é famoso ou carismático.

No Ocidente, às vezes temos problemas com a idéia do "Guru" porque não sabemos o que é exatamente um Guru, nem as qualidades que deve ter, nem quão cuidadosamente devemos examiná-lo. Somos freqüentemente inspirados por aqueles que nos mostram um pedacinho de amor e preocupação; gostamos de uma "brilhante estrela" interessante. Mas o objetivo do Guru não é nos entreter, e sim nos guiar para a iluminação. Alguns dos maiores mestres que conheci eram modestos, de fala macia, até mesmo tediosos! Algumas qualidades dos mestres só podem ser vistas quando passamos a conhecê-los e os olhamos profundamente; portanto, não devemos ser superficiais em nossa busca de um guia espiritual. Seja seletivo, mas mantenha a mente aberta.

Se desejamos ser um budista Vajrayana, escolher um Guru é a coisa mais importante que temos a fazer. Como ele nos guiará deste momento até a iluminação, precisamos escolhê-lo cuidadosamente! Um genuíno Guru é como um guia para o cego, um médico para o doente e uma mãe para os órfãos. Eles guiam os seres habilmente e com imensa paciência e compaixão. Ajudam-nos a esclarecer as dúvidas e acalmar nossas emoções negativas; propiciam-nos muita ajuda e felicidade. Sua ajuda é inalterável e eles amam a todos igualmente. Como o sol surgindo num céu escuro, eles vencem nossa ignorância e sofrimento. Partilham conosco o mais precioso remédio que os seres podem ter – a percepção de como superar o sofrimento e realizar nossa verdadeira natureza. O Guru é verdadeiramente a raiz de todas as boas qualidades.

As qualidades do discípulo

Basicamente, alguém se torna nosso Guru quando nos dá uma iniciação. O mestre se torna nosso Guru de raiz (Guru principal – é possível ter-se mais de um) quando nos dá uma completa capacitação com as quatro iniciações (que leva dois ou três dias), ensinamentos sobre a prática, transmissões orais e instruções centrais (a essência dos ensinamentos expressos via experiência genuína em poucas linhas), ou quando nos introduz à verdadeira natureza da mente. Se temos apenas uma curta iniciação, transmissão ou ensinamento tântrico, o mestre é considerado um de nossos Gurus, mas não nosso Guru de raiz.

Sem um Guru genuíno manifestando-se para nos mostrar o atalho do Tantra, o caminho da rápida realização da iluminação, seria muito difícil sair do samsara. Embora inumeráveis Buddhas tenham vindo e partido, não tivemos a sorte de encontrá-los. Achar um genuíno Guru é como encontrar Buddha em pessoa. O Guru é mais bondoso que todos os Buddhas, pois assumiu uma forma física para beneficiar os seres.

O Guru é como um alquimista; tudo com que entra em contato vira ouro. Se temos uma mente pura, apenas entrar em contato com ele nos revelará nossa natureza pura. Se estamos ligeiramente menos avançados, pode levar mais tempo, mas posteriormente a reconheceremos. (Claro que para reconhecê-la precisamos, por nosso lado, estar preparados, tendo sabedoria, percepção pura e méritos necessários.) A devoção ao Guru não é como um culto à personalidade; o Guru é um arquétipo. Representa o estado desperto de todos os seres. Não fique preso na personalidade do Guru; veja sua essência iluminada.

Ao escolhermos um Guru, devemos também examinar se somos ou não o receptáculo adequado para seus ensinamentos. O guru também nos examinará, embora nem sempre de um modo que percebamos. Geralmente, um bom discípulo do Vajrayana deve:

- Ter uma boa conduta moral (mantendo os votos Vinaya, Bodhisattva e tântricos);

- Ter uma fé estável (nas Três Jóias – Buddha, Dharma e Sangha – e no Guru);
- Dar-se bem com os outros discípulos do Guru; e
- Ter força mental para suportar pacientemente as durezas com que se depara e não se deixar perturbar por circunstâncias temporárias.

Um bom discípulo deve também cultivar um modo puro de ver o Guru (encarando-o como um ser iluminado.) Nossa visão pura do Guru deve ser tal que podemos aceitar qualquer coisa que ele fizer. Em termos de outros seres, devemos ser generosos e compassivos.

Como discípulos do Vajrayana, é bom se pudermos cultivar a devoção para com o Guru. Isso é feito pensando-se em sua grande bondade conosco ao nos fornecer um caminho sublime que leva à saída do sofrimento, e pensando-se como ele não é diferente de Buddha em suas atividades para beneficiar os seres. A devoção ao Guru é um processo que geralmente leva muitos anos e chega mais naturalmente quando observamos nosso mestre de um modo puro. (Lembre-se de que essa destemida devoção é desenvolvida depois que examinamos um mestre por muitos anos, e não tem nada a ver com a fé cega.)

Discípulos do Vajrayana devem ser conscientes de suas ações de corpo, voz e mente. Nossa conduta externa deve corresponder à do Vinaya. Nossa conduta interna (a conduta da mente) deve ser uma atitude de grande compaixão por todos os seres e nossa conduta secreta (última) deve ser de visão pura. (Na verdade, só podemos fazer isso – ver tudo como um ser iluminado veria – após ter um aumento de nossa capacidade.) Quando temos consciência de nossas ações, não fazemos coisas que lastimaremos, que nos causarão sofrimento. Não perturbamos os outros, vivemos harmoniosamente, pacificamente e humildemente segundo o Dharma.

Há três modos de podermos servir nosso mestre. O primeiro e o melhor é praticar seja lá o que nos for ensinado. O segundo é oferecer o serviço de nosso corpo, fala e mente ao Guru, executando tarefas, levando recados ou seja lá o que nos for requerido. O terceiro e menos poderoso modo é oferecer ajuda material como comida e riqueza. Mas todas essas maneiras de ajudar o Guru trarão mérito incomensurável, essencial no caminho para a iluminação.

Devemos aspirar a jamais nos cansar de servir nosso Guru, pois ele é a maior fonte de mérito. Se ele está genuinamente pleno de Bodhichitta, até a menor coisa que fizermos por ele será meritória. O Guru é o receptáculo de toda a compaixão, sabedoria e poder dos Buddhas. Ele porta a linhagem do despertar e é bondoso a ponto de se manifestar em tempos sombrios e confusos para que pessoas como nós possam encontrar o caminho.

Seria extremamente benéfico para nós cultivar uma mente de percepção pura para com o Guru a fim de sermos receptivos a suas bênçãos e sabedoria. Se uma caverna está voltada para a direção errada, ela nunca receberá sol, da mesma forma que aqueles sem fé (baseados em minucioso exame) acharão difícil ganhar qualquer benefício por estar na presença até mesmo do mais santo dos seres. Mesmo na época do Buddha histórico havia gente sem visão suficientemente pura para ver Buddha como um ser iluminado. A fim de colher as bênçãos do Guru, precisamos vê-lo de um modo puro.

Quando assumimos um Guru, devemos nos esforçar para servi-lo, pedir seu conselho e implementar todas as suas instruções. Depois que nos comprometemos com o Guru, devemos fazer qualquer coisa que ele disser, tanto tempo quanto pudermos, e se isso estiver alinhado com o Dharma. Se o Guru nos pedir para fazer algo em desacordo com o Dharma e não compreendermos o motivo de seu pedido, talvez possamos pedir que esclareça suas instruções. Mas geralmente, se sua solicitação estiver de acordo com o Dharma, devemos obedecê-lo sem pestanejar.

É importante que façamos uma conexão com um mestre vivo para que esteja numa forma que possamos ver. Ele pode nos corrigir quando estivermos saindo do rumo. Podemos servir ao mestre enquanto ele estiver vivo e rezar diariamente para o Guru a fim de percebermos a verdadeira natureza de nossa mente. Um Guru que tenha todas as qualidades mencionadas acima é Buddha em pessoa; portanto, esforce-se para fazer uma ligação com ele, servi-lo e vê-lo de um modo puro e positivo. Rejubilando-nos com todas as suas ações positivas, compartilharemos o seu mérito.

O Guru corporifica as Três Jóias; corporifica Buddha e todos os mestres do passado porque sustenta uma linhagem viva da iluminação. Tem a corrente de iluminadas bênçãos fluindo através dele. É a jóia do Dharma, pois realizou a essência dos ensinamentos em sua própria mente. É a jóia da Sangha, pois se manifesta de um modo que podemos ver.

Agora que conhecemos todas as muitas qualidades de que um Guru deve ser dotado, podemos ver a importância de não assumir cegamente o compromisso com um Guru. Devemos evitar ser como cachorros famintos que engolirão qualquer coisa que encontrarem. Não vague por ali atrás de qualquer iniciação, pegando coisas aqui e ali. Claro que é bom receber ensinamentos normais, não tântricos, de muitos mestres. Isso pode ajudar a expandir nosso conhecimento e compreensão do Dharma. Mas perambular por aí colecionando iniciações não é bom. Primeiro devemos examinar o mestre e ter certeza de que podemos cultivar uma pura percepção para com ele.

Atualmente, não é fácil encontrar mestres com todos os pré-requisitos para um Guru tradicionalmente citados. As qualidades mais importantes para qualquer mestre devem ser compaixão e Bodhichitta. Se o mestre tem genuína Bodhichitta, sua única preocupação será por todos os seres. Ele fará naturalmente o que for melhor para seus discípulos e não tirará vantagem deles. Se o mestre tem compaixão, nos conduzirá pelo caminho certo.

Capítulo 16

Trazendo o caminho espiritual para a vida cotidiana

Para muitos de nós, a vida cotidiana não é uma experiência interessante e alegre. Podemos nos sentir presos a uma pá de moinho e com a impressão de que tudo que fazemos é uma rotina estagnada e sem sentido que realizamos todas as semanas a fim de pagar o aluguel e manter nosso estilo de vida.

Quando eu tinha 15 anos, sentia-me morta interiormente. Queria cortar os pulsos para me sentir "viva". Essa alienação é muito comum em nossa sociedade; nós nos sentimos profundamente desconectados de tudo. Da Terra, dos outros seres humanos, dos valores humanos. Muitos podem não estar prontos para cortar os pulsos, mas há um senso de fria separação; não olhamos uns para os outros na rua.

Essa alienação e insensibilidade surgem porque não estamos vivendo de fato no momento presente. Muitos de nós sentem que perderam contato com o que é ser verdadeiramente humano, com o que é inspiração e significado espiritual; estamos separados de nosso coração.

A cultura materialista não faz muito para ajudar; na verdade, tenta capitalizar nosso vazio interior. "Compre isso e se sentirá feliz, inteiro, 100 por cento." Depois de anos comprando, poupando e juntando com dificuldade, muitos de nós conhecem a transparência dessas falsas promessas. Alimentar e vestir o corpo não é tão difícil, mas alimentar o espírito e achar seu verdadeiro lar é uma tarefa muito desafiadora.

Muitos de nós se sentem tão vazios interiormente por não saberem reconhecer a bondade, o potencial e a pureza das coisas. Perdemos de vista a verdade e nossa realidade interior, vivendo em distração em vez de vivermos no momento presente. Acreditamos nas notícias quando nos dizem que tudo e todos são ruins. Acreditamos na depressão quando ela declara nossa infelicidade; pode ser que nesse ponto comecemos a pensar em terminar com tudo. Felizmente, há outra saída do sofrimento!

Tal saída pode não exigir uma grande mudança do lado de fora; o fundamental mesmo é a transformação do coração. Em tibetano, o termo para "renúncia" significa também "emersão definida": desprender-se de um modo estreito e ignorante de perceber as coisas. Emersão definida significa um renascimento no modo de percebermos o mundo e nós mesmos – emergir do apego ao *self*, à ilusão, à dúvida e à preguiça. Saindo de uma nuvem de confusão, percebemos que tanto o mundo quanto nós mesmos não existimos como pensávamos existir (nossa natureza última é a vacuidade).

Tudo parece banal e sem sentido porque realmente não vemos as coisas; nossos olhos podem enxergar, mas não vêem. Estamos fitando a realidade por meio de camadas de pressuposições, vemos o mundo através dos tons de nosso condicionamento, confusão e emoções. As coisas são muito mais dinâmicas do que nossa percepção nos permite ver; de momento a momento, a estrutura molecular de tudo está mudando, os pensamentos, sentimentos e percepções das pessoas estão mudando. Como temos observado, não há ninguém sólido em nosso corpo. Pode haver algo com que nos relacionamos que seja imóvel, consciente e luminoso, mas não há nada estático nele.

A vida no momento presente nos convida a sair de nossas conchas cinzentas e ver o mundo através de novos olhos, descobrir a beleza e as gemas espirituais que existem nela. Isso implica se jogar de cabeça no coração – desvencilhar-se dos comentários mentais e ir ao encontro da realidade como ela é com um coração amplo, claro e aberto. Se estivermos presos a nossas pressuposições, não conseguiremos fazer contato com a profundidade e a beleza dos fenômenos, não notaremos os olhos cintilantes e curiosos de uma criança, ou provaremos do frescor e da saúde de uma maçã, ou veremos o vasto céu azul acima de nós. A cada dia, muitas maravilhas e presentes estão aí para que acordemos e as vejamos, para nos alertar sobre o mundo, nossa compaixão, sabedoria e bondade potenciais – mas, devido ao condicionamento e ao hábito, não os vemos. E isso é que é a consciência, fazer contato com a vida (e com tudo!) no momento presente. Estar atento ao que está acontecendo dentro de nós (em nossos corpos, emoções, mentes e objetos da mente), assim como no mundo.

Enxergamos, mas não vemos. Não vemos que a iluminação está bem diante do nosso nariz, no presente. A iluminação não está em outro lugar senão aqui, sob uma visão diferente. O que o Budismo tenta fazer é nos acordar para esse fato.

Se queremos acordar, isto é, livrar-nos do fardo, precisamos entrar no momento presente e estar preparados para ver com o olhar profundo e nos maravilhar, livres de pressuposições e julgamentos. Isso não significa que descartamos o que é e o que não é benéfico, e sim que damos a nossos pensamentos e opiniões um pouco de espaço. Se olharmos as coisas profundamente, com os olhos do guerreiro espiritual, elas se revelarão a nós. As coisas se tornarão clareza e vacuidade. Mas, para que o *insight* surja, precisamos viver de um modo sábio e habilidoso. A conscientização fortalece a capacidade de ganhar *insight*. Ao viver no presente com conscientização e discernimento (abandonando pensamentos e impulsos prejudiciais e cultivando e vivenciando os benéficos), começamos a transformar nossa banal percepção das coisas e enviar vida para as partes mortas de nós mesmos. Estar atento ao conteúdo de nosso corpo, fala, mente e ações parece simples, quase tolo, mas são essas coisas que constituem a vida. É no modo como vivemos que demonstramos ou não se estamos implementando e praticando a espiritualidade do coração ou se apenas o fazemos intelectualmente. Executar as mesmas coisas de um modo diferente (com consciência) rejuvenesce todo o nosso ser.

Começa-se a cultivar o estar vivo por meio da prática da conscientização que não é apenas se concentrar; implica observar a mente, ter consciência de que estamos concentrados. A conscientização importa-se com a mente, em todos os momentos sabe o que está acontecendo no corpo e na mente. Isso é fácil de falar, mas requer um pouco de prática para aprender.

A conscientização é como praticamos o Budismo na vida diária. Traz de volta todos os fragmentos despedaçados e inconscientes de nossa vida e permite que nos tornemos seres humanos inteiros, curados e realmente vivos.

Lembra-se da vivacidade da infância? Quando o céu era mais azul e o mundo girava mais devagar, quando um picolé ou um sorriso de alguém que amávamos bastava para nos dar grandes alegrias? Quando ficamos mais velhos, as coisas perdem a vivacidade – picolés não nos dão mais um grande prazer. Agora temos um carro vistoso ou uma casa bonita para nos fazer felizes, e mesmo assim nunca é suficiente. Podemos nos sentir um tanto mortos internamente. Quando crianças, pensávamos menos, estávamos mais no presente. Se nos sentimos mortos por dentro, é sinal de que precisamos limpar a mente, pensar menos e estar conscientemente no presente a cada momento de nossa vida. Pensamos saber como viver, mas raramente estamos vivendo de fato. A maior parte do tempo estamos totalmente presos a nossos pensamentos e emoções. Podemos passar um tempo com os filhos, mas nossa mente está aprisionada pela nostalgia do passado ou pelas esperanças do futuro – raramente estamos no momento presente, usufruindo a vida.

Viver conscientemente torna tudo real e vívido de novo; podemos retomar os olhos frescos da infância. O melhor modo de ser feliz é contentar-se com o se tem. Como raramente apreciamos o que temos, estamos constantemente com fome de mais. A arte da gratidão (ver o que se tem e ser feliz com isso) está morrendo. Hoje em dia, somos incentivados a sempre querer mais. Na corrida para acumular e possuir, nunca paramos para usufruir. Perdemos de vista o que verdadeiramente vale a pena devido aos constantes trabalhos e distrações da vida. Subimos uma montanha apenas para pôr os olhos em outra. É um círculo vicioso de desejos, é como beber água salgada: nunca estamos satisfeitos. Quando conscientes, tiramos tempo para observar tudo.

De um ponto de vista prático, podemos começar a cultivar a conscientização em nossas sessões de meditação. Quando os pensamentos e emoções surgirem, não nos interessaremos por eles; nós os deixaremos passar (o oposto de suprimi-los). Quando dominarmos a conscientização, teremos muito mais paz e felicidade, pois não nos identificaremos mais com nossos pensamentos e emoções; teremos distanciamento suficiente para ver que eles surgem, permanecem e se dissolvem. Além de tais movimentos está a sabedoria primordial, imorredoura, da mente não nascida, imortal e não fabricada. Ao fazer contato com esse lugar, nos tornamos muito mais vastos e leves, vemos que a felicidade está em nosso coração e mente, e não vem da manipulação dos fenômenos externos, mas sim de habitar a pureza da mente e protegê-la de pensamentos e emoções que conduzam à infelicidade.

Há muitos modos de continuar a praticar longe da almofada de meditação. Isso é uma sorte, já que geralmente somos muito ocupados. Podemos começar desenvolvendo uma consciência básica das coisas que estamos fazendo – ao fazer coisas simples como dirigir um carro, podemos saber o que estamos fazendo. Em vez de todo o comentário mental, fugas da fantasia e histórias que contamos a nós mesmos, podemos apenas usufruir o fato de dirigir. Ter consciência de que nosso corpo está fazendo sem julgar ou comentar o ato, mas simplesmente sendo conscientes de que essa é a sensação de dirigir. Podemos focalizar a atenção na arte de dirigir sem pensar. Podemos usar a lembrança consciente de que nossa mente está fazendo para ter certeza de que ela permanece focalizada no momento presente.

Quando lavamos pratos ou passamos uma blusa, ficamos ansiosos para terminar a tarefa. Quando cozinhamos, ansiamos pelo momento de sentar e comer; mas, enquanto se está cozinhando ou lavando os pratos, não estamos presentes. São momentos de nossa vida que jamais voltarão. Podemos pensar que não há nada de espiritual ou profundo em algo tão cotidiano como a pia da cozinha, mas talvez devamos praticar a conscientização e ver que há um Buddha na cozinha! Da próxima vez que fizer algo tedioso como lavar ou passar roupa, esteja presente naquele momento. Podemos descobrir, da mesma forma que Mahakashyapa quando Buddha lhe mostrou a flor, que iluminação, paz e alegria podem ser encontradas na beleza e na perfeição de cada momento.

De modo geral, quando começamos a praticar a conscientização, nossos momentos de consciência são muito curtos. Não se passa muito tempo antes de sermos de novo esmagados pela inconsciência habitual. Inconsciência significa não estar consciente do momento presente, do que está acontecendo em nosso corpo, sentidos/emoções, mentes e objetos da mente. Para cultivar a conscientização, podemos usar práticas muito básicas como comer, meditar ao andar ou concentrar-se na meditação consciente ao fazermos uma pausa para o café. Talvez o iniciante deva fazer uma coisa de cada vez, mais lentamente do que o habitual, para que o fio de sua consciência não se perca.

Quando comemos, podemos ter consciência de que comemos e considerar que a comida está conectada com todo o universo. Com um lavrador, os pais do lavrador, a pessoa que a colheu, transportou e vendeu-a para nós. O ato de comer nos conecta com o céu, a terra e a chuva. É um ato sagrado. Tire tempo para sentir o cheiro, ver, saborear e tocar a comida. Coma lentamente, apreciando o que come. Assim, o alimento não é desperdiçado e nos sentimos satisfeitos e em paz. Ingerimos comida para nutrir o corpo e nos ajudar a continuar trilhando o caminho espiritual, não como um meio de nos fazer esquecer a dor ou satisfazer algum desejo.

Na meditação que fazemos ao caminhar, podemos nos concentrar mais do que quando estamos dirigindo. Ao caminhar, podemos diminuir o passo (para cerca de metade de nosso ritmo normal) e ficar conscientes da sensação dos pés tocando a mãe-terra, de como nosso peso muda de um pé para o outro. Podemos escolher um pequeno espaço (digamos cinco metros) no quintal e caminhar ali para cima e para baixo ou praticar a conscientização quando caminhamos para o trabalho. Se conseguirmos fazer contato com a vida no momento presente, a realidade renasceu em nós; tudo que estava cansado e monótono se torna dinâmico e interessante. Isso ocorre porque, com a conscientização, retiramos os filtros do ego e os óculos escuros das máculas e estamos bravamente abrindo-nos para ver a majestade e a luminosidade inerentes ao mundo. Seja o que for que acontecer, é importante continuar voltando ao momento presente e não se deixar arrastar por pensamentos prejudiciais. Se estes surgirem, simplesmente os observe e os deixe passar – não permita que destruam a paz de sua mente ou de suas boas intenções. É difícil romper os hábitos de toda uma vida em um dia.

Ter consciência de caminhar não significa que nos digamos: "Agora estou sendo consciente, isso é bom". Assim que começamos a andar falando sozinhos sobre isso, perdemos o momento presente. A conscientização é estar no momento presente com discernimento e concentração. É bom estar consciente do momento presente: ele nos conecta a uma dimensão sagrada e nos pemite ver a beleza que se desdobra à nossa volta, testemunhar a maravilha da vida; mas isso é apenas metade da prática.

Poderíamos pensar também que se sentássemos num bar e conscientemente tomássemos uma cerveja, ou tivéssemos um caso, com total consciência, ou fizéssemos seja lá o que for, o resultado seria o mesmo. Os que tentaram isso sabem que uma atitude desse tipo é enganadora. Alguns dos piores seres humanos que já existiram realizavam suas tarefas minuciosa e conscientemente. Como observamos no Capítulo 11 sobre karma, a motivação e a sabedoria discernindo o que é benéfico do que não é (sabedoria discriminadora) também é muito importante.

Podemos infundir significado espiritual no nosso dia estabelecendo uma motivação para o dia ao acordarmos. Algo como: "Neste dia, que eu possa fazer o que for possível para levar paz e felicidade aos outros e levá-los para mais perto da iluminação". No final do dia, podemos dedicar qualquer pequena energia positiva que tenhamos ganho à iluminação de todos os seres. Desse modo, mesmo se todo o nosso dia foi inconsciente, pelo menos estabelecemos uma motivação e dedicamos quaisquer bênçãos que foram acrescentadas. No final de cada dia, é bom tirar cinco minutos para um balanço de nossas ações do corpo, da fala e da mente. Agimos com sabedoria e compaixão, ou por apego ao *self* e à ilusão? Se algumas de nossas ações foram pouco hábeis, pelo menos agora temos consciência delas. Podemos nos dedicar com o máximo empenho a não repetir tais ações e tomar medidas para purificar nossos atos.

Tente engajar-se na vida com a motivação da compaixão e da consciência. Conscientes do momento presente e cultivando estados virtuosos como a compaixão, teremos mais espaço e sabedoria na mente, e mais habilidade ao abordar as coisas e reagir a elas, por termos mais distanciamento e paz interior. Se nos sentimos esmagados, podemos fazer um exercício respiratório no banheiro. Apenas algumas respirações profundas, concentradas e conscientes, farão uma diferença enorme.

Podemos ajustar o relógio para tocar a cada hora a fim de fazermos algumas respirações profundas e lembrarmos de estar presentes. Ou sempre que ouvirmos o telefone, antes de correr para ele podemos executar três respirações conscientes a fim de estarmos de fato prontos para atender nosso interlocutor com sabedoria e compaixão.

Podemos usar a respiração como uma âncora para o momento presente. Para onde formos, quando falarmos, quando comermos, quando sentarmos, poderemos ter consciência da respiração. Isso nos dará uma pausa em meio ao nosso constante comentário mental.

Os benefícios da conscientização na vida diária são enormes. Quando praticamos a conscientização e o discernimento, gozamos de paz e clareza mental. Devido à contemplação regular do Dharma, a mente torna-se alegre e cheia de bem-estar. Ficamos mais eficientes e amorosos porque não estamos carregando também bagagem mental inútil. Reformamos nosso registro kármico exercitando o discernimento entre ações benéficas e prejudiciais porque temos mais autocontrole e podemos ver o quadro maior (as repercussões de nossas ações do corpo/voz/mente). Além disso, se praticarmos a conscientização no cotidiano, a vida se torna mais prazerosa, porque somos capazes de ir ao encontro de tudo sem julgamento, de coração aberto.

Conscientes da vida, é mais fácil meditar quando formos para a almofada de meditação. Como a mente está calma e clara, torna-se mais fácil usá-la para ganhar *insight* de nossa verdadeira natureza.

É assim que tem de ser se quisermos nos tornar verdadeiros budistas, e não budistas só no nome. A meditação ajuda a vida diária, e a conscientização na vida diária ajuda a meditação. A esfera pura e o samsara não estão tão separados assim. Samsara é a mente voltada para fora, perdida em distração; nirvana é a mente voltada para dentro, reconhecendo a verdadeira natureza de tudo que está surgindo.

Assim, na vida diária, podemos utilizar o corpo (as posturas de sentar, deitar ou ficar em pé), a respiração, sensações do corpo, mente (pensamentos e emoções que surgem) ou a alimentação sensorial entrando pela mente como objetos de concentração. Ao trabalharmos, podemos simplesmente estar conscientes de trabalhar; colocamos a mente na tarefa adiante de nós e a completamos com a presença da mente. Estamos conscientes de nos concentrar nessa tarefa, e com a mente no momento atual podemos responder de modo inteligente a todos os desafios. Podemos também tomar o momento presente como objeto de concentração.

Se somos capazes de viver no momento presente, com uma mente não distraída, tudo que fizermos se tornará um portal para o despertar. Quando executamos as coisas com consciência, é possível olhar profundamente e ver que o universo inteiro está conectado conosco no momento presente. Assim, podemos examinar de modo tão profundo as causas e as condições que fazem surgir as coisas que podemos até ver o sol no café-da-manhã e as estrelas no olhos do ser amado! E não há dúvida de que tarefas feitas com conscientização são muito mais prazerosas!

Claro, precisamos tirar um tempo para pensar em certas coisas, mas não é necessário fazê-lo a toda hora. Separe um pouquinho de tempo a cada dia para pensar e planejar. Julgamos que ficaremos felizes realizando ou obtendo coisas, mas a felicidade vem de existir. Você não descobre com freqüência que os momentos mais felizes são aqueles em que sentimos que tudo está bem, que não há nada que precisamos mudar e que, mesmo que haja algo a ser mudado, isso se resolverá com o tempo? A felicidade surge quando vivemos no presente. Normalmente, nos tornamos infelizes quando perseguimos a felicidade no futuro.

Se praticarmos a conscientização em nossa vida diária, esta será transformada. Assim, a paz da meditação e os atos do cotidiano não se encontram tão separados. A vida do espírito e a realidade cotidiana são uma coisa só. Podemos nos tornar guerreiros espirituais no dia-a-dia. Bem em meio à nossa vida, na confusão e na dor de tudo, podemos olhar para o céu e reconhecer o pano de fundo de sabedoria que todos compartilhamos. Bem em meio à nossa vida, podemos nos tornar instrumentos de paz e amor. Vivendo plenamente a vida e cumprindo nossas responsabilidades, podemos aprender as lições de que precisamos para evoluir. Você pode ver em si mesmo a beleza e a sabedoria que não morreram.

Muita gente me diz que gostaria de ser monge; acho que tem uma noção idealizada do que significa ser asceta. Às vezes, achamos que não há espaço em nossa vida mundana para o sagrado, que de algum modo temos de fugir da vida para encontrar significado. Mesmo se trajar vestimentas monásticas você ainda terá de lidar com sua mente iludida, com pessoas e situações desagradáveis. Ainda terá de enfrentar a realidade mundana e as horas de sua vida. Depois de nove anos como devotada budista, passei a ver que integrar prática/filosofia e vida são muito importantes, caso contrário somos um simulacro de praticante – bons e santos no Centro Budista e horríveis em casa. Se formos melhores para a estátua de Buddha ou para o Lama do que somos uns para os outros, então estamos com um problema!

"Praticar" é um modo de ser, um modo de treinar a mente. Em recentes ensinamentos dados por meu Guru, Sua Santidade Sakya Trizin, foi-lhe perguntado como leigos poderiam praticar quando têm tão pouco tempo e tantas responsabilidades. Ele replicou que praticar significa cultivar o Dharma na mente – trabalhar na mente e fazê-la virtuosa vinte e quatro horas por dia. Se você fizer isso e tiver boa motivação, é um verdadeiro praticante; tudo que fizer dará bons frutos e o aproximará da iluminação. Se você não trabalhar a mente – ainda que se sente numa caverna por muitos anos –, isso será inútil. Portanto, a prática é algo que acontece na mente todos os dias – a cada vez que exercemos paciência em vez de raiva, a cada vez que tivermos cuidado com o que falamos. Não pense que a prática significa se tornar mais egoísta e introvertido; nunca esqueça que o objetivo da vida espiritual é abrir-se para seu mundo, para sua vida, com todas as imperfeições e carência de preparo. Simplesmente comece onde está – sua vida é a situação perfeita para mostrar como você despertará. A espiritualidade deve torná-lo mais bondoso, compassivo, aberto e generoso. Embora seja importante contemplar, meditar e estudar com maior freqüência possível, receber ensinamentos autênticos e ajudar a preservar o Dharma para monges e leigos, se você tiver compaixão de sabedoria no coração, jamais precisará ter medo.

Capítulo 17

Vida monástica – uma carreira do despertar

Quem são essas enigmáticas figuras monásticas com seus trajes? Por que Buddha criou essa comunidade? Por que alguém trocaria a vida do lar pela vida monástica, e qual a relevância da comunidade monástica hoje em dia?

Nas palavras de Khenpo Ngawang Dhamchoe:

> Se desejamos ter paz e felicidade em nossa vida, precisamos ter uma mente positiva e criar as causas e condições para o surgimento das coisas. Para termos uma mente positiva, precisamos assumir algum compromisso. Se aspiramos a fazer algo bom mas não nos comprometemos, podemos abandonar nosso desejo. Se assumimos um compromisso, então é difícil rompê-lo, pois lembramos do nosso voto. Esse compromisso nos ajuda a ser fortes e a não nos engajarmos em feitos negativos.

Esse é o objetivo de tomar os votos.

A primeira comunidade monástica budista foi iniciada por Buddha logo depois que ele atingiu a iluminação. Ao dar seu primeiro ensinamento no Parque dos Cervos, Sarnath, um dos cinco praticantes ascetas a quem Buddha estava ensinando (chamado Kaundinya), atingiu a realização e pediu para se tornar um seguidor de Buddha. Buddha simplesmente reconheceu o pedido dele dizendo: "Venha, Bhikshu".

Desde aquela época havia monges budistas. A ordem das monjas budistas foi iniciada alguns anos depois, quando a madrasta de Buddha (a rainha Mahaprajapati Gotami) e muitas outras nobres solicitaram a Buddha que pudessem buscar o caminho espiritual do mesmo modo que seus irmãos monásticos.

Na época de Buddha, não era incomum ver-se homens desistindo da vida mundana a fim de se devotarem unicamente ao caminho espiritual. Eram peregrinos ascetas que viviam da generosidade dos outros esmolando pela refeição diária e morando em *ashrams* (templos hindus), na floresta sob as árvores ou em cavernas. Esses peregrinos ascetas estudavam com vários mestres espirituais, meditando na maior parte do dia ou da noite, só parando para banhar-se, comer e dormir umas poucas horas. Comprometidos com uma existência de simplicidade, viviam em busca da iluminação. Esse era o modelo social no qual os monges budistas se desenvolveram. Ainda podemos ver peregrinos ascetas (conhecidos como *sadhus*) na Índia de hoje.

Claro que havia também sacerdotes brâmanes com uma vida ligeiramente mais confortável do que a dos peregrinos ascetas. Esses brâmanes devotavam-se ao estudo e a prática dos Vedas (escrituras hindus). Serviam como intermediários entre os deuses e as pessoas e celebravam muitos ritos para as pessoas como casamentos, batismos e funerais.

Na época de Buddha, a vida espiritual era bastante informal; as pessoas podiam ir para um local e estudar com um mestre, e peregrinar a outro lugar para estudar com um novo mestre. Há muitas seitas e comunidades com diversas crenças e práticas. Mas essencial para a maioria das seitas hindus era a idéia de Deus e de uma alma eterna. Já colocamos que esse ponto de vista era refutado por Buddha e substituído pela idéia da iluminação, que precisa ser descoberta pela introspecção e pela experiência direta.

Por que é necessário deixar o próprio lar e a família, abandonando uma vida de conforto e segurança a fim de trilhar o árduo caminho da iluminação? Não é necessário tornar-se monge para ganhar iluminação, especialmente nos veículos Mahayana e Vajrayana. Há muitos exemplos de seres que atingiram a iluminação vivendo como praticantes leigos. Marpa, o tradutor (um dos fundadores da tradição Kagyu do Budismo Tibetano), era um rico proprietário de terras com esposa e filhos e também um grande adepto tântrico. O grande yogue Milarepa e todos os detentores do trono da tradição Sakya eram leigos. Mas o que é comum a todos esses mestres é terem passado extensos períodos estudando com seus mestres e praticando periodicamente em reclusão.

Muitos dos grandes Lamas desta geração são casados (de modo geral, podemos dizer que um Lama é casado porque usa cabelos compridos ou uma vestimenta ligeiramente diferente, mas nem sempre esse é o caso). A maioria desses Lamas é treinada por um tempo num monastério. Portanto, parece que um tempo sozinho para estudar e períodos de prática intensa são necessários para se atingir a iluminação. É o que o caminho monástico oferece.

O objetivo de debater o monasticismo aqui não é encorajar todos a tomarem votos, já que obviamente nem todos são adequados para esse caminho (e leigos podem praticar muito bem sem tomar os votos). Mas para preservar o Dharma, que é vasto, precisamos de gente devotada em tempo integral. É parte da cultura budista apoiar a Sangha monástica e fazer com que a vida espiritual seja disponível a todos os budistas. Podemos não querer praticar por tempo integral agora – mas você não gostaria que uma vida pura do espírito estivesse disponível a seus filhos, ou talvez mesmo a você quando mais velho?

Haver seres totalmente devotados à iluminação mantém o Dharma vivo. Os monastérios não estão ali apenas para os monges; são portos de paz e sabedoria para um mundo atormentado pelo estresse, pela desconexão e pela falta de sentido. Monastérios podem ser locais para prática, estudo, retiro e aconselhamento, assim como uma comunidade espiritual e cultural para leigos e monges. Há uma passagem nos ensinamentos Theravada declarando que, quando os leigos pararem de apoiar a Sangha monástica, os ensinamentos de Buddha degenerarão. Se não preservarmos essa tradição monástica, contemplativa, o mundo perderá algo belo para sempre.

É possível praticar e fazer um bom progresso enquanto leigo. Não é preciso sentir-se de algum modo inferior por escolher viver e praticar no mundo. A vida monástica é simplesmente outro caminho levando ao mesmo objetivo; ela oferece uma oportunidade para devotarmos completamente todas as energias e praticar o Dharma por tempo integral, livre dos constrangimentos de uma família, relações e carreiras. Se formos grandes praticantes, podemos fazer o Dharma em cada ação que realizarmos, claro; mas, para a maioria de nós, não é fácil. Temos hábitos negativos muito fortes. Somos facilmente distraídos e arrastados pelos acontecimentos externos. O monasticismo oferece disciplina e um modo de vida que conduz ao cultivo da iluminação.

Diz-se freqüentemente que ser monge é como ser uma cobra dentro de um pedaço de bambu – ou subimos (progresso para a iluminação) ou descemos (para estados de nascimento mais infortunados). Porque viver nos votos é muito poderoso, e falo agora como uma monja que tomou os votos. Como monásticos, cada ato positivo e negativo nosso é ampliado, porque nos comprometemos a viver dentro dos votos de não prejudicar, votos feitos para criar uma vida benéfica e espiritual. Diz-se que, porque tomamos os votos, mesmo quando dormimos eles aumentam nosso karma positivo. Da mesma forma, por tomarmos os votos e declararmos abertamente a intenção de devotarmos benéfica e concentradamente a vida na busca da iluminação, tudo que fazemos é mais poderoso do que se não tomássemos os votos. Devemos considerar agora como nossas ações afetam os outros; somos representantes de Buddha, seus filhos e filhas, e qualquer ação negativa que cometamos reflete-se negativamente no Budismo – com mais poder porque tomamos os votos.

No início, todos os monges e monjas era iluminados, fazendo com que Buddha não precisasse se preocupar muito com eles. Após algum tempo, contudo, mais seres "não-iluminados" se juntaram à Sangha e fizeram coisas inadequadas (e que poderiam danificar a fé dos outros na Sangha monástica, como quebrar os votos de celibato ou agir de modo inadequado para alguém devotado à vida de compaixão e cultivo interior).

Como alguns membros da Sangha monástica agiram em desacordo com o espírito da iluminação, Buddha achou necessário implementar um código de conduta para leigos e Sanghas monásticas, conhecido como *Vinaya* (o Vinaya contém todos os votos budistas, inclusive os votos Bodhisattva e tântricos). Buddha revisou constantemente o Vinaya como era necessário, e ao morrer aconselhou aos monges que abandonassem os votos menores e menos importantes; no entanto, como ninguém concordasse sobre quais eram os votos essenciais, mantiveram todos.

Na época de Buddha, era bastante aceitável esmolar pela refeição diária e por necessidades básicas. Devotos budistas encaravam isso como uma oportunidade de cultivar mérito e plantar as sementes da futura felicidade: dava-lhes alegria preencher as necessidades dos que estavam genuinamente buscando cultivar a sabedoria interna. Em vez de serem vistos como um fardo, os ascetas eram tidos em grande conta e vistos como gente que enriquecia a sabedoria e a espiritualidade da sociedade. Podia-se ganhar karma positivo e aperfeiçoar a generosidade sustentando aqueles que buscavam sinceramente o bem último (a iluminação) para si mesmos e os outros. Assim, os monásticos eram vistos como objetos de enorme mérito.

Buddha sempre se certificava de que os monges tivessem uma conduta impecável, sem tirar vantagens da generosidade dos leigos. Originariamente, os monges eram proibidos de tocar em dinheiro (mas, em algumas tradições, essa regra foi de certo modo relaxada, já que é muito difícil viajar ou construir monastérios sem dinheiro).

O Abençoado não buscava criar uma organização vasta e poderosa. Em vez disso, seu objetivo era a libertação do sofrimento para todos os seres. Buddha ensinava a todos, reis ou mendigos, de casta elevada ou baixa, leigos e monges. Como Jesus, ele ficava nas casas dos pobres, dos ricos ou sob as árvores, e enfatizava uma vida de aperfeiçoamento interior e simplicidade.

Ao final da vida de Buddha, os padrões para o comportamento e o modo de vida da Sangha monástica já estavam estabelecidos. Fora determinado que se devia viver de esmolas, muito simplesmente, dentro das linhas mestras do Vinaya. Os membros da Sangha deviam emular Buddha devotando-se a estudar, entender e meditar sobre os ensinamentos, a fim de eliminar todo o sofrimento e atingir a iluminação, e para estar na melhor posição de ajudar os outros a terminar seu sofrimento também.

Através dos séculos, o Budismo se espalhou de seu local de nascimento na Índia para o sul e o norte da Ásia. Em muitas dessas ocasiões, aqueles que portavam a linhagem eram monásticos, mas havia também muitos grandes mestres leigos, como Padmasambhava (que levou o Vajrayana para o Tibete). O estabelecimento da linhagem monástica, porém, sempre foi encarado como um passo essencial para assegurar que o Budismo florescesse naquele país. Padmasambhava foi para o Tibete a convite do grande monge Shantarakshita, que atuou como mestre de ordenação para vários postulantes tibetanos. "Se os tibetanos podiam adotar o monasticismo que estabeleceria uma forte base e seria uma força preservadora, ainda não estavam prontos para o Budismo", parecia ser sua atitude.

Podemos ver então que, juntamente com uma camada de cultura budista leiga, o monasticismo permanece a rocha do Budismo, pois a base de toda prática Dharma é o Vinaya, o código de ética do Budismo. Buddha disse que sempre que vemos a Sangha monástica, vemos a ele. Monges e monjas esforçam-se por emular Buddha e servir como um lembrete de seu legado. Nas escrituras budistas, um país só pode ser um local central (um lugar onde o Budismo está florescendo como uma tradição totalmente viva) se houver nele a presença de vários monges (Bhikshus) e monjas (Bhikshunis) plenamente ordenados. Isso porque a Sangha monástica é a praticante do completo Vinaya budista, o código de ética budista e base de todo a prática Dharma. O Vinaya explica os preceitos essenciais de todos os diversos ensinamentos e é a base do caminho Dharma. Portanto, para estabelecer plena e firmemente os ensinamentos de Buddha numa terra, é muito importante inaugurar uma tradição monástica ali para que o Dharma possa manter-se vivo em sua forma pura e não diluída.

Contrastando com a época de Buddha, a cultura moderna encara qualquer um que desistiu de sexo e dinheiro com suspeita. O que há de errado com essas pessoas? Estarão fugindo? Será que estão tomando uma carona como monges por não conseguirem lidar com a vida? Até mesmo budistas tibetanos ocidentais olham para mim às vezes e me perguntam qual é o meu emprego.

Posso dizer ao leitor, por experiência própria, que ser monge não é um piquenique! É a panela de pressão da iluminação. O mestre nos pressiona e nos empurra, para ter certeza de que não perdemos um momento sequer do que o precioso renascimento humano tem a nos oferecer. Se vivemos num centro do Ocidente, nos vemos extremamente ocupados com todos os ensinamentos, práticas, aconselhamentos e assim por diante. As pessoas automaticamente esperam mais de nós e nos olham mais como empregados do que objetos de refúgio. Às vezes, percebemos que temos menos tempo para praticar do que quando éramos leigos!

Os votos servem como um caminho para nos manter na reta e estreita estrada para a iluminação. Como temos todos esses votos que nos dizem como devemos nos comportar, o que podemos ou não fazer, sentimos a responsabilidade de viver à altura deles. Os votos são linhas mestras para se ter uma vida espiritual; eles eliminam modos de ser e de pensamento que não conduzem ao caminho espiritual. A constrição da disciplina nos dá a liberdade de voar para o grande desconhecido e descobrir nossa verdadeira natureza porque estamos sobre as bases firmes da moralidade, do altruísmo e da determinação de não prejudicar os outros. Preceitos fortes são uma base essencial para os que desejam atingir altas realizações de meditação.

Como monges, nossas vidas mudam dramaticamente; de súbito, todos nos olham de forma diferente porque externamente não parecemos um indivíduo, e sim uma fotocópia colorida de Buddha. As expectativas dos outros são muito mais altas. Nossas expectativas sobre nós mesmos também aumentam; temos de estar à altura de muita coisa. Viver dentro dos votos é uma interminável fonte de mérito; os votos treinam nosso corpo, fala e mente na disciplina e nas ações benéficas.

Passamos a viver nessa comunidade onde normalmente não viveríamos (se residimos num centro ou num monastério). Tornamo-nos parte de uma família de irmãos e irmãs adotados e, acredite, só porque alguém recebe a ordenação isso não o torna de convívio mais fácil! Como monásticos, temos de seguir o conselho de nosso mestre. Viver como parte de uma comunidade reduz tremendamente a individualidade e o egoísmo, o que pode ser muito difícil para aqueles entre nós totalmente adultos, independentes e de personalidade forte. Subitamente, passamos do livre arbítrio a nos comprometer e a compartilhar a vida, tempo e energia com outros.

Certa vez conheci uma monja Theravada que alterara radicalmente o tipo de vida que eu achava possível para uma monja. Em sua tradição, eles vivem num estilo puramente mendicante, vivem do que lhes é oferecido e não lidam com dinheiro de modo algum.

Ajahn (que significa "Mestra") me ensinou como fazer uma ronda de esmolas (antiga tradição budista em que os monges saem com grandes tigelas e "se abrem" à generosidade de estranhos). Foi uma experiência surpreendente – senti-me muito vulnerável – pedir comida ali, mas ao mesmo tempo foi belo e estimulante. Quando as pessoas dão, elas dão realmente do fundo do coração – conectar-me com a bondade das pessoas desse modo definitivamente aumentou minha fé na humanidade e a possibilidade de que os monges possam manter suas tradições no Ocidente. Muitos de meus amigos se entristecem por minhas rondas de esmola – por eu não ter comida –, mas não o faço por me faltar comida. Faço-o porque isso me lembra de estar seguindo os passos de Buddha, de que estou vivendo devido à fé dos outros e que preciso trabalhar duramente para ser digna da generosidade deles. Saio em rondas de esmolas porque isso dá a mim e a outros uma chance de nos conectarmos com nossa bondade interior – e ainda não passei fome! Acho que eu ainda não havia experimentado verdadeiramente o significado do monasticismo até começar a viver da fé.

A triste verdade é que nem todos os monges têm a sorte que tenho – simplesmente não podem viver essa vida no momento. Espero fazer surgir uma mudança na consciência do Ocidente sobre os valores da Sangha monástica e a beleza da generosidade. Não é preciso muito para sustentar um monge ou monja – só um pouco de comida, roupa, remédio e algum abrigo.

Muitos me dizem que não é mais possível ou relevante ter monges vivendo da fé, estudando e praticando o Dharma por tempo integral – mas eu não penso assim. Freqüentemente esquecemos que Buddha escolheu viver como monge. Se tal modo de vida era relevante para os fundadores de nossa religião, certamente deve ser relevante para nós como budistas. Não seria triste se no futuro alguém entrasse num centro budista visse uma radiante estátua de Buddha e perguntasse: "Alguém ainda vive assim?"; e lhe respondessem: "Não, ninguém mais vive como Buddha. Não apoiamos isso, achamos que não é relevante". Tornar a vida monástica disponível para quem a quiser é simplesmente parte da cultura budista.

As pessoas dizem: "Se todos se tornassem monges, quem tocaria o mundo para a frente?". Acredite, nem todos gostariam de ser monges – não é uma vida fácil. Leigos ou monges sofrem! Nem todos querem ser um mendicante sem tostão – com discernimento, Buddha ofereceu muitos caminhos para a iluminação. A pessoa deve ponderar cuidadosamente antes se ordenar, já que pode encontrar pouco apoio se o fizer.

Muita gente tem uma compreensão totalmente irrealista da vida monástica. Alguns pensam que nossa existência é maravilhosamente cheia de paz, que somos felizes e repletos de inspiração e quase caminhamos nas nuvens, existindo num tempo e num espaço completamente separados do "mundo real". Mas o "mundo real", todos os seus problemas, estresses, ilusões e sofrimentos vêm conosco quando somos ordenados. Somos o mundo real, ainda temos muitas ilusões, e de algum modo viver nos votos e em grande proximidade com os outros tornam essas falhas patentemente óbvias. Minha experiência do monasticismo não é de algo calmante e cheio de paz, e sim de alguma coisa tipo "sair da frigideira e cair no fogo". O polimento e o refinamento de nossas ilusões se tornam incessantes, não há mais nenhuma trégua, nenhuma saída.

As motivações que levam alguém a receber a ordenação variam muito, mas a maioria o faz porque foi tocada pela realização de Buddha; conhecemos o sofrimento e fomos movidos por nossa própria dor ou pela dor dos outros, e desejamos nos libertar dela. Buscamos emular Buddha e nos tornar uma luz de inspiração para nós mesmos e para outros que perambulam nas trevas da confusão. Essa, na verdade, deveria ser a motivação para alguém se tornar um monge – a genuína e sincera busca da iluminação para benefício de todos os seres.

Thich Nhat Hahn descreve lindamente o papel de um monge em seu livro *Stepping into Freedom*:

> Monges e monjas são revolucionários. Eles acalentam uma grande inspiração, e é isso que lhe dá força para cortar a rede de apegos mundanos. Deixam para trás a vida familiar para entrar no caminho de Buddha, e aspiram amar e ajudar a todos, não apenas uma pessoa. Os monges valorizam sua liberdade para que possam ser uma fonte de felicidade para muita gente. Vendo quanta dificuldade e sofrimento há no mundo, sentem compaixão e querem ajudar aqueles que sofrem.
>
> O sofrimento engolfa as pessoas em toda a parte. Bodhichitta é a aspiração de encontrar um caminho de luz, um modo de desatar os laços do apego, e ajudar os outros. Bodhichitta não significa abandonar aqueles a quem amamos, mas amá-los de um modo não possessivo, complicado ou triste. É o tipo de amor que oferece alegria e transforma o sofrimento. O amor que oferece alegria é chamado de *maitri* e *mudita*. O amor que transforma o sofrimento é chamado de *karuna*. O amor que não é apegado e preserva a liberdade é chamado *upeksha*. Aspiramos nos tornar monges porque queremos esses quatro Imensuráveis Tipos de Amor.

Pondo de lado a beleza mundana,
Cortando a rede do amor apegado,
Vestindo o traje do Dharma,
Digo adeus aos meus entes queridos.
Continuando o caminho de Buddha
Faço votos de ajudar todos os seres próximos ou distantes.

Nem todos são adequados à vida monástica. O celibato, a luta constante contra obstáculos a fim de nos transformar, a simplicidade, a solidão, assim como o estreito contato comunal, a pobreza e a incerteza fazem da vida de um monge algo extremamente desafiador, assim como compensador.

Vivemos numa sociedade não budista cujos membros não sabem bem para que serve o monasticismo, ou se ele ainda é relevante. Para mim, sua relevância é clara demais: sinto que esse tipo de vida, embebido em serviço e contemplação, corporifica o maior objetivo do Budismo, isto é, a busca do mais elevado potencial da humanidade – a iluminação. Os monges levam uma vida inofensiva; buscam livrar-se das causas da infelicidade – desejo, aversão e ignorância. O monasticismo serve também ao meio ambiente, já que os monges tentam viver simplesmente, sem demandar demais do mundo que os cerca.

As pessoas sentem com freqüência que os monges não produzem nada, que vivem à custa da sociedade, mas, como Buddha indicou a um lavrador que o censurou certo dia por pedir esmola: "Nós plantamos as sementes do amor e da compreensão, e colhemos o fruto da compaixão e da iluminação".

Os monges no Ocidente, especialmente os da tradição tibetana, têm pouco apoio financeiro ou emocional. Não há nenhuma organização central que cuide de nossas necessidades (como no Cristianismo). Alguns monges se sustentam servindo em centros em troca de refeições diárias (os centros geralmente recebem sua renda de doações e em alguns casos cobrando aluguel das pessoas que moram lá), outros conseguem empregos, outros ainda podem acabar com um seguro-desemprego. Isso é menos que o ideal, já que quase derrota o objetivo da ordenação, que é estudar e praticar o Dharma intensamente e viver numa comunidade monástica. Monges também fazem votos de não usar roupas laicas, empreender negócios e são desestimulados a lidar com dinheiro. Buddha proibia o trabalho em empregos externos. Ele exortava os monges a confiar na generosidade da comunidade budista laica a fim de levar uma vida contemplativa e devotar-se totalmente à prática e ao estudo. Buddha dizia que é responsabilidade da comunidade laica cultivar a virtude, requisitar ensinamentos, praticar a espiritualidade e apoiar a Sangha monástica. A responsabilidade da Sangha é dar ensinamentos quando chamada; preservar, praticar e dominar o Dharma e a meditação; e manter seus votos.

Os leigos que podem agora tirar licença e ficar anos sem trabalhar para fazer retiros também se perguntam se a vida monástica ainda é relevante (por que não podemos ter uma Sangha laica dos dias modernos?). Embora esse tipo de Sangha seja maravilhoso, minha experiência como praticante leiga e monja me diz que ainda existe uma diferença. O retiro pode dar aos leigos apenas um sabor da vida monástica; para eles, habitualmente, o retiro significa várias meditações de oito a catorze horas por dia, durante um período limitado de tempo. Para monges e monjas, no entanto, o retiro pode ser para a vida inteira, e é somente parte da vida monástica, que também abarca seguir o estilo de vida do próprio Buddha. Aderir aos votos monásticos incentiva a consciência em cada momento de nossa vida. O monasticismo pode também implicar muito karma yoga (serviço) para a comunidade, construir o templo, conectar-se e tentar viver em harmonia com outros monges, e aprender filosofia e ritual. Basicamente, é viver em contemplação o Dharma, da aurora ao anoitecer, segundo os métodos propostos por Buddha. Quando somos monges, não há volta; nossa aparência inteira declara nossa intenção e reduz severamente qualquer hábito prejudicial que possamos querer implementar. Leigos podem deixar o retiro, voltar anonimamente para o mundo e levar uma vida de indulgência dos sentidos; ninguém os censurará por seus atos de corpo/fala/mente.

Muitos budistas ocidentais dão a impressão de estar ansiosos para modernizar o Dharma. Parecem felizes por abandonar qualquer coisa que não seja imediatamente relevante para nossa cultura. Acho isso um grave erro. A essência do Dharma é atemporal, libertadora, e transcende culturas. Muitos também estão ansiosos para abandonar os monastérios tradicionais e ensinar estruturas em favor de um "Budismo

Ocidental". Foi certamente o caso no Fórum de Mestres Budistas Ocidentais, cujo anfitrião foi Dalai Lama, em 1993.

Quando perguntaram a Alex Berzin, um especialista em Dharma e história budista, como o Budismo sobrevivera em países onde se adaptara tanto à cultura local, ele respondeu que o Dharma de modo algum durou muito nesses países, usando as culturas indonésia e pós-brâmanes como exemplos. Por isso, podemos ver o valor de manter o Dharma vivo em sua forma autêntica e vívida, desenvolvendo mudanças apropriadas dentro de uma tradição somente de acordo com o espírito do Dharma (sem jogar a tradição completamente fora), e a importância e centralidade da vida monástica para o Budismo.

O monasticismo serve para preservar as filosofias vastas e profundas do Budismo (que pode exigir 25 anos para serem estudadas em sua totalidade) e também oferece uma vida completamente devotada à meditação sem distração. Não quero dizer que devemos ter o mesmo número de monges e monjas que havia no Tibete (centenas de milhares); digo apenas que seria bom preservar o monasticismo em termos de qualidade.

As coisas que se tornaram preciosas em nossa sociedade – tempo, felicidade, paz, tranqüilidade – são as coisas que o monasticismo pode oferecer. Seria uma grande vergonha perder isso, perder as linhagens e o modo de vida que o próprio Buddha seguiu. Mesmo se fosse dada às pessoas a oportunidade de experimentar a vida monástica por alguns meses ou anos e que elas voltassem depois à vida leiga, tenho certeza de que tal experiência seria um divisor de águas em suas vidas e que estas se tornariam melhores (certamente foi o meu caso). Mas, quando olho em torno e vejo monges espalhados, lutando para sobreviver e receber treinamento, sem poder seguir a vida de seus predecessores, sinto-me triste. Mesmo se vivem num centro de leigos, tais monges não estão experimentando os benefícios de viver nos votos e dentro de uma comunidade monástica. Os Lamas nos centros budistas do Ocidente freqüentemente não têm tempo para treinar monges como teriam num monastério na Ásia.

Assim, há monges vivendo independentemente e seguindo sua fé, com pouca orientação; isso, repito, é um tanto triste. Sinto que, se fosse dada aos monges ocidentais uma chance de florescer, estudar, treinar e dominar-se a si mesmos como é dada a suas contrapartidas asiáticas, mesmo que fossem conscientes do próprio contexto cultural de onde vieram, poderiam de fato vicejar em algo belo e inspirador. E beneficiar muita gente. Posso ver isso nos poucos monges ocidentais que permaneceram ordenados – a luta para implementar uma cultura de sabedoria antiga num mundo moderno e materialista os tem feito fortes e sábios. Tenho grandes esperanças no futuro do monasticismo, mesmo se apenas em pequena escala. Sinto que através do diálogo com a comunidade laica e a compreensão, compaixão, paciência e diligência, os monges ocidentais podem ainda viver do modo como viviam outrora e seguir os passos de Buddha.

Aqueles que pensam em se tornar monges não devem fazê-lo com pressa, e sim considerar prática e seriamente a vida monástica. Fale com mestres e monges de sua tradição, veja como poderia ser sustentado (se o fosse), o que seria esperado de você, como viveria.

Um voto de celibato permite aos monges e monjas irem além da busca do amor de uma só pessoa para cultivar um amor altruísta por todos os seres. Os monastérios também servem como sede de aprendizado, divulgação, meditação e erudição, e ajudam tremendamente a preservar o Dharma. Viver com os que igualmente buscam e trabalham para superar as diferenças estimula-nos em nossa jornada para a iluminação.

Como é a vida de um monge? Bem, varia muito. Enquanto muitos deles, nos monastérios da Ásia, vivem de um modo bem parecido como o faziam na época de Buddha, sustentados em sua prática pela fé na sociedade budista que os rodeia, para vários outros muita coisa mudou no último século. Muitos países outrora budistas passaram por guerra, invasão e revolução cultural. Milhares de monges foram mortos, seus monastérios, destruídos. No Tibete, muitos deles foram forçados a casar e tiveram 6 mil de seus templos derrubados.

Os monges da Ásia que sobreviveram continuaram a preservar os ensinamentos de Buddha como uma tradição viva. A primeira coisa que os tibetanos fizeram ao estabelecer uma comunidade no exílio foi começar a reconstruir os monastérios para que sua rica tradição cultural fosse preservada e transmitida às futuras gerações. Muitos monges também se engajaram em serviços sociais e no movimento para a paz, mas a prática e a conquista da iluminação continuam sendo a sua tarefa mais importante.

O monasticismo é um fenômeno de apreensão lenta no Ocidente. Embora haja uma florescente transmissão do Budismo para leigos e muitos centros estabelecidos por eles, poucos monastérios foram fundados.

Essa é uma situação muito difícil para monges ocidentais da tradição budista tibetana, já que os tibetanos são refugiados e têm poucos recursos para apoiar a fundação de monastérios no Ocidente. Vistos, diferenças culturais e doenças fazem com que seja complicado para monges ocidentais passarem muito tempo em monastérios da Ásia. Devido a várias razões, algumas pessoais, mas outras talvez por falta de treinamento e apoio disponível, muitos budistas tibetanos ocidentais têm abandonado os votos.

Ninguém tem certeza da percentagem exata, mas, como uma indicação, a Fundação para a Preservação da Tradição Mahayana (a maior organização do Budismo Tibetano no Ocidente) descobriu que dos 200 monges ocidentais que tomaram votos desde 1970, 75 haviam abandonado os votos em 1996. Desde então, muitos outros o fizeram. De cinco amigos meus que foram alguns dos primeiros monges Sakya ocidentais, somente um sobrou – os quatro outros abandonaram os votos. Todos citaram a mesma razão para fazê-lo – falta de apoio. Embora possa ser parcialmente devido ao karma e à dificuldade de permanecer celibatário, mesmo assim esses números são muito alarmantes. Contrastando com isso, monges da França, com monastérios, treinamento e apoio na tradição Zen vietnamita de Thich Nhat Hahn, têm aproximadamente noventa por cento de retenção de seus monges e monjas.

Estes últimos podem ser um lembrete maravilhoso de Buddha. É verdade que não devem ser encarados como infalíveis, mas mesmo assim têm muito do que é valioso para contribuir para o desenvolvimento do Budismo no Ocidente. Com seus irmãos e irmãs leigos, eles podem servir como exemplos do Budismo em ação, como exemplos vivos do Budismo, e também como mestres, tradutores, mestres de retiro, centros de direção, advogados, administradores e assistentes sociais.

Buddha dizia que onde quer que a Sangha ordenada resida, lá também florescerá o Dharma. E disse também: "Onde quer que haja um monge plenamente ordenado observando o Vinaya, esse lugar é luminoso e radiante. Vejo tal lugar como não vazio; eu mesmo permaneço lá calmamente". Meu sonho é ver monges e monjas da tradição budista tibetana adequadamente treinados e apoiados para uma vida simples e espiritual e para levarem adiante a linhagem e o modo de vida proposto por Buddha. Atualmente, muitos monges ocidentais são forçados a trabalhar em empregos externos, tirando as vestes durante o dia e apenas vivendo como monges à noite. Acho que isso não lhes permite ter os benefícios da vida monástica e viver num monastério. Seria uma grande vergonha se essa vibrante vocação espiritual morresse. Pode-se imaginar que é difícil sustentar a si mesmo – sem falar na Sangha –, mas, se os budistas ocidentais levassem o almoço para o trabalho em vez de comprá-lo, com o dinheiro poupado cada um deles poderia apoiar um monge!

A fim de realizar esse sonho de apoiar monges para treinar e praticar, precisaremos confiar na generosidade dos outros. Se alguém está inspirado a apoiar essa causa oferecendo ajuda financeira, doações serão recebidas com gratidão.

A prática de dar esmolas para a Sangha (comunidade monástica) tem existido desde os tempos de Buddha. Esmolas vinham na forma de comida, abrigo, roupa e remédio, e sem esses quatro apoios os monges não poderiam sobreviver. Todos eram oferecidos pela comunidade laica como um ato de fé e mérito. Talvez uma razão pela qual Buddha criou a tradição de viver de esmolas tenha sido porque ela fornece aos outros a oportunidade de fazer uma conexão kármica com os ensinamentos e com aqueles que os corporificam. O ato de dar também abre o coração do doador, cria um tremendo mérito e uma oportunidade para praticar o não-apego.

Espero que no futuro, com compreensão e comunicação aberta, leigos e monges possam trabalhar juntos para preservar o monasticismo e o modo de vida monástico. Mesmo se nos tornamos monges apenas por uma estação chuvosa (três meses), a experiência pode mudar nossa vida e nos dar uma apreciação inteiramente nova sobre o que é viver em renúncia, viver como Buddha. Lentamente, conscientemente, reativemos as cinzas da tradição, e uma nova luz será transferida para o Ocidente de modo que a vida monástica possa florescer ao longo da maravilhosa cultura budista laica, que já está florescendo.

ஒ ஒ ஒ

Agora que você terminou este livro, pode querer incorporar algumas idéias budistas ao seu modo de vida. Se está interessado em se aprofundar na busca do caminho espiritual, estimulo-o a corporificar os princípios espirituais da generosidade, da compaixão e da ausência de ego em sua vida. Somos o futuro do Budismo e da espiritualidade em geral, e somente praticando os ensinamentos por nós mesmos podemos manter tais ensinamentos vivos e fazê-los se transformar em luzes para o mundo.

Penso que seria auspicioso concluir com um conselho que Padmasambhava (o mestre que levou o Budismo para o Tibete) deu à sua discípula, a Senhora Yeshe Tsogyal:

Confesse todas as suas falhas ocultas!

Aborde o que considera repulsivo.

Quem quer que você acha que não pode ajudar, ajude-o!

Livre-se daquilo a que você se apega!

Vá a lugares que a assustam, como cemitérios!

Seres sencientes são ilimitados como o espaço,

Seja consciente!

Descubra o Buddha dentro de si.

No futuro seus ensinamentos serão tão brilhantes

Quanto o sol no céu!

O Fundo Kalyanamitra

"Kalyanamitra" significa "Amigo Espiritual". O objetivo do Fundo Kalyanamitra é preservar, transmitir e apoiar a linhagem monástica budista tibetana Sakya dos ocidentais. A Fundação busca ajudar e apoiar os monges Sakyapa ocidentais que não têm outros meios de sustento para estudar, treinar e praticar os ensinamentos dessa linhagem a fim de perpetuá-la e manter o modo de vida monástico iniciado por Buddha.

Podemos começar de modo simples, apoiando um programa de estudos (por exemplo, mandando monges e monjas à Índia para estudar e treinar, apoiar seus retiros curtos ou de curto prazo, e apoiar monges que estão oferecendo serviço aos centros Sakya ou a mestres). Se em muitos anos houver fundos suficientes, a Sangha ordenada e as condições propícias (como o contínuo apoio da comunidade laica e de um Lama qualificado e preparado para treinar a Sangha), o fundo pode também pensar em iniciar um monastério.

Como você pode ajudar

Se desejar apoiar o Fundo Kalyanamitra, pode fazê-lo mandando-nos um e-mail para moondakini@hotmail.com ou enviando um cheque para o seguinte endereço:

The Kalyanamitra Fund
c/o 113 Flinders Road
Georges Hall NSW 2198

Nenhuma quantia é pequena demais! Todos os fundos irão diretamente para a causa. Obrigada por sua generosidade!

Alternativamente, você poderia organizar um evento que levantasse fundos para ajudar a Sangha, como uma exibição de filme, jantares ou liquidações de garagem.

Muito obrigada a todos por seu interesse no Dharma e neste livro simples. Espero que tenham sucesso nos futuros estudos e na prática, e que estejam sempre repletos de inspiração.

Se desejarem aprofundar seus estudos e encontrar um grupo de pessoas com escopo semelhante, podem querer encontrar um mestre qualificado e uma comunidade espiritual que possa fazer do Budismo algo vivo para vocês. Boa sorte!

Glossário

Abhidharma (sânscrito): a coleção dos ensinamentos budistas relacionados ao vazio e à natureza do universo. O Abhidharma é uma das três compilações dos ensinamentos de Buddha coletivamente conhecidas como o Tripitaka.

Amitayus (sct): o Buddha que representa a longevidade. As pessoas meditam sobre Amitayus por longa vida e cura, e para atrair boas qualidades, realizações e condições necessárias para atingir a iluminação.

Arhat (sct): um ser que atingiu a libertação e realizou o vazio do *self* ao desenraizar todas as ilusões e emoções negativas, mas não desenvolveu o desejo de ser tornar um Buddha plenamente iluminado, não dominando portanto todo o mérito e as perfeições necessários para se tornar um Buddha.

Arhat, estado de: o objetivo do Budismo Theravada.

Avalokiteshvara (sct; tibetano *Tchenrezig*): um Buddha/divindade de meditação que é a corporificação da compaixão.

Bardo (tib.): "estado intermediário". O espaço de potencialidade no qual estamos nos movendo constantemente. Passamos por muitos estados intermediários – esta vida, a morte, *dharmata* (entre esta vida e a próxima), e tornar-se (quando começamos a procurar um corpo no qual nascer).

Bhikshu (sct; tib. *Gelong*): monge budista totalmente ordenado que tomou mais de 200 votos (o número exato de votos depende da linhagem de ordenação).

Bhikshuni (sct; tib. *Gelongma*): monja budista totalmente ordenada que tomou mais de 300 votos (da mesma forma que com os Bhikshus, o número exato de votos depende da linhagem de ordenação).

Bodhichitta (sct): "mente iluminada". Bodhichitta relativa é a aspiração para atingir a iluminação plena a fim de liberar todos os ser do sofrimento e ilusão. Bodhichitta final é o *insight* no vazio.

Brâmanes, sacerdotes: aqueles que presidem rituais e prática/meditação religiosa do Hinduísmo. São membros da casta dos sacerdotes, a mais alta das quatro castas na cultura hindu.

Buddha (sct): um ser plenamente iluminado que se purificou de toda a ilusão e aperfeiçoou toda a sabedoria e qualidades espirituais. Buddha pode também referir-se à figura histórica de Buddha Shakyamuni, que fundou a tradição budista.

Buddha Shakyamuni (sct): o Buddha histórico. Siddharta Gautama era um príncipe indiano nascido no clã Shakya há mais de 2.500 anos. Atingiu a iluminação e fundou a tradição budista com seus primeiros ensinamentos das Quatro Nobres Verdades.

Cânone Páli: a coleção de todos os ensinamentos Theravada. Páli era a linguagem falada por muita gente na época de Buddha, quando o sânscrito era a linguagem clássica dos Vedas (livros sagrados hindus).

Chakra (sct): um centro de energia do corpo.

Cinco *skandhas* (sct), ou agregados: os cinco componentes de um ser senciente – forma, sensação, discriminação, fatores composicionais e consciência – por meio dos quais a existência é experimentada.

Dharma (sct): os ensinamentos de Buddha, que são a verdade última. Pode também significar fenômenos em geral (dharmas).

Gatha: uma vigorosa declaração que se recita para fazer surgir conscientização plena e contemplações budistas em cada momento da vida diária.

Guru (sct): um mestre da tradição Vajrayana.

Iluminação: há diferentes níveis de meditação no Budismo Tibetano. A iluminação pode significar que alguém é um Buddha, Arhat ou Bodhisattva no primeiro, ou mais elevado, *bumi* (um estágio da iluminação). Num sentido mais geral, iluminação é nirvana – libertação do infeliz ciclo de renascimento e sofrimento, e a extinção de toda a ilusão, emoções negativas e sofrimento; é o plenamente iluminado estado de um Buddha. Um Buddha tem inconcebíveis poderes, compaixão e sabedoria para ajudar outros, é onisciente e entende tudo.

***Insight*, Meditação de (sct *Vipashyana*):** uma avançada técnica de meditação que implica examinar profundamente a natureza de um objeto escolhido (geralmente o *self*, o corpo ou a mente) a fim de chegar a uma compreensão experimental de como ele verdadeiramente existe (a vacuidade). A meditação de *insight* é praticada em todas as formas do Budismo.

Karma (sct): a lei de causa e efeito, que ensina que cada ato de corpo, fala e mente realizado com intenção tem resultados correspondentes.

Lama (tib.; sct *Guru*): mestre espiritual, especialmente da tradição Vajrayana, mas também um mestre de Dharma respeitado e qualificado.

Lamdre, Ensinamentos: um caminho completo para a iluminação, inclusive práticas meditativas. O Lamdre é sustentado pela linhagem Sakya do Budismo Tibetano.

Mahayana (sct): "Grande Veículo". Uma das três importantes tradições do Budismo. Os praticantes de Mahayana buscam atingir a iluminação para benefício de todos os seres. É praticada predominantemente em países como China, Japão, Vietnã, Tibete, Butão, Mongólia, Coréia e outras nações do sudeste da Ásia.

Maitreya (sct): o futuro Buddha que virá após o Buddha deste tempo presente (Buddha Shakyamuni). Existem aproximadamente mil Buddhas vindo neste éon, por isso ele é conhecido como um éon afortunado. Buddha Maitreya virá depois que os ensinamentos de Buddha Shakyamuni tenham se dissolvido completamente e o mundo esteja num caos. Ele será o quinto Buddha a aparecer neste éon.

Mandala (sct): círculo, roda ou circunferência. A mandala pode também significar o palácio celestial ou mundo de um ser iluminado (geralmente representada por areia colorida ou diagramas pintados), ou uma oferenda simbólica do universo feita pelos budistas tibetanos para ganhar mérito.

Mantra (sct): repetição de uma série de sílabas que contêm a essência iluminada dos Buddhas. Os mantras protegem a mente e a mantêm na virtude. Recitando o mantra de um Buddha em especial, chama-se o Buddha mais para perto até que a pessoa se funde e se torna um com aquela divindade de meditação.

Ngakpa (tib.): "o que está dentro". Um praticante budista (leigo).

Ngondro (tib.): exercícios Vajrayana que preparam o praticante para meditação mais avançada. O Ngondro consiste de 100 mil rezas de refúgio e 100 mil prostrações; 100 mil mantras Vajrasattva; 100 mil oferendas de mandala; e 100 mil sessões de Guru Yoga.

Nirvana (sct): libertação do infeliz ciclo de renascimento e sofrimento; a extinção de toda a ilusão, emoções negativas e sofrimento.

Oito preceitos: votos que se pode tomar para experimentar a vida monástica por um curto período de tempo, sem ser ordenado. Os oito preceitos são evitar: matar; roubar; envolver-se em atividade sexual; mentir; fazer uso de substâncias tóxicas; comer após o meio-dia; sentar-se em camas e tronos altos; e usar jóias, cosméticos e cantar e dançar com apego.

Quatro Autenticidades: quatro marcadores usados na escola Sakya do Budismo Tibetano para determinar se uma linhagem é genuína. Aplicam-se para validar ensinamentos, um Guru autêntico, a transmissão contínua e qualificada dos ensinamentos, e a autêntica experiência de meditação.

Quatro Nobres Verdades: os primeiros ensinamentos dados por Buddha a seus cinco companheiros ascetas. São elas: 1) a verdade de que tudo é permeado pelo sofrimento e a insatisfação; 2) a verdade da causa do sofrimento; 3) a verdade da cessação do sofrimento; e 4) a verdade do caminho levando ao cessar do sofrimento (o Nobre Caminho Óctuplo).

Sadhu (sct): um homem santo indiano que renunciou à vida mundana para buscar a iluminação.

Samadhi (sct): concentração meditativa.

Samsara (sct): "existência cíclica". O círculo vicioso de nascimento, morte e renascimento determinado por ações passadas e hábitos mentais. Os ensinamentos de Buddha são destinados a nos conduzir para fora desse constante ciclo de desejo, apego e tornar-se.

Sangha (sct): comunidade espiritual. Tradicionalmente, a Sangha significa a comunidade de monges e monjas, embora no Mahayana possa também significar a comunidade de Buddhas, Bodhisattvas e Arhats – a Arya Sangha. Nos dias que correm, o termo é também usado para descrever vagamente a comunidade budista mais ampla de praticantes leigos e monges.

Serena, meditação de permanência (sct *shamatha*): uma técnica de meditação em que o praticante se concentra num único objeto a fim de tornar a mente calma, flexível e dirigida para um único ponto. É praticada em todas as formas de Budismo e precede a meditação de *insight*.

Shastra (sct): um comentário budista sobre os Sutras.

Sutra (sct): um ensinamento falado diretamente por Buddha.

Tantra (sct): outro nome para o Vajrayana. O termo Tantra pode também referir-se aos textos do Vajrayana.

Tara Branca: um Buddha feminino que representa paz, melhoria, cura e longa vida.

Tathagata (sct): "o que se realizou". Aquele que alcançou sua verdadeira natureza, um Buddha.

Theravada (páli): "Caminho dos Antigos". Um das três importantes tradições do Budismo, a Theravada baseia-se nos ensinamentos diretos de Buddha, com as Quatro Nobres Verdades no centro. É praticada principalmente nos países do sudeste da Ásia, incluindo-se Mianmá, Tailândia, Sri Lanka, Laos, Vietnã e Camboja, e às vezes é mencionada como Hinayana (significando "Pequeno Veículo"; esse termo é pejorativo).

Therigatha (páli): "Canções das Irmãs", uma seção do Cânone Páli que descreve a iluminação, as histórias de vida e realizações das monjas iluminadas de Buddha.

Tonglen (tib.): "dando e recebendo". Uma prática de meditação que lida com o apego ao *self* e à ilusão para eliminá-lo. No Tonglen, os praticantes visualizam dar toda a sua felicidade, amplidão e alegria a outros em troca de seu sofrimento e infelicidade.

Tulku (tib.; sct Nirmanakaya): no Budismo Tibetano, refere-se a um Lama encarnado que dirige conscientemente seu renascimento para benefício de outros.

Vajrayana (sct): "Veículo Adamantino/Diamante". Também conhecido como Tantra, o Vajrayana é uma das três grandes tradições budistas. Praticado predominantemente no Tibete, o Vajarayana é o Mahayana esotérico; sua prática aumenta a velocidade com que um Bodhisattva atinge a iluminação usando meios de profundo discernimento para transformar percepções e emoções impuras na causa para a iluminação. O Vajrayana não é possível sem um Guru qualificado.

Vinaya (sct): o código de ética budista para seguidores leigos e monges.

Yidam (tib.): uma divindade de meditação que tem qualidades iluminadas especiais (há diferentes divindades adequadas às naturezas diversas dos praticantes). Um budista tibetano terá uma relação especial com uma Yidam determinada através do processo da iniciação tântrica e suas práticas.

Yogini: yogue mulher.

Yogue: aquele engajado em intensa meditação budista ou hindu (que podem ser disciplinas físicas ou mentais).

Agradecimentos e fontes

Capítulo 3

Contém material de *The Awakened One: A Life of the Buddha*, de Cherab Chödzin Kohn© 1994 por Michael H. Kohn. Reimpresso por acordo com Shambhala Publications, Inc., Boston, www.shambhala.com

Capítulo 4

Agradecimentos a *Living Buddhism*, de Andrew Powell, British Museum Press, Londres, 1989; e *The Words of My Perfect Teacher*, de Patrul Rinpoche, HarperCollins, Índia, 1994.

Capítulo 6

Contém material de: Gatha de *Stepping Into Freedom: An Introduction to Buddhist Monastic Training*, de Thich Nhat Hahn, Parallax Press, Berkeley, Califórnia, 1977.

Agradecimento a *The Three Levels of Spiritual Perception: An Oral Commentary on The Three Visions* (Nang Sum) *de Ngorchen Könchog Lhündrub*, de Sua Eminência Deshung Rinpoche, Kunga Tenpay Nyima, traduzido para o inglês por Jared Rhoton, editado por Victoria R.M. Scott, publicado pela Wisdom Publications, Boston, Massachusetts, 1995.

Capítulo 7

Agradecimento a *The Light of Wisdom*, de Jayantha Ruberu, Sri Devi Publishers, Sri Lanka, 2002.

Contém citações de Buddha das Primeira, Segunda e Terceira Nobres Verdades, de *The Awakened One: A Life of the Buddha*, de Sherab Chödzin Kohn© 1994 por Michael H. Kohn. Reimpresso por acordo com a Shambhala Publications, Inc., Boston, www.shambhala.com.

Foi utilizado trecho sobre o Nobre Caminho Óctuplo, de *Vision of Dhamma: The Buddhist Writings of Nyanaponika Thera*, editado por Bhikkhu Bodhi, cortesia da Buddhist Publication Society Inc., Sri Lanka.

Capítulo 9

Página 141: Reza do refúgio traduzida pelo Lama Choedak Rinpoche, Gorum Publications.

Capítulo 12

Contém: discurso sobre o Sutra da Bondade Amorosa (p. 199-201), do livro de preces do Monastério Amaravati, ©Amaravati Publications, 2004; e trecho de *A Path With Heart* (p. 191), de Jack Kornfield, publicado por Rider. Usado por permissão de The Random House Group Limited.

Capítulo 13

Agradecimentos a *The Three Levels of Spiritual Perception: An Oral Commentary on The Three Visions* (Nang Sum) *of Ngorchen Könchog Lhündrub*, de Sua Eminência Deshung Rinpoche, Kunga Tenpay Nyima, traduzido para o inglês por Jared Rhoton, editado por Victoria R.M. Scott, publicado por Wisdom Publications, Boston, Massachusetts, 1995.

Capítulo 14

Agradecimento a *Start Where You Are,* de Pema Chödrön, Shambhala Publications, Boston, Massachusetts, 1994.

Página 220: citação de Thich Nhat Hanh de *The Miracle of Mindfulness*, publicado por Beacon Press, Boston, Massachusetts, 1999.

Página 228: o verso é uma prece tibetana tradicional.

Página 229: citação da Abençoada Mary MacKillop reproduzida por permissão do Conselho Diretor das Irmãs de St. Joseph. É parte de uma meditação escrita em junho de 1870, e tirada de uma carta enviada por ela às irmãs em 21 de maio de 1907.

Capítulo 15

Agradecimento a *The Words of My Perfect Teacher,* de Patrul Rinpoche, HarperCollins, Índia, 1994.

Capítulo 16

Agradecimento a *The Miracle of Mindfulness*, de Thich Nhat Hahn, Beacon Press, Boston, Massachusetts, 1999.

Capítulo 17

Página 255: citação de Khenpo Ngawang Dhamchoe reproduzida com permissão.

Páginas 263-4: citação de Thich Nhat Hanh de *Stepping Into Freedom: An Introduction to Buddhist Monastic Training*, Parallax Press, Berkeley, Califórnia, 1997.

Página 266: a fonte para a referência de Alex Berzin é *Silent Rain: Talk and Travels*, de Amaro Bhikkhu, Sanghapala Foundation, San Francisco, 1996.

Página 268: o montante do número de monges ocidentais que abandonaram os votos é da *Mandala Magazine*, da Fundação para Preservação da Tradição Mahayana.

Página 270: trecho de *Sky Dancer: The Secret Life and Songs of the Lady Yeshe Tsogyel*, de Keith Dowman, usado com permissão da Snow Lion Publications.

Bibliografia

BERCHOLZ, Samuel; KOHN, Sherab Chödzin (eds.). *Entering the Stream.* Boston: Shambhala Publications, 1994.

BHIKKHU, Amaro. *Silent Rain: Talks and Travels.* San Francisco: Sanghapala Foundation, 1996.

CHÖDRON, Pema. *Start Where You Are.* Boston: Shambhala Publications, 1994.

DESHUNG RINPOCHE; TENPAY NYIMA, Kunga. *The Three Levels of Spiritual Perception: An Oral Commentary on The Three Visions (Nang Sum) of Ngorchen Könchog Lhündrub.* Trad. de Jared Rhoton, ed. de Victoria R. M. Scott. Boston: Wisdom Publications, 1995.

DOWMAN, Keith. *Sky Dancer: The Secret Life and Songs of the Lady Yeshe Tsogyel.* Nova York: Snow Lion Publications, 1996.

FREMANTLE, Francesca; TRUNGPA, Chögyam (trads. e eds.). *The Tibetan Book of the Dead: The Great Liberation through Hearing in the Bardo.* Boston: Shambhala Publications, 1975.

_____. *Stepping into Freedom: An Introduction to Buddhist Monastic Training.* Berkeley: Parallax Press, 1997.

HOPKINS, Jeffrey. *The Tantric Distinction: A Buddhist's Reflections on Compassion and Emptiness.* Londres: Wisdom Publications, 1999.

KORNFIELD, Jack. *A Path with Heart.* Nova York: Bantam Books, 1993.

MACKENZIE, Vicki. *Reborn in the West.* Londres: Thorsons, 1997.

McDONALD, Kathleen. *How to Meditate: A Practical Guide.* Boston: Wisdom Publications, 1984.

NHAT HANH, Thich. *The Miracle of Mindfulness.* Boston: Beacon Press, 1999.

PALMO, Tenzin. *Reflections on a Mountain Lake: A Western Nun Talks on Practical Buddhism.* Crows Nest: Allen & Unwin, 2002.

PATRUL RINPOCHE. *The Worlds of my Perfect Teacher.* Índia: Harper-Collins, 1994.

POWELL, Andrew. *Living Buddhism.* Londres: British Museum Press, 1989.

RUBERU, Jayantha. *The Light of Wisdom.* Sri Lanka: Sri Devi Publishers, 2002.

YESHE, Lama. *Introduction to Tantra: The Transformation of Desire.* Boston: Wisdom Publications, 2001.

Leia também:

Introdução ao Tantra
Lama Yeshe
ISBN 978-85-7555-126-4

O Caminho para a Iluminação
S. S. o Dalai Lama
ISBN 978-85-7555-123-3

Dzogchen
A essência do coração da Grande Perfeição
S. S. o Dalai Lama
ISBN 85-7555-084-2

Mania de Sofrer
Reflexões inspiradas na Psicologia do Budismo Tibetano
Bel Cesar
ISBN 85-7555-115-9

Impresso nas oficinas da
Gráfica Palas Athena